Schöningh

EinFach Französisch

Découvrir le Québec

Une Amérique qui parle français

Helga Bories-Sawala

Zu dieser Textausgabe und zum Unterrichtsmodell (046271-6) ist eine Multimedia-DVD mit ausgewählten Materialien erhältlich. Sie kann über den Buchhandel oder direkt beim Schöningh Verlag bezogen werden:

- Découvrir le Québec – Une Amérique qui parle français
  DVD, Best.-Nr. 062433-6

Verwendete Abkürzungen: FQ = Français québécois
FA = Français acadien

Mit einem herzlichen Dank an die *Association internationale des études québécoises* für die Förderung durch die *Bourse Anne-Marie Boucher*, dem *Centre d'etudes allemandes et européennes* der *Université de Montréal* für die Einladung zu einem Forschungsaufenthalt sowie die *Bibliothèque et Archives Nationales du Québec*.
Für die vielfältige tatkräftige Hilfe sei insbesondere Dank gesagt: Antonio D'Alfonso, Gérald und Julie Charbonneau, Francine Gaulin, Dany Laferrière, Alexandre Lahaie und seinen Schülern und Schülerinnen, Léa und Elke Laur, Jean-François Lisée, Manuel Meune, Elizabeth Ravaz, Gilles Rivest und Brigitte Schröder.

www.schoeningh-schulbuch.de
Schöningh Verlag, Jühenplatz 1–3, 33098 Paderborn

Druck 5 4 3 2 / Jahr 2014 13 12 11
Die letzte Zahl bezeichnet das Jahr dieses Druckes.

Umschlaggestaltung: Jennifer Kirchhof
Druck und Bindung: westermann druck GmbH, Braunschweig

ISBN 978-3-14-046270-9

Table des matières

Hinweis: * = Pflichttexte für das Zentralabitur 2012 in Niedersachsen

Approches

Où la photo a-t-elle été prise: au Québec, en France ou ailleurs? DVD

1

2

3

4

5

6

7

8

ECOLIERS
107
1820

Collège
de Bois-de-Boulogne

MÉTRO

12

ARRÊT

KTOBERFEST

14

BISTRO
BELLE GUEULE
Bistro de Paris
4540
4536
4538

15

CAFE
FRENCH MARKET DISTRICT
Vive la Liberté!
Happy Bastille Day from The French Market

16

3518 LP 93

Bienvenus au Québec

1. Cousins d'Amérique?

la conquête *Eroberung*

> Selon l'historien Yvan Lamonde, le QC pourrait s'exprimer dans cette équation: $Q=-F+GB+USA^{2:}-R$: moins français qu'on ne le pense, plus britannique qu'on veut le reconnaître, beaucoup plus états-unien que l'on ne l'avoue et moins catholique (R = Rome) qu'on ne le dit.

Depuis la conquête britannique de 1763, le Québec a été coupé de la France comme la branche d'un arbre qui, petit à petit, aurait développé ses propres racines dans la terre. Les contacts se sont de nouveau intensifiés avec les moyens de transports plus rapides, les voyages, les livres et les autres médias. On s'intéresse beaucoup à la France, au Québec, et il y a beaucoup d'échanges de jeunes et d'étudiants, ainsi que des dizaines de milliers d'immigrés français et même des écoles françaises à Montréal. Si la France a été longtemps considérée comme un modèle culturel à imiter, les Québécois sont devenus plus fiers d'eux-mêmes aujourd'hui. Se comporter au Québec comme si on était chez soi, se croire supérieur et traiter les Québécois comme «cousins d'Amérique» un peu arriérés est mal vu de la part de touristes. Les Québécois appellent parfois les Français qui prennent une attitude supérieure „maudits Français".

Lynda Lemay: Les maudits Français DVD

maudit *verdammt. En français québécois,* maudit peut également être positif: une maudite belle fille
y *(FQ)* ils
à tout bout de champ à toute occasion, tout le temps
le bis bisou
grandes journées ici: beaucoup de temps dans une journée
pis *(FQ)* et
coller au cul rouler trop très derrière
le ski-doo – la motoneige *Motorschlitten*
le traîneau à chiens *Hundeschlitten*

Y parlent avec des mots précis
Puis y prononcent toutes leurs syllabes
À tout bout d'champ, y s'donnent des bis
Y passent leurs grandes journées à table

Y ont des menus qu'on comprend pas
Y boivent du vin comme si c'était d'l'eau
Y mangent du pain pis du foie gras
En trouvant l'moyen d'pas être gros

Y font des manifs aux quart d'heure
À tous les maudits coins d'rue
Tous les taxis ont des chauffeurs
Qui roulent en fous, qui collent au cul

Et quand y parlent de venir chez nous
C'est pour l'hiver ou les Indiens
Les longues promenades en Ski-doo
Ou encore en traîneau à chiens

Ils ont des tasses minuscules
Et des immenses cendriers
Y font du vrai café d'adulte
Ils avalent ça en deux gorgées

On trouve leurs gros bergers allemands
Et leurs petits caniches chéris
Sur les planchers des restaurants
Des épiceries, des pharmacies

Y disent qu'y dînent quand y soupent
Et y est deux heures quand y déjeunent
Au petit matin, ça sent l'yaourt
Y connaissent pas les œufs-bacon

En fin d'soirée, c'est plus choucroute
Magret d'canard ou escargots
Tout s'déroule bien jusqu'à c'qu'on goûte
À leur putain de tête de veau

Un bout d'paupière, un bout d'gencive
Un bout d'oreille, un bout d'museau
Pour des papilles gustatives
De Québécois, c'est un peu trop

Puis, y nous prennent pour un martien
Quand on commande un verre de lait
Ou quand on demande: La salle de bain
Est à quelle place, s'il vous plaît?

Et quand ils arrivent chez nous
Y s'prennent une tuque et un Kanuk
Se mettent à chercher des igloos
Finissent dans une cabane à sucre

Y tombent en amour sur le coup
Avec nos forêts et nos lacs
Et y s'mettent à parler comme nous
Apprennent à dire: Tabarnak

Et bien saoulés au caribou
À la Molson et au gros gin
Y s'extasient sur nos ragoûts
D'pattes de cochon et nos plats d'binnes

Vu qu'on n'a pas d'fromages qui puent
Y s'accommodent d'un vieux cheddar
Et y se plaignent pas trop non plus
De notre petit café bâtard

le berger allemand *Schäferhund*
le caniche *Pudel*

le magret de canard *Entenbrustfilet*

putain de expression très vulgaire pour maudit
la paupière *Augenlid*
la gencive *Zahnfleisch*
le museau *Schnauze*
les papilles gustatives *Geschmackspapillen*

le martien habitant de la planète mars

A quelle place est ...? *(FQ)* Où est ...?

la tuque *(FQ)* bonnet chaud d'hiver
le Kanuk gros manteau chaud d'une marque connue

la cabane à sucre à l'origine: une petite maison (en bois) dans la forêt, pour produire le sirop d'érable – transformée aujourd'hui souvent en restaurant servant des repas traditionnels québécois.

tabarnak *Schimpfwort*
le caribou *Karibu,* un animal de la forêt du nord
Molson marque de bière québécoise
le plat de binnes *(FQ)* plat traditionnel québécois fait avec des fèves (de l'anglais *beans*)

Quand leur séjour tire à sa fin
Ils ont compris qu'ils ont plus l'droit
De nous appeler des Canadiens
Alors que l'on est québécois

Y disent au revoir, les yeux tout trempés
L'sirop d'érable plein les bagages
On réalise qu'on leur ressemble
On leur souhaite bon voyage

le bec *(FQ)* le bisou

On est rendu qu'on donne des becs
Comme si on l'avait toujours fait
Y a comme un trou dans le Québec
Quand partent les maudits Français

Cousins?

adhérer à ici: être d'accord sur
la représentation l'idée que l'on se fait d'une chose
se percevoir se regarder

Que pensez-vous de l'expression «cousin d'Amérique»?
Un des traits du regard français, c'est de considérer le Québécois comme un cousin d'Amérique, comme un Français d'Amérique. Je pense que nous avons adhéré à cette représentation pendant une période assez longue, je dirais jusque dans les années 1940 et 1950. Mais depuis, les Québécois se perçoivent de moins en moins comme des Français transposés en Amérique. Ils se perçoivent de plus en plus comme des francophones nord-américains: avec les traits, le genre de vie nord-américain mais parlant français.

Quelles sont, selon vous, les principales différences entre le Québec et la France?

La nature de nos relations sociales, qui demeurent plus souvent très informelles chez les Québécois. Le sens de la hiérarchie. On a toujours un peu de difficulté avec cela. [...] Nous ne sommes pas très à l'aise dans les formalités, dans les cérémonials qui entourent les premières rencontres avec des personnes.

Gérard Bouchard, Deux cultures, dans: France-Quebec. Images et mirages, Musée de la civilisation, Québec 1999, pp. 43, 42

Pas français, mais bientôt américains?

Je vais souvent en France et je me rends compte qu'on associe à tort les cultures française et québécoise parce qu'on parle tous français. Mais nous n'avons aucun rapport avec les Français. Ils ont des codes sociaux, hiérarchiques, moraux et professionnels bien différents des nôtres.

Quelles sont les grandes différences?
Les Québécois sont des Nord-Américains qui parlent français. Si, par exemple, tu veux présenter un projet à un grand boss en un ou deux coups de téléphone, si ton affaire a l'air sérieux, un de ses employés ou le patron lui-même va te contacter directement. C'est la façon très directe que nous avons en commun avec les États-Unis: nous sommes très «à tu et à toi». En France, il y a des hiérarchies. Les gens qui ont du pouvoir sont souvent chiants, mais ils deviennent des petits caniches face à leurs vedettes ou face aux gens plus prestigieux qu'eux. Au Québec, c'est le contraire, le monde te salue, te félicite mais il ne s'abaisse pas.

Penses-tu que l'assimilation par les Américains est une réelle menace ?
Sans être parano outre mesure, il est statistiquement prévisible que dans 50 ou 75 ans, un petit pays comme le Québec – qui n'est même pas encore un pays, avec ses sept millions d'habitants dans une mer de 300 millions de Nord-Américains anglophones – va devenir une sorte d'Acadie folklorique: les vieux parleront français entre eux, les chansons québécoises revivront au gré des fêtes, mais sinon, tout se fera dans la langue des plus forts. C'est dommage. Si on était aussi fiers de notre affirmation politique que de notre affirmation culturelle, on serait mieux armés pour combattre l'envahisseur.

Guy Lepage interviewé par Mathias Brunet, dans: Paroles d'honneur, Editions Québec Amérique, Québec 2002, pp. 195–197

le caniche *Pudel,* petit chien gentil
la vedette le star

parano abréviation de paranoïaque: extrêmement méfiant

au gré de à l'occasion de

l'affirmation (f) *Selbstbehauptung*
l'envahisseur (m) celui qui envahit un pays, l'attaque

Yannick Jaulin: Un French

400 ans après la fondation de Québec ... Une rencontre Poitou-Charentes Québec

Les doutes de l'auteur et la première image

«Je me présente, Yannik Jaulin, raconteur d'histoires, conteur ... Je dois parler de ce qui nous rassemble, de cette culture commune à nous les Québécois et les habitants de Poitou-Charentes ... Bon d'accord!

Quelle histoire simple pourrais-je imaginer pour parler de cette chose complexe?

J'ai ma première image!

frencher ou se frencher *(FQ)* embrasser à la française, avec la langue

Deux étudiants en train de se frencher, de s'embrasser à bouche que-veux-tu ... Une Québécoise et un Français. C'est la langue qui les rapproche ... Un symbole quoi!

Quelle allure ont mes héros? C'est une vraie question!

J'essaye, je dessine ...

– Il a une guitare et chante du Félix Leclerc. Il aime le Québec, les cousins.

des roulés *(FQ)* cigarettes roulées à la main
sur le pouce *(FQ)* en stop

– Elle a un gros sac à dos de baroudeuse, un gros pull baba cool, genre ‹granola›. Elle fume des roulés et elle découvre la France sur le pouce. Elle vient dans le Poitou retrouver ses racines ...

Du bon gros cliché qui date, ça mon Jaulin! Ça, c'est ta jeunesse, mais faut revoir ton monde aujourd'hui.

triper bin raide (ou bin fort) *(FQ)* en pincer pour, être en joie, enthousiaste, aimer fort

Tu le sais bien, les jeunes Québécois, ça ne les fait pas triper bin raide la France. En plus, les Français ont cette reputation d'être arrogants avec leur culture, leur vraie langue française. On n'est plus dans ces temps de la redécouverte mutuelle. Le monde est plus ouvert et les cousins se sont éloignés. Faut redessiner ça. Qu'est-ce qui nous rapproche aujourd'hui? Bon, elle d'abord, elle ressemble à quoi?

– Ok, elle: très urbaine, presque gothique, habillée majorité noire avec grandes chaussettes qui montent, des anneaux, piercings en masse ...

– Et lui: habillé mode pantalon slim ou jeans, polo losange en V avec petite chemise qui dépasse.

Bref, ils sont aux antipodes ... Il faudra traverser toutes les appréhensions, tous les a priori ... Avec Québec, c'est plein de malentendus, de faux amis.

C'est mal parti au début et pourtant, à la fin, ils se roulent une pelle. C'est la dernière image et aussi la première ... Derrière ce baiser, c'est le chemin à faire les uns vers les autres.

Comment en est-on arrivé là?»

Jacinthe

Elle a eu son billet par l`Office franco-québécois pour la jeunesse. Elle arrive de Montréal, du Sud-Est du plateau Mont-Royal bien branchouille. En fait, elle, elle habite dans le quartier Hochelaga, plus populaire ... Famille monoparentale, famille divorcée sans fâcherie, à la québécoise.

Elle vit avec sa mère qui enseigne. Son père est un peu artiste. Derrière le blouson de cuir clouté, les grandes chaussettes et les grosses rangers, elle est aussi une étudiante déterminée.

Elle sait déjà que l'indépendance, ça se gagne. Sa mère le lui a maintes fois répété!

Elle fait des études de biologie, veut travailler sur l'eau et vient faire un stage au Biopôle de Poitiers où elle veut travailler sur les ressources en eau des milieux fracturés. Elle est militante de la protection des forêts. Elle tripe bin fort sur Richard Desjardins, écoute Wolf Parade et Malajube, du gros rock québécois avec des guitares grasses.

Trois semaines à passer en Poitou. Elle est en crisss. Elle aurait préféré un stage en Italie ou en Espagne; elle n'aura même pas le temps d'aller à Barcelone ou à Londres!

en crisss *(FQ)* fâché, énervé

En plus, le gars qui doit la promener pendant le stage est un ticul, un Français un peu péteux comme elle les imaginait, un monsieur je-sais-tout ... Il fait gris et humide. Elle préfère la neige en hiver. Elle marche dans les rues de Poitiers. Elle tombe en arrêt devant l'église Notre-Dame-la-Grande. C'est beau!

un ticul *(FQ)* sobriquet pour enfant qui désigne aussi un gars pas fini ...

Romuald

Lui, petit fils de bonne famille, gros commerçants de La Rochelle. Il aime la techno et les sports de glisse. Il prépare une école de commerce et fait son stage dans les éco-industries. Lui, c'est parce que l'avenir de l'économie est là et qu'il y a des sous à faire. En attendant, il ne force pas trop son talent. Ses parents sont là pour assurer ...

Quand on lui a demandé s'il voulait piloter une jeune étudiante en biologie, québécoise de plus, il a dit oui de suite.

Le Québec c'est cool, les cousins! Il ne s'intéresse pas trop à l'Histoire mais sait quand même que du port de La Rochelle sont partis beaucoup d'émigrants vers le Québec, la Nouvelle-France. Il a en plus une grand-mère excentrique qu'est folle du Québec.

En plus, il n'a jamais eu de copine québécoise. Il imagine quoi exactement? Ouais, une fille genre blonde de «Sex and the City», Carrie Bradshaw ou une de ses copines, libérée quoi! Bon, il ne s'attendait pas à ça, à cette sorte de femme-là quoi!

Contacts et éloises

Biopôle. Un directeur de laboratoire parle du programme Rés'Eaux à un groupe d'étudiants dont Jacinthe et Romuald, assis côte à côte au fond de la salle. Lui a l'air épaté de la voir prendre des notes d'un air sérieux et appliqué!

«Actuellement 40% des eaux de consommation sont issues d'aquifères fracturés. Il faut donc construire des outils fiables pour les gestionnaires des ressources en eau. Sur notre site expérimental de

12 hectares, nours identifions les propriétés hydrauliques des aquifères fracturés ...»
– Dis donc t'as l'air d'aimer ça pour une fille ...
– Quéssé tu veux dire? Pour une fille? T'es don ben arriéré toé!
... suivi de la qualité des eaux d'un aquifère soumis à une action anthropique: ce projet vise à comprendre l'origine des fortes concentrations en sélénium, fluor et arsenic, rencontrées en Poitou-Charentes.
Fin de journée. Elle sort du labo la tête comme un volcan:
– Heille chus pu capable des indicateurs biologiques de la qualité des eaux naturelles et distribuées ... Ça te tente-tu qu'on aille boire quêqu'chose dans un bar?
– C'est trop cool ton accent.
– Aarrggh ... Sacre-moi patience avec ça-là, toé!
– Non mais c'est cool, c'est comme si ta manière de parler, je la connaissais déjà, c'est chouette ...
– (se moquant) c'est chouette, c'est chouette ... y'a rien de chouette là-dedans, c'est juste de même que j'parle ... Tu veux-tu ben m'dire à quoi t'attendais?
Fin de soirée dans un bar, «le Pince oreille», où ils sont côte à côte et n'ont rien à se dire ... Elle boit une pinte de bière, lui un cocktail.
Un ami de Romuald essaye de lui dire des blagues. Elle le renvoie dans ses dix-huit mètres.
– Voyons toé, cé quoi ton problème, veux-tu ben m'lâcher! ... ça me tente pas pantoute là!
– De quoi?
– De me faire cruiser c't'affaire!
Elle pense: macho, dragueur, français ... 3 semaines!
Il pense: c'est quoi ça?

quéssé *(FQ)* qu'est-ce que c'est?

chus pu capable *(FQ)* je ne supporte plus

ça te tente-tu *(FQ)* est ce que ça te tente ?

Sacre-moi patience avec ça-là, toé ! *(FQ)* fiche moi la paix

C'est juste de même que j'parle *(FQ)* c'est juste comme ça que je parle

Ça me tente pas pantoute là ! *(FQ)* ça ne me tente pas du tout

Me faire cruiser c't'affaire ! *(FQ)* me faire draguer bien sûr !

La Rochelle et Brouage

Il lui fait visiter le pays. C'est la dernière fin de semaine avant le départ. En quinze jours, ils ont appris à se supporter. Elle s'est faite à son côté galant qui veut toujours porter les sacs; au début, elle rouspétait qu'elle pouvait le faire toute seule, maintenant elle apprécie ... Lui, il aime bien son franc-parler ... Pis c'est pas une chialeuse comme elle dit elle-même.
Il lui a proposé la grande visite: Brouage, La Rochelle, et le Marais poitevin.
La route des marais toute en bosses. Il l'emmène dans la citadelle échouée de Brouage. Ils plongent dans la mémoire. Le guide est un passionné, un conteur ...
– L'une des utilités du sel de Brouage était la conservation du

une chialeuse *(FQ)* quelqu'un qui se plaint tout le temps poisson et les terre-neuvas de toute l'Europe venaient s'y approvisionner avant de partir pour les grands bancs de morue. A force de les voir partir, les sauniers de la Charente se sont dit qu'il devait bien y avoir quelque chose là-bas. Ils ont suivi les Basques sur des bateaux non-pontés, vous imaginez l'océan à traverser sans même un abri sur la tête. Et la plupart revenait ...

– Je crois qu'un de mes ancêtres se nommait Vigneault et venait de Brioux-sur-Boutonne, ça existe-tu ça?

– Oh oui, dans le sud des Deux-Sèvres, un pays très protestant et le roi ne voulait que des bons catholiques pour la Nouvelle-France! Mais la Nouvelle-France c'était l'inconnu, fallait inciter à partir. En fait, il y avait beaucoup d'engagés. La moitié des Canadiens d'origine brouageaise était des engagés. Les capitaines de bateaux devaient passer des engagés sinon ils payaient des primes: un passager pour chaque dix tonneaux de fret. Ça facilitait l'émigration de ceux qui n'avaient pas les moyens de payer leur passage ... Ceux qui partaient, c'était à moitié la misère, à moitié le goût de l'aventure. Beaucoup sont partis et revenus. Finalement, y'a eu très peu de monde à rester de l'aut'bord.

À La Rochelle, Romuald est chez lui. Il a tout appris sur la ville pour lui en jeter plein la vue. Il lui fait voir le vieux port d'où sont partis tant de gens vers le nouveau monde, le Centre d'Interprétation de la Tour de la Chaîne qui raconte les migrations.

Il l'emmène dans les vieilles rues par-derrière la Coursive, où l'on dit que ce sont les cailloux du fleuve Saint-Laurent qui ont servi pour paver ces rues-là. Parce que les bateaux revenant de la Nouvelle-France avec des cargaisons de peaux, de fourrures devaient lester leurs soutes avec des pierres, comme les cailloux du Saint-Laurent, sinon ils étaient trop légers. Elle aime la ville, la lumière. Elle qui n'a jamais aimé l'Histoire, elle réalise ce qu'était cette grande traversée, ces bateaux fragiles, ces espoirs fous. Elle se sent toute fière de ses ancêtres. Mais lui est tellement baveux qu'elle ne veut rien montrer de son plaisir. Plus il en fait, plus elle bougonne. Il l'achale surtout quand il fait des grandes phrases de français.

baveux *(FQ)* qui se la joue, frimeur
il l'achale *(FQ)* il l'agace

Ça fait plaisir de vous revoir avec votre belle langue, votre accent et savoir que vous avez gardé la France dans votre cœur ...

«Tabarnak»

À ce moment, elle se met en gros tabarnak. L'accent, c'est le sujet sensible. Les Québécois n'aiment pas bien ce côté français au-dessus du monde avec son accent pointu qui regarde

elle se met en gros tabarnak *(FQ)* elle se fâche vraiment toutes les autres variantes francophones comme des sous-langues.

m'écœurer *(FQ)* me fatiguer

– Arrête de m'écœurer avec mon accent. J'ai pas d'accent, c'est toi qui en a un, malgré ce que tu penses. Pis pour ce qu'en t'en fais de ton français! Nous au moins on le défend, même si on est des peanuts dans un océan d'anglais. Quand je t'entends parler avec tes chums, ça me fait rire ... Tu fais pas trois mots que tu rajoutes un boutt d'anglais pour faire plus branché. Pis avec un accent pas d'allure en plus: «ze téchtonic»!!!

on est des peanuts *(FQ)* on ne compte pas beaucoup
les chums *(FQ)* les potes, les ami(e)s
un boutt *(FQ)* une partie

– Et toi, t'en mets pas de l'anglais? Quand je te dis moghète, tu me dis «bean», côtelette tu me dis «ribs», les freins tu me dis «breaks», t'es pas mieux!

moghète *(FQ)* haricot blanc, bean

– Ouais, mais nous on dit pas ça pour faire moderne. Pis on n'affiche pas en anglais. C'est un reste de domination anglaise, mais on résiste. Argarde icitt y'a une boutique sur deux qu'a un nom anglais!

argarde icitt *(FQ)* regarde là

– Excuse-moi, Jacinthe, je te jure que je ne voulais pas te blesser ...

Ou bedon

Une maison au bord du marais. Jacinthe et Romuald, devant la maison de sa grand-mère.

– Si tu veux, on passe voir ma grand-mère c'est un phénomène. Elle fait des trucs complètement ring'en patois.

– Quoi ring'?

– Ringard, dépassés, quoi!

– Ah oui, kétaine!

kétaine *(FQ)* ringard

– Mais elle fait des bonnes galettes.

Jeannine, une grand-mère toute jeune qui revient de Sharm El Sheikh, toute bronzée. Elle fait du théâtre en amateur.

Elle est très heureuse de voir cette Québécoise pour plein de raisons, dit-elle.

– Vous partez ou bedon, vous restez voir le spectacle?

ou bedon *(FQ)* ou alors

– Han c'est drôle, c'est comme chez nous ou bedon!

Le spectacle se passe dans une grange, avec tout le monde du village qu'amène la soupe, le vin chaud. Elle joue un monologue, «La sagouine», la pièce d'Antonine Maillet, avec tout un bazar d'objets autour d'elle.

Ça se passe en Acadie, l'histoire d'une femme de rien qui parle d'elle. Une philosophe de la vie ordinaire ...

«ét pas de savoèr
qu'on a de l'avoèr qui rend hérus,
et de savoèr qu'on va l'avoèr»

«Ét pas de savoèr qu'on a de l'avoèr qui rend hérus, ét de savoèr qu'on va l'avoèr» *(FQ)* ce n'est pas de savoir qu'on «a» qui rend heureux, c'est de savoir qu'on va l'avoir (phrase extraite de «La sagouine» d'Antonine Maillet)

La langue chante. Elle ressemble tellement au patois, au

parlanghe des gens d'ici. Tout le monde rit, est ému. Jacinthe regarde ça les yeux écarquillés. Même si ce texte parle acadien, c'est quand même chez elle, surtout que toute une partie de sa famille est de Joliette, pays d'implantation des Acadiens après le «Grand Dérangement»... De là où les gens disent: «lève ta jhupe, les jhambes te ghèlent».

A la fin, tout le monde mange et boit et parle. Jacinthe prend des bouts de conversation à la volée:

– Merci Jeannine, dis-donc te berlandines pas ol a dau texte,

– bé, dépu le temps qu'i le connais, olé t pas écartable. I va tot drét tè! Garoche me din l'essu main

– Bon! Boune nét, demain matin faut déjouquer, Marcel va gosser un moument avec son gars.

Jacinthe, avec ses yeux ronds:

– Ça me fait capoter! Y'a vraiment des mots qui sonnent comme des mots de chez-nous ...

– Moi j'ai toujours cru que c'était du français déformé, un gros patois!

Le plus étonné est sans doute Romuald, lui qui a toujours rejeté ça comme du folklore. Il sent lui aussi quelque chose d'important là ...

Tout le monde est parti. Jacinthe demande à Jeannine de raconter pourquoi elle aime l'Acadie:

– «J'suis allée chez vous j'étais toute jeune. Ol a longtemps. Moi en arrivant là-bas avec mon gros accent du marais poitevin, moi qui sentais toujours les sourires sur moi à cause de ça, je me suis sentie chez moi tout de suite. A cette époque, le Québec rêvait de la France, cette France qui l'avait abandonné. Moi la fille du marais où se sont réfugiés les rebuts de la société, pays abandonné qui a survécu contre toute attente, je sentais qu'on partageait des affaires. Eux étaient fiers d'avoir résisté et comme des enfants abandonnés, l'aviant envie de revoir les parents oublieux, juste pour dire argardez, on y est arrivé. Quand les Québécois sont venus à Paris, on les a regardés un peu de haut avec leur langue, leur identité ... oh y'a eu des malins comme Félix Leclerc, Gilles Vigneault ...

Mais quand même, on n'a jamais réussi à se regarder à la même hauteur. J'espère que vous, les plus jeunes, vous ferez ça. Tu vois Jacinthe, o me fait plaisir de savoir que tu défends les forêts. C'est important. C'est la vie et la survie. Quand on est fier de son pays, on le défend. Tu vois ici, les remembrements ont détruit les marais.

C'est fragile un pays, c'est pour ça qu'il ne faut pas oublier. «Je me souviens» ... hein Jacinthe, c'est bien ça qu'est marqué sur vos plaques de voiture?

parlanghe *(FQ)* langue du Poitou

«Lève ta jhupe, les jhambes te ghèlent« *(FQ)* lève ta jupe, les jambes te gèlent (expression typique des gens de Joliette pour insister sur l'aspiration des consonnes comme on le fait dans le sud Deux-Sèvres)

«Te berlandines pas ol a dau texte» *(FQ)* tu ne traînes pas, il y a du texte à dire

„Bé, dépu le temps qu'i le connais, olé t pas écartable» *(FQ)* depuis le temps que je le connais, on ne peut pas se tromper

«I va tot drét té» *(FQ)* je vais tout droit, tiens

«Garoche me din l'essu main» *(FQ)* lance-moi donc l'essuie-mains

boune nét *(FQ)* bonne nuit

déjouquer *(FQ)* sortir du lit (comme une poule qui descend du jouc)

gosser un moument *(FQ)* travailler le bois au couteau

ça me fait capoter *(FQ)* je trouve ça incroyable

ol a longtemps *(FQ)* il y a longtemps

partager des affaires *(FQ)* partager des choses

l'aviant envie *(FQ)* ils avaient envie

argardez *(FQ)* regardez

«Je me souviens» *(FQ)* devise du Québec

– Ouais mais ça, y'a pas grand monde qui se souvient pourquoi c'est marqué!
Jeannine, Jacinthe et Romuald éclatent de rire ...

Le baiser

– J'ai aimé ça, passer ce temps-là avec toi.
– Moi tou ...
Silence ... Ils se regardent, malaise, puis la Québécoise prend les devants et l'embrasse ...

ayoye *(FQ)* un genre de ouhlala...

– (Elle rit, puis) Ayoye, j'aurais jamais pensé ça ...
– (lui) Quoi?
– Quoi, quoi?
– T'aurais pas pensé quoi?
– Qu'un moment donné on se frencherait!
– Se quoi?
– Se frencher, voyons!? ... Un french-là!
– C'est quoi, ça?
– Devine?
Elle l'embrasse ...
– Ah! C'est ça ...

niaisant *(FQ)* moquant

– (Le niaisant, prenant l'accent français)
«Aaahhh mais ouais, c'est ça ... C'est extra han?»
Ils sourient ...

chus chanceuse *(FQ)* je suis chanceuse

– Chus chanceuse en tout cas, t'as pas trop mauvaise haleine pour un Français!!!
Ils rient tous les deux en s'embrassant à nouveau.

FIN

Yannick Jaulin: Un French, dans: Philippe Girard/Guy Michel: Champlain, je me souviens, Vibrato/Sangam, Poitiers/Bordeaux 2008

2. Répères

Le Québec est une des dix provinces du Canada. (cf. carte p. 208). Il est grand comme l'Allemagne, la France, le Royaume-Uni et l'Espagne ensemble, mais habité par seulement 7,7 millions de personnes (un quart environ des Canadiens). La moitié des Québécois vivent dans la région de Montréal.

Le Canada est une monarchie parlementaire. Formellement, le chef de l'État est toujours la reine d'Angleterre, qui figure aussi sur les billets de banque, mais dans les faits, c'est le parlement à Ottawa et le premier ministre du Canada qui ont le pouvoir politique.

Comme toutes les autres provinces, le Québec élit son parlement qui est un des plus anciens au monde (appelé *Assemblée nationale*) et est gouverné par un premier ministre. Sa capitale est la ville de Québec.

Les langues officielles du Canada sont l'anglais et le français. Dans 8 provinces, l'anglais est la seule langue officielle, tandis qu'au Québec, c'est le français. Une seule province est officiellement bilingue: le Nouveau-Brunswick.

Les partis politiques québécois sont assez différents que ceux du «Rest of Canada», comme on dit avec un peu d'ironie. Tandis que dans le ROC, libéraux (*Parti libéral*), conservateurs (*Parti conservateur*) et un parti social-démocrate, le *Nouveau parti démocratique* sont les plus importants, le Québec a connu une alternance de gouvernements libéraux (*Parti libéral du Québec*) et «péquistes». Le *Parti québécois* (PQ), un parti indépendantiste, n'existe qu'au Québec, tout comme *l'Action démocratique du Québec* (ADQ) ou *Québec solidaire*. Autre particularité: aux élections fédérales, les Québécois donnent régulièrement une majorité de voix au *Bloc québécois* (de tendance indépendantiste et qui n'existe que dans la province) pour les représenter au parlement d'Ottawa.

Le Québec a son propre drapeau, le *fleurdelisé* dont les fleurs de lys (souvent représentés par des iris) rappellent les origines françaises lointaines (avant que la France adopte la tricolore). La devise de la «Belle province» qui se trouve aussi sur les plaques d'immatriculation des voitures est: «Je me souviens».

Qu'est-ce que cela veut dire? Demandez à des Québécois et vous aurez plusieurs réponses; il n'y a pas une seule qui serait la vraie. On se souvient des moments importants de l'histoire, tels que nous allons les aborder dans ce cours. Une chose est sure: l'histoire elle-même est considérée comme beaucoup plus importante au Québec que dans les autres provinces canadiennes.

La fête nationale du Québec est le 24 juin (la Saint-Jean). C'est un jour férié et l'occasion de fêtes populaires en plein air et de cortèges.

Une semaine plus tard, le 1er juillet, c'est la fête du Canada, également jour férié. Beaucoup de Québécois déménagent ce jour-là, puisque les contrats de location se terminent souvent le 30 juin. Des mauvaises langues disent c'est par manque de respect pour le Canada … Ironiquement on parle même de «Journée nationale de déménagement». Tout

Le fleurdelisé flotte sur l'Assemblée nationale à Québec

au long du mois de juin, des ventes de garage se tiennent pour vider les caves avant de déménager …
Le Québec n'a pas d'hymne national officiel, mais le refrain d'une chanson de Gilles Vigneault est souvent chanté pendant des cérémonies solennelles.

Pour tout étranger établi au Québec, l'étonnement est annuel. La Fête nationale du Québec, le 24 juin, est un événement majeur. La Fête du Canada, le premier juillet, est largement ignorée.
Jean-François Lisée, dans: *L'Actualité*, 30 juin 2010

DVD Gilles Vigneault: Gens du pays

(refrain)
Gens du pays, c'est votre tour
De vous laisser parler d'amour
Gens du pays, c'est votre tour
De vous laisser parler d'amour

Le temps qu'on prend pour se dire *Je t'aime*
C'est le seul qui reste au bout de nos jours
Les vœux que l'on fait, les fleurs que l'on sème
Chacun les récolte en soi-même
Au beau jardin du temps qui court

(refrain)

Le temps de s'aimer, le jour de le dire
Fond comme la neige aux doigts du printemps
Fêtons de nos joies, fêtons de nos rires
Ces yeux où nos regards se mirent
C'est demain que j'avais vingt ans

se mirer se refléter comme dans un miroir

refrain

Le ruisseau des jours d'aujourd'hui s'arrête
Et forme un étang où chacun peut voir
Comme en un miroir, l'amour qu'il reflète
Pour ces cœurs à qui je souhaite
Le temps de vivre leurs espoirs

le ruisseau petit cours d'eau

l'étang (m) lac

refrain

Paroles des Gilles Vigneault; musique de Gilles Vigneault et Gaston Rochon

3. Histoire du Québec 101

101 *(FQ)* ce qui est fondamental, indispensable

Cours rapide

Oups, les paragraphes sont en désordre et quelqu'un a enlevé les dates. Mettez le texte dans le bon ordre, puis, insérez les chiffres.
Faut-il tous les apprendre? Et tous les noms?
En tout cas, les lettres initiales des paragraphes lues dans le bon ordre, vous révèlent le nom d'un personnage qui a tout vu, depuis le début ....

En ☐☐☐☐, quand la Première guerre mondiale éclate en Europe, les Canadiens anglophones sont beaucoup plus disposés à partir combattre aux côtés de la Grande-Bretagne que les francophones. La question de la conscription divise le pays, également pendant la Deuxième guerre mondiale, qui, paradoxalement, signifie un essor économique et la fin de la crise des années ☐☐☐☐ qui avait durement frappé le Québec.

disposé,e à prêt à

la conscription l'obligation de devenir soldat

Toujours fidèles à la couronne anglaise, les loyalistes quittent les États-Unis après la Révolution américaine victorieuse en ☐☐☐☐ pour se rendre au Canada. Une province à majorité anglophone est créée, Le Haut-Canada (futur Ontario), et les francophones restent majoritaires dans le Bas-Canada (futur Québec).

le loyaliste personne qui veut rester loyal à l'Angleterre

Au début, ce sont 4 provinces – Bas-Canada, Haut-Canada, Nouvelle-Écosse et le Nouveau-Brunswick – qui sont unies dans la nouvelle Confédération canadienne en □□□□. Ensuite, la colonisation des prairies de l'ouest progresse rapidement, et bientôt le Canada s'étend d'une mer à l'autre. Les Canadiens francophones y sont de plus en plus minoritaires.

Anglais et Français se disputent depuis le début de la colonisation ces territoires qui changent d'appartenance au gré des guerres en Europe, tandis que des expéditions étendent la Nouvelle France loin vers les Grands lacs à l'ouest, et vers le sud du continent, où la Louisiane française couvre un immense territoire. L'Acadie devient définitivement anglaise en □□□□.

la noirceur le fait d'être noir, *ici:* clérical, dominé par l'Église

Noirceur, grande noirceur, c'est ainsi que les Québécois appellent le régime conservateur et clérical de Maurice Duplessis, revenu au pouvoir en □□□□ et dont la mort en □□□□ ouvre subitement la voie à une modernisation rapide et profonde de la société québécoise: la Révolution tranquille des années □□□□. L'idée d'une indépendance de la province gagne du terrain et en □□□□ les Québécois élisent un gouvernement qui promet de la préparer.

Tenus en □□□□ et en □□□□, deux référendums sur la souveraineté du Québec ont vu l'indépendance rejetée, la dernière fois à très peu de voix près. La reconnaissance du Québec comme nation en □□□□ ne semble pas avoir réglé les conflits politiques, culturels et linguistiques qui continuent à surgir.

le clergé les représentants d'une religion, les prêtres

Réputés obéissants, robustes et modestes, les Canadiens français émigrent en grand nombre vers les centres industriels des États-Unis, plus d'un million entre □□□□ et □□□□. D'autres suivent l'appel du clergé pour coloniser les régions non encore agricoles du Québec. Dans les grandes villes, la misère est grande et les épidémies fréquentes. Les familles comptent souvent une dizaine d'enfants.

inexorable *unerbittlich*

Inexorablement, la population des colonies anglaises augmente beaucoup plus vite que la Nouvelle France. La déportation des Acadiens à partir de □□□□, qui avaient en vain essayé de rester «neutres», est un prélude à la conquête.

Les Vikings sont probablement les premiers Européens à arriver sur ce continent. Cinq siècles plus tard, des pêcheurs bretons, basques et portugais explorent ces côtes.

La «révolte des patriotes» réclame plus de démocratie et d'autonomie des colonies vis-à-vis de Londres. Elle unit des Canadiens anglophones et francophones – parmi ces derniers, certains réclament même une république indépendante du Bas-Canada. La révolte est sévèrement réprimée en □□□□ et □□□□, et on décide de favoriser l'assimilation des francophones par l'union des deux Canadas en □□□□.

Si la traite des fourrures se développe, peu de Français choisissent de s'installer définitivement au Canada. Québec est fondé en □□□□ par Samuel de Champlain. En □□□□, le cardinal de Richelieu décide de favoriser la colonisation et enfin, Louis XIV fait de la Nouvelle France une colonie royale en □□□□.

la fourrure *Pelz*

Une industrialisation gérée par des capitaux anglais crée une structure économique et sociale, où les Canadiens francophones sont un groupe en majorité pauvre et considéré comme inférieur, soumis à l'Église catholique qui domine toutes les institutions sociales, mais qui permet ainsi la survie de la langue française.

Entre □□□□ et □□□□, Jacques Cartier entreprend plusieurs voyages et décrit les civilisations autochtones qu'il découvre. Mais les premières tentatives d'y passer l'hiver sont difficiles, les Européens dépendent du savoir et de l'aide des autochtones pour survivre. Or, le contact avec les produits européens (armes à feu, alcool), les maladies venues d'Europe et l'implication dans les guerres des puissances européennes auront des conséquences dramatiques pour les Premières nations.

l'implication (f) *Verwicklung*

Non seulement la victoire spectaculaire des Anglais sur les plaines d'Abraham en □□□□ , mais aussi la défaite de Montréal l'année suivante signifient la fin de la présence française en Amérique du Nord. En □□□□ est signé le traité de Paris. Menacée par des rébellions dans ses 13 autres colonies, l'Angleterre concède aux nouveaux citoyens d'importantes libertés dans l'Acte de Québec en □□□□ .

concéder accepter de donner

Helga Bories-Sawala

1534, 1544, 1608, 1627, 1663, 1713, 1755, 1759, 1763, 1774, 1783, 1944, 1959, 1960, 1980, 1837, 1838, 1840, 1840, 1867, 1914, 1930, 1940, 1976, 1995, 2006

Le nom du personnage: □□ □□□□□ – □□□□□□□

Les nouvelles aventures de Lucky Luke: La belle province

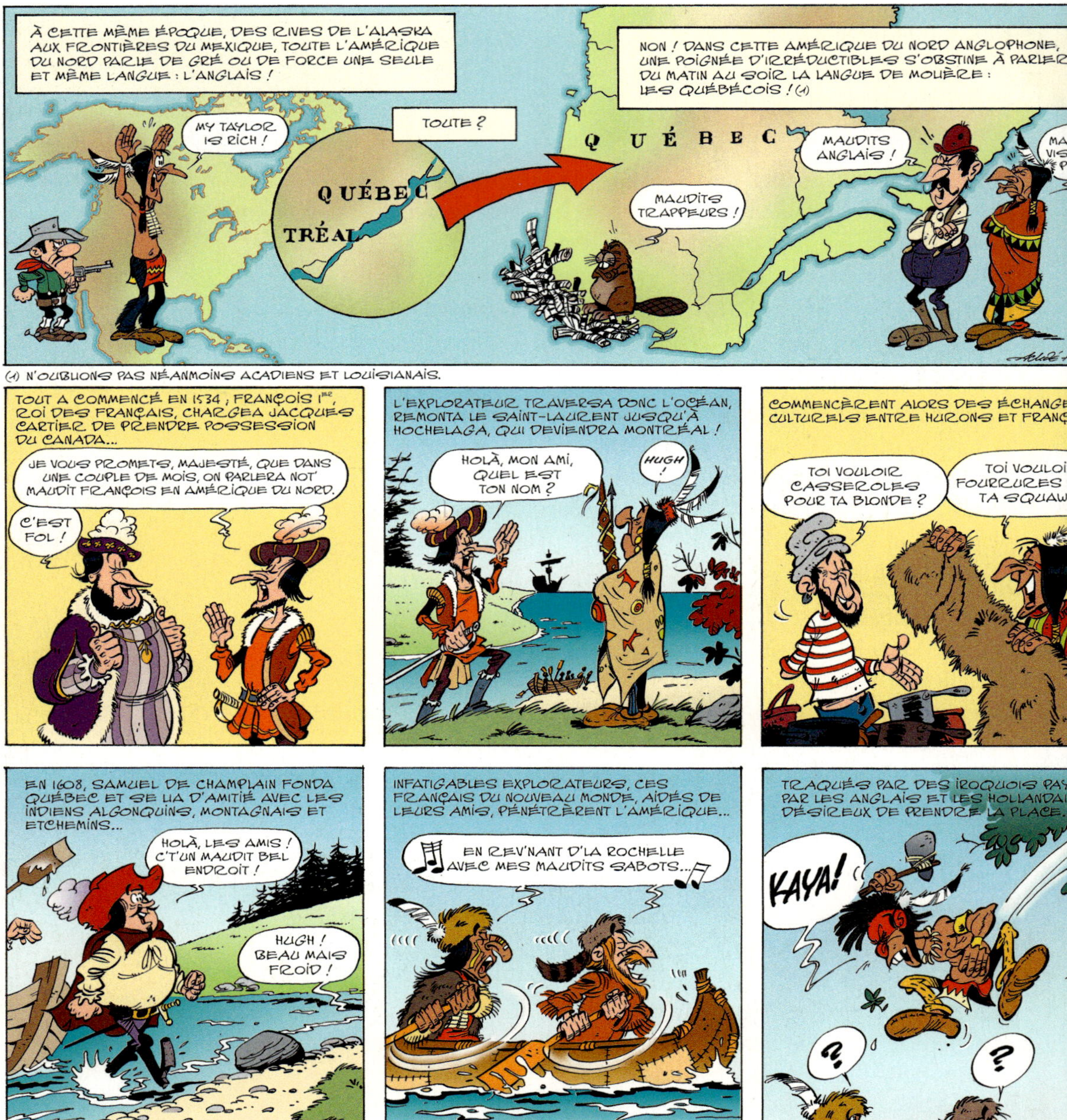

AINSI VIVAIT-ON JOYEUSEMENT DANS LA NOUVELLE-FRANCE JUSQU'EN 1759...
MAUDITS !
MAUDITS !
KAYA !
... CE FUNESTE 13 SEPTEMBRE, OÙ, PRÈS DE QUÉBEC, LA BATAILLE DES PLAINES D'ABRAHAM MARQUA LA FIN DE LA COLONISATION FRANÇAISE ET LE DÉBUT DE L'OCCUPATION ANGLAISE.
OUILLE !
MAUDITE JOURNÉE...
FA, F'EST FÛR !
AIS, LAS DE MANGER DU BOEUF À LA MENTHE ET DU PUDDING, LES MAUDITS FRANÇAIS, LES "CANAYENS", SE RÉVOLTÈRENT MAINTES REPRISES...
SACREZ VOT' CAMP, MAUDITS ANGLAIS !
CLOPS !
OH MY GOD ! THIS IS NOT A RIOT, THIS IS A REVOLUTION !
KEEP QUIET, JAMES, ET VENEZ FINIR VOTRE CASTOR À LA GROSEILLE.
1840, L'ACTE D'UNION FAIT PERDRE TOUTE ISTENCE LÉGALE À LA LANGUE FRANÇAISE !
SACHEZ, MESSIEURS, QUE NOUS NE L'ACCEPTERONS JAMAIS !
MAIS QUE RACONTE CE LAFONTAINE, JOHN ?
AUCUNE IDÉE. POUR MOI, LE FRANÇAIS, C'EST DE L'HÉBREU.
APRÈS BIEN DES REBONDISSEMENTS, LA CONSTITUTION DE 1867 RECONNAISSAIT ENFIN LA LANGUE FRANÇAISE ET LA NOTION DE CANADA FRANÇAIS...
N'EMPÊCHE QUE LES MAUDITS FRANÇAIS DE FRANCE NOUS ONT ABANDONNÉS AUX ANGLAIS !
JE ME SOUVIENS...
TU L'AS DIT, HUGUES !
DEPUIS LORS, LES CANADIENS FRANÇAIS CULTIVENT LEUR ORIGINALITÉ, AUSSI BIEN LINGUISTIQUE QUE CULTURELLE...
ENGLISH GO HOME
EN FRANÇAIS, SACREBLEU !

1. Je me souviens

1.1 Débuts difficiles

Après les voyages des vikings qui sont venus en Amérique du Nord vers l'an mille, des Européens y arrivent pour pêcher la morue au milieu du 16ième siècle. Les mers européennes n'ont plus assez de poissons puisque l'Église interdit de manger de la viande de nombreux jours. Les bateaux rapportent également des fourrures, notamment celle du castor, très à la mode à cette époque en Europe. Des explorateurs comme Jacques Cartier partent dans l'espoir de trouver une nouvelle route vers la Chine et les Indes (l'idée que la terre est ronde était encore à prouver ...) et des richesses semblables à celles qui ont enrichi les Espagnols et les Portugais en Amérique du sud. Et plus généralement, il s'agit pour la France de prendre sa part dans le partage de ce «nouveau monde» qui oppose les grandes nations maritimes européennes de l'époque. La «mondialisation» a commencé ...

la morue *Kabeljau*

le castor *Biber*

la mondialisation *Globalisierung*

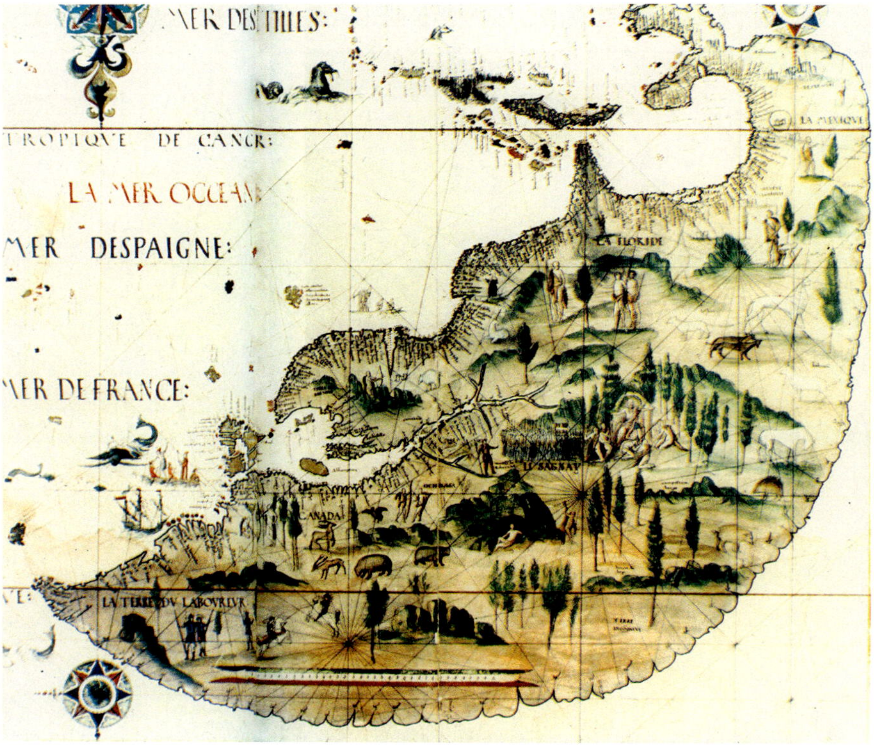

Carte de l'Amérique du Nord dessinée dans les années 1550 par Pierre Desceliers

La concurrence politique et économique est accompagnée par le conflit entre les religions catholique et protestante – l'Europe vit de longues et sanglantes guerres de religion – et l'église catholique, alliée au roi de France, cherche à convertir les populations outre-mer. C'est donc une grande croix que Cartier plante à Gaspé en 1534, en réclamant le territoire pour le roi de France et 4 ans plus tard, le pape décide que les «sauvages» ont une âme. Lors de ces voyages, Cartier visite et décrit également *Hochelaga*, un village amérindien dans la région de l'actuel Montréal. Mais il faudra attendre le début du 17ième siècle pour voir les premières tentatives de passer un hiver au Canada. En 1604, la moitié des hommes meurent de scorbut, par manque de vitamines, en Acadie. En 1605, les survivants s'établissent à Port-Royal.

En 1608, Samuel Champlain fonde Québec. En algonquin *Kebbek* signifie l'endroit ou le fleuve devient étroit. C'est en effet une excellente position stratégique pour contrôler tous les navires qui entrent dans le golfe du Saint-Laurent, la principale porte pour continuer vers l'intérieur du nouveau continent, entre la fonte de la glace au printemps et le gel en hiver.

Croix en granit à la place ou Cartier a planté sa croix en bois en 1534 pour prendre possession de cette terre pour le roi de France, acte contesté par les Amérindiens pour qui «notre mère la terre» appartient à tous ensemble et à personne en particulier.

1.2 Premières nations

On évalue à 25.000 le nombre d'habitants autochtones du Québec à l'arrivée des Européens. Ils appartiennent à 3 familles linguistiques: les Iroquoiens des rives du Saint-Laurent, les Inuits des régions arctiques, et partout ailleurs sur le territoire: les Algonquiens (Cris, Naskapis, Montagnais, Algonquins, Malécites et Micmacs). Les premiers contacts avec les pêcheurs, puis les marchands de fourrure sont plutôt amicaux, et ce n'est que grâce à l'aide et au savoir des Premières Nations que ces Européens arrivent à survivre.
Leur nouveaux amis français promettent même aux Algonquiens de les soutenir dans des conflits contre des Amérindiens rivaux. Les missionnaires apprennent d'ailleurs souvent les langues autochtones et établissent des dictionnaires. Cependant, il reste difficile à convaincre les Amérindiens de la supériorité de la civilisation chrétienne. Marie l'Incarnation, une religieuse ursuline, aurait dit «Il est plus facile de faire un sauvage d'un Français qu'un Français d'un sauvage». Elle pense sans doute aux «coureurs des bois» qui vont à la chasse avec les Amérindiens, adoptent leur façon de vie et parfois fondent des familles mixtes, les métis.

Les rapports entre Premières nations et Européens sont contradictoires: le commerce profite aux deux côtés et des rapports égalitaires s'installent, tandis que la volonté de faire des autochtones des chrétiens et sujets du roi traduit un esprit de conquête et de supériorité.

Pour les Européens, le «Sauvage» est cruel, monstrueux, incivilisé, ou bien le «Bon sauvage» cher a Rousseau: nu, noble et bon, libre, indépendant et juste, vivant en harmonie avec la nature, écologiste avant la lettre …

Le fait que les Amérindiens, à leur tour «apprennent» aux Européens de fumer le tabac, est peut-être une revanche à long terme.

Les conséquences du contact entre les civilisations finissent par se retourner contre les Premières nations. L'alcool mine la santé des communautés et surtout, de terribles épidémies déciment les populations non immunisées contre des maladies courantes en Europe. Le commerce des fourrures et les nouveaux produits arrivés d'Europe attisent les conflits et les rendent plus meurtriers par les nouvelles armes à feu. La Huronie est anéantie par les Iroquois en 1650 et ceux-ci attaquent souvent Ville-Marie (futur Montréal) qui est fondé en 1642 dans leur territoire.

Jusqu'en 1660, les Français sont minoritaires au Canada et surtout présents dans les comptoirs de commerce, mais en 1664 déjà, il ne reste plus qu'un vingtième des Amérindiens qui y habitaient à son arrivée. En 1701 enfin, une paix générale est signée par une quarantaine de nations indiennes.

attiser rendre plus vif

la Huronie région habitée par les Hurons

le comptoir de commerce poste de traite (*Handelsposten*)

La Grande-Paix de Montréal

Nous sommes en Nouvelle-France, en 1701, à une époque où Montréal, au lieu d'être une métropole multiculturelle de 3 millions d'habitants, est une petite ville française de 1200 âmes sur les bords du grand fleuve Saint-Laurent. Aux côtés du gouverneur de Callière, nous regardons le fleuve et voyons s'approcher, par dizaines, les canots des délégués amérindiens, alliés ou iroquois, qui tous ont accepté l'invitation du gouverneur et celle du grand chef allié Kondiaronk, à venir à Montréal signer un traité de paix durable. Plus de 1300 délégués installent leur campement: la population montréalaise vient de doubler! Pendant quelques jours, Montréal est le théâtre de ce que nous appellerions aujourd'hui, un sommet des nations.

le théâtre ici: le lieu où cela se passe

On peut imaginer la fierté du gouverneur. A une époque où le moindre message prend des semaines à se rendre à destination (quand il y parvient), un tel rassemblement est déjà une victoire, fruit d'années de tractations subtiles et de la ténacité d'un de Callière et du génie diplomatique d'un Kondiaronk. Mais, selon toute vraisemblance, de Callière est aussi inquiet, car la partie est loin d'être gagnée. Chaque délégation a sa langue, sa culture et ses exigences. Comment faire en sorte de vaincre des réticences enracinées dans des décennies de guerres avec les Français et des millénaires d'affrontements entre groupes amérindiens? Jusqu'au dernier instant, l'ambitieuse entreprise frôle l'échec, mais le 4 août, enfin, les chefs de près de 40 nations dessinent tour à tour leurs pictogrammes sur le traité de la Grande Paix de Montréal et Louis-Hector de Callière y appose son paraphe en tout dernier lieu. Aussitôt, une cérémonie célèbre la paix retrouvée. Cérémonie interculturelle sans précédent où se mêlent le faste du protocole louis-quatorzien et les traditions diplomatiques amérindiennes: discours interminables, échange de cadeaux et de *wampums*, partage du calumet de la paix, enterrement de la hache de guerre «au plus profond de la terre».

les tractations (f) négociations longues et difficiles
la ténacité fermeté
Kondiaronk chef amérindien célèbre
la réticence hésitation, refus
l'affrontement (m) conflit (armé)
frôler l'échec ne réussir presque pas
apposer son paraphe mettre sa signature
le wampum ceinture ou écharpe amérindienne décorée, précieux objet rituel
le calumet de la paix pipe fumé en signe de paix

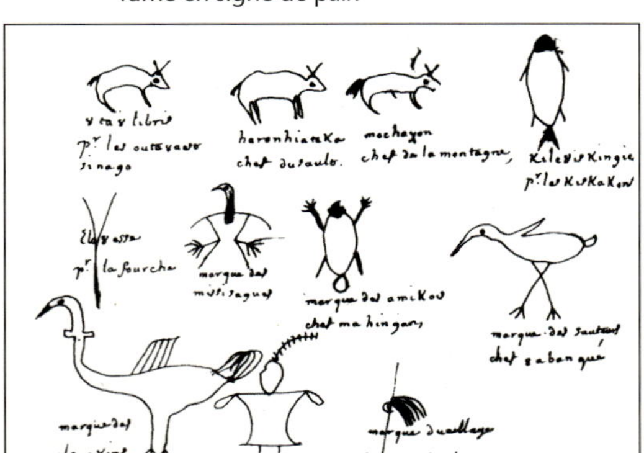

Lors du grand traité de paix de Montréal, en 1701, entre Français, Iroquois et autres nations, les chefs indiens ont signé en dessinant l'animal totémique de leur tribu.

Cette Grande Paix constitue un événement extraordinaire pour l'époque: tout l'est de l'Amérique du Nord est pacifié. Exceptionnellement cette paix se maintiendra pendant un demi-siècle, soit jusqu'à la conquête de la Nouvelle-France par les

Britanniques. Il s'agit donc d'un événement de première importance dans l'histoire de la diplomatie franco-amérindienne. La France peut être fière de ce geste qui change l'histoire de l'Amérique et permet le développement à l'ouest des Grands Lacs.

Francine Lelièvre, dans: Thomas Wien, De Québec à l'Amérique française: histoire et mémoire, Presses de l'Université Laval; Commission franco-québécoise sur les lieux de mémoire communs, 2006, pp. 333–334

Jean Muzi: Avant-propos/Le petit Indien et l'érable

Avant-propos

Avant l'arrivée des Blancs, le Canada était peuplé de groupes d'Indiens et d'Inuits, inégalement répartis sur son vaste territoire. On pense qu'ils venaient d'Asie et auraient traversé le détroit de Béring à une lointaine époque où un bras de terre reliait la Sibérie au continent nord-américain. Ces Amérindiens, divisés en de nombreuses tribus, vivaient de la chasse et de la pêche. Jacques Cartier explore le golfe du Saint-Laurent en 1534. Il est le premier à établir une présence française sur le continent nord-américain.

La colonisation du Canada débutera plus tard sous l'influence de Samuel de Champlain. Celui-ci fonde la ville de Québec en 1608, à un endroit appelé Kébec par les Indiens, qui signifie «rétrécissement du fleuve». C'est là en effet que le Saint-Laurent est le plus étroit.

En 1760, l'Angleterre fait la conquête du Canada qui deviendra une confédération en 1867, au sein de laquelle le Québec est une province distincte, et la seule où l'on parle français. Elle est très vaste et sa superficie équivaut à trois fois celle de la France. Plus de la moitié est couverte de forêts ou parcourue de cours d'eau, et on y compte près de 900 000 lacs.

Les immigrants français qui débarquèrent au Québec y ont tout naturellement introduit les contes traditionnels de leurs provinces d'origine. Au fil du temps, ces contes ont intégré les particularités du pays. Ils se sont transformés, teintés de couleurs locales tout en conservant le parfum de leurs origines.

J'en ai sélectionné un certain nombre, auxquels j'ai mêlé des contes amérindiens, afin de présenter aussi la culture des peuples autochtones qui vivaient au Québec avant l'arrivée des Blancs. J'ai adapté et réécrit tous les textes de cet ouvrage afin de les rendre plus attrayants pour les jeunes lecteurs.

relier connecter

la tribu ensemble de familles amérindiennes

le rétrécissement le fait de devenir plus étroit

distinct,e différent des autres, spécial

débarquer arriver par bateau

le conte *Märchen, Sage*

Le petit Indien et l'érable

Dans ce conte amérindien, la maladresse s'avère bénéfique.

Les récoltes avaient été très mauvaises cette année-là. Les réserves, qui n'étaient pas suffisantes, avaient vite fondu et la fin de l'hiver s'annonçait préoccupante. Plume-d'Aigle, le chef de la tribu, avait réuni tous les hommes.

– Nous manquons de nourriture et il reste de nombreuses lunes avant les nouvelles récoltes, leur dit-il. Si nous ne voulons pas mourir de faim, nous devons trouver du gibier. Dès demain, tous les hommes valides et tous les garçons en âge de se servir d'un arc partiront à la chasse.

Le lendemain, Œil-de-Lynx, le petit Indien, se leva de bonne heure. Ce jour-là, il était le plus jeune des chasseurs. Tout était blanc. Il avait chaussé ses raquettes tressées de nerf de chevreuil et il avançait dans la froidure du matin qu'éclairait une lumière blême.

Le petit Indien n'avait pas beaucoup d'expérience. Mais il commençait à savoir se servir d'un arc et il voulait le prouver. Il avait fait très froid durant la nuit. La neige était dure et crissait sous ses raquettes. Pour avoir plus de chances de trouver du gibier, les chasseurs s'étaient séparés et Œil-de-Lynx avançait seul dans la forêt. Le temps passait. Aucun animal ne semblait vouloir se montrer et il se demandait s'il n'allait pas être contraint de rentrer bredouille. La forêt était maintenant moins touffue. Il progressait facilement entre les troncs bruns, qui contrastaient avec le sol immaculé.

En arrivant dans une clairière, il vit des traces sur la neige. C'étaient celles de plusieurs lièvres. La chance semblait vouloir lui sourire. Il suivit les traces. Il était attentif au moindre bruit et son regard scrutait les alentours. Sur sa droite, un lièvre à l'arrêt l'observait. Sa fourrure blanche se confondait avec la neige, mais Œil-de-Lynx, qui avait la vue perçante, l'aperçut quand même. Il sortit une flèche de son carquois, banda son arc et tira. Dans sa hâte, il ne dut pas viser suffisamment, car la flèche alla se planter dans le tronc d'un érable.

Le petit Indien était contrarié d'avoir raté sa cible. Il aurait tant aimé rapporter un lièvre au village. Il s'approcha de l'érable, saisit la flèche des deux mains et tira. Après l'avoir arrachée, il s'aperçut que de la sève coulait du trou laissé par la flèche. Il la goûta. Elle était sucrée et il trouva qu'elle avait bon goût.

Il vida son carquois de ses flèches et le maintint contre l'arbre pour le remplir de sève. «À défault de gibier, je vais rapporter ce liquide sucré», se dit-il. Dès que le carquois fut plein, le

la maladresse *Ungeschicklichkeit*
Plume-d'Aigle *Adlerfeder*
le gibier les animaux chassés dans la forêt
valide en bonne santé
l'arc (m) *Bogen*
Œil-de-Lynx *Luchsauge*
les raquettes (f) chaussures pour marcher dans la neige
tresser *flechten*
le nerf de chevreuil *Rehsehne*
la froidure le froid
blême pâle
crisser grincer, craquer
bredouille sans succès
touffu,e dense
le tronc *(Baum-)Stamm*
immaculé sans traces
la clairière *Lichtung*
le lièvre *Hase*
scruter observer très attentivement
les alentours les environs
à l'arrêt sans bouger, immobile
perçant,e très précis
la flèche *Pfeil*
le carquois étui à flèches
bander un arc *einen Bogen spannen*
l'érable (m) *Ahorn*
être contrarié,e ne pas être content
rater sa cible *daneben treffen*
la sève le jus qui coule dans un arbre

petit Indien prit le chemin du retour. La nuit tombait lorsqu'il arriva au village. Il entra dans le tipi familial.

Griffe-d'Ours, son père, était déjà là. Il avait la mine triste comme son épouse Perdrix-Rousse. L'enfant en déduisit que son père était rentré bredouille. Sur le feu était posée une marmite dans laquelle cuisaient quelques haricots. Perdrix-Rousse regarda son fils avec une lueur d'espoir dans les yeux.

– Je vous ai rapporté du liquide qui coule de l'érable, dit Œil-de-Lynx en tendant fièrement le carquois à ses parents.

– Que veux-tu que nous en fassions? s'énerva Griffe-d'Ours qui espérait le voir ramener du gibier.

Il saisit le carquois et d'un geste brutal le jeta vers l'âtre. Le liquide se répandit sur les pierres brûlantes et se transforma en sirop d'érable tandis qu'une agréable odeur sucrée envahissait le tipi. Surpris, les parents du garçon s'approchèrent du foyer. Ils récupérèrent l'épais sirop qui collait aux pierres et le laissèrent refroidir avant de le goûter.

– C'est vraiment bon! s'exclamèrent-ils.

– Œil-de-Lynx le goûta à son tour et le trouva exquis.

– C'est bien de la sève d'érable que tu as rapportée? lui demanda Perdrix-Rousse.

– Oui.

– Nous irons en chercher demain, décida Griffe-d'Ours, avant de s'excuser d'avoir réagi violemment.

Le lendemain matin, Œil-de-Lynx et son père quittèrent le tipi de bonne heure. Ils se dirigèrent vers le premier érable qu'ils aperçurent. Griffe-d'Ours sortit son poignard, fit une incision dans le tronc et Œil-de-Lynx accrocha un récipient au-dessous. Ils le récupérèrent un jour plus tard. Le petit Indien aida son père à le porter. C'est Perdrix-Rousse qui se chargea de répandre la sève sur les pierres brûlantes de l'âtre. L'odeur du sirop, qui s'échappait du tipi, intrigua les membres de la tribu. Ils voulurent savoir de quoi il s'agissait. Perdrix-Rousse remplit de sirop d'érable plusieurs gobelets d'écorce qu'elle fit circuler. Ils le goûtèrent et le trouvèrent si bon qu'ils se mirent rapidement à en fabriquer. La tribu put ainsi terminer l'hiver sans souffrir de la faim.

Plume-d'Aigle, le chef de la tribu, félicita Œil-de-Lynx pour sa trouvaille. Progressivement, la recette se propagea. Et bientôt, toutes les tribus indiennes fabriquèrent du sirop d'érable.

Dans: 14 contes du Québec, Éditions Flammarion, Paris 2005, pp. 5/6, 9–14

Griffe-d'Ours *Bärenkralle*
Perdrix-Rousse *Rotes Rebhuhn*
la marmite *Kessel*
la lueur d'espoir *Hoffnungsschimmer*
l'âtre (m) cheminée
se répandre ici: coluer
envahir *ici*: remplir
le foyer endroit où on fait du feu
exquis,e excellent
le poignard le couteau
l'incision (f) la coupure
le récipient *Behälter*
intriguer ici: rendre curieux
le gobelet *Becher*
se propager passer des uns aux autres

Pour les Amérindiens, la terre est symbolisée par une grande tortue qui porte tous les êtres vivants sur son dos: «Chose assurée, Grande Tortue continuera de nager dans le cosmos, avec ou sans nous, les humains, autochtones et allochtones d'un territoire habité commun, dit le Québec.» (Guy Sioui Durand)

la tortue *Schildkröte*

1.3 La Nouvelle France

Le cortège de la Fête nationale du Québec rappelle les costumes de la Nouvelle France du $17^{\text{ième}}$ siècle.

le colon *Siedler*

La colonisation de la Nouvelle France est d'abord assez lente et les grandes compagnies, qui obtiennent de la couronne française le monopole du commerce contre la promesse de coloniser ces régions, trouvent peu de candidats. Le voyage est long et dangereux, le climat rude, l'avenir incertain.

Parmi les premiers Français qui osent y aller, nous trouvons un mélange de commerçants espérant faire fortune, d'aventuriers, de géographes, d'apothicaires, de religieux, mais aussi des condamnés qu'on est allé chercher dans les prisons, des personnes qui ont de bonnes raisons de se faire oublier, d'autres qui fuient les conflits et les discriminations. Ainsi, les protestants sont actifs dans l'exploration du Nouveau monde jusqu'en 1627, où la colonie leur interdit le séjour, tout comme aux Juifs.

A partir de 1663, Louis XIV décide de s'occuper lui-même de la Nouvelle-France et envoie des administrateurs et des soldats pour la défendre. Aux coureurs des bois s'ajoutent des colons agriculteurs et des citadins.
Outre les missionnaires, il y a également des religieuses comme Marguerite Bourgeoys et même des femme laïques comme Jeanne Mance qui ouvrent des écoles et des hôpitaux. Mais la colonie manque de femmes pour fonder des familles. C'est pourquoi 800 «filles du roi» sont envoyées de France entre 1663 et 1673, surtout depuis la région parisienne. Il s'agit de jeunes femmes sans famille, souvent orphelines. A leur arrivée au Canada, des religieuses les accueillent pour leur enseigner les tâches de futures mères et épouses et .... leur trouver un mari, souvent en quelques semaines.

Plaque sur une maison du Vieux Québec

laïc, laïque non religieux

orphelin,e qui a perdu ses parents

Filles du roi

Monseigneur,
Toutes les filles venues cette année sont mariées à 15 près que j'ai fait distribuer dans des familles connues en attendant que les soldats qui les demandent aient acquis de quoi les nourrir. Pour avancer le mariage de ces filles, je leur ai fait donner, la somme de 50 livres monnaie du Canada en denrées propres à leur ménage.
Il serait bon de recommander fortement que celles qui seront destinées pour ce pays ne soient aucunement disgraciées de la Nature, qu'elles soient saines et fortes, pour le travail de campagne. Les filles envoyées l'an passé sont mariées, et presque toutes ou sont grosses ou ont eu des enfants, marque de la fécondité de ce pays.

Lettre de Jean Talon adressé à Monseigneur Colbert, Québec, le 10 novembre 1670 (extraits); http://www.mcq.org/histoire/filles_du_roi/index.html

les denrées (f) biens, marchandises

disgracié,e désavantagé

grosse (f) ici: enceinte, qui attend un enfant
la marque le signe
la fécondité *Fruchtbarkeit*

La population de la colonie se développe rapidement: elle était de 300 en 1640, de 2500 en 1663 et d'environ 18.000 en 1760. Grâce à des terres qui sont beaucoup plus disponibles qu'en Europe, un système «seigneurial» moins hiérarchique et une alimentation plus riche, les familles sont très nombreuses, elles ont souvent une dizaine d'enfants qui survivent, contrairement à l'Europe où la moitié meurent avant l'âge de deux ans.

Chercher sa chance au nouveau monde

l'aïeul, les aïeux (m) ancêtre *(Vorfahr)*
ravager détruire

Mes anciens aïeux quittaient une France brutale, ravagée par une histoire sociale qui écrasait les petits, dont la loi et les impôts étaient profondément injustes: Ce monde était fondé sur l'inégalité des droits. Le bois, les animaux, la terre, tout était sujet à restriction. Dans la vallée du Saint-Laurent, les immigrants ont certes trouvé le climat inhumain, mais leur chance était là.

Serge Bouchard, dans: France-Quebec. Images et mirages, Musée de la civilisation, Québec 1999, p. 27

Voiture d'un supporteur du club «Canadiens de Montréal» (cf. pp. 187–189)

Peu à peu la population devient «canadienne» et les colons s'appellent «habitants». Encore aujourd'hui les joueurs des «Canadiens» de Montréal, un club de Hockey très populaire, s'appellent «habs».

Dans la seconde moitié du 17ième siècle, des explorateurs français arrivent dans la région des Grands lacs à l'ouest, à la Baie d'Hudson au nord et au Mississippi dans le sud. Cette expansion a laissé des traces dans des noms de ville aujourd'hui américaines: Detroit, New Orleans … La Nouvelle France couvre un territoire énorme, mais très peu peuplé et donc difficile à protéger.

l'affrontement (m) conflit (armé)

Or, les conflits ne manquent pas. Depuis les années 1620 déjà, des affrontements de plus en plus nombreux opposent la Nouvelle France aux 13 colonies de la Nouvelle Angleterre, dont la

population continue à augmenter beaucoup plus vite. En 1760, il y a 70.000 Canadiens contre plus d'un million colons anglais – le rapport de force est clair.

le rapport de force
Kräfteverhältnis

La France et l'Angleterre mènent plusieurs guerres en Europe et dans les colonies, et à chaque fois, c'est dans les négociations de paix que l'on décide à qui elles vont appartenir. Lors de la paix d'Utrecht 1713, la France perd la baie d'Hudson, Terre Neuve et surtout l'Acadie, le point de départ de la présence française en Amérique du Nord. Les Acadiens, agriculteurs pour la plupart, ont l'habitude de changer très souvent de maîtres lors des différentes guerres et quand ils deviennent définitivement anglais, ils continuent de vivre comme avant et essayent de rester neutres.

1.4 La Conquête

le prélude le début

incendier mettre le feu

En 1755, les Anglais jugent que cette situation devient trop incertaine et décident de déporter la population acadienne: C'est le début de ce que l'on appelle «le Grand dérangement» et un prélude à la fin de la Nouvelle France.
Sur les 18.000 Acadiens, 12.000 sont déportés, les autres 6.000 réussissent à s'enfuir, souvent aidés par les Amérindiens. Derrière eux, leurs maisons sont incendiées pour les décourager de tout espoir de retour. Des navires les emmènent dans les 13 colonies anglaises, où ils sont plus ou moins bien accueillis, et même en Angleterre et en France. On estime que la moitié des déportés meurent. Un certain nombre trouve une nouvelle patrie en Louisiane.

Peu de temps après, la Guerre de sept ans commence entre la France et l'Angleterre, où elle prendra le nom de *French and Indian wars*. En effet, les Amérindiens sont nombreux à combattre des deux côtés. Avantagés par le nombre, les Anglais sont prêts à mettre beaucoup de moyens dans cette guerre, tandis que la France préfère se concentrer sur l'Europe. Voltaire n'est pas le seul à penser que ces «quelques arpents de neige» au Canada ne valent pas des guerres constantes et coûteuses avec l'Angleterre.

Les navires et soldats envoyés de France sont bien trop peu nombreux comparés aux forces anglaises. Louisbourg tombe en 1758 et en 1759 les Anglais prennent Québec dans une bataille courte et décisive, après l'avoir bombardé pendant plusieurs mois.

Il serait exagéré de dire que le sort de la Nouvelle France s'est joué dans les 20 minutes de cette seule bataille. Et si le premier navire à rentrer dans le fleuve Saint-Laurent au printemps 1760 avait été français? Mais il est anglais et Montréal doit se rendre.

C'est la fin de la Nouvelle France, qui est de toute manière impossible à défendre à long terme. En 1763, au moment de négocier

Les descendants des Acadiens qui étaient revenus dans leurs régions d'origine (l'actuel Nouveau-Brunswick) se souviennent de la déportation lors de leur Fête nationale le 15 août.

l'arpent (m) ancienne mesure de superficie, *Morgen (Land)*

le traité de Paris, la France a le choix entre les Antilles et le Canada. La Lousiane est répartie entre l'Angleterre et l'Espagne. Un peu plus tard, la France perd également sa plus grande colonie antillaise. Haïti devient indépendant à la suite d'une révolte d'esclaves en 1804. En 1800, Napoléon rachète la partie espagnole de la Louisiane, mais il la revend trois ans plus tard aux Etats-Unis.

Différentes interprétations de la conquête ont été proposées. Pour les uns, la victoire des Anglais est une chance pour la colonie; elle lui apporte le progrès social, le système parlementaire et une économie plus développés. Pour les autres, les Canadiens ont été abandonnées par la France et par ses élites qui y rentrent maintenant – ils seront désormais soumis à un pouvoir étranger pour sa langue et sa religion. L'église catholique, elle, estime que la main de Dieu a fait, juste à temps, échapper le Québec à la Révolution Française qui met en cause son pouvoir politique et l'ordre établi par Dieu.

Les deux généraux, l'Anglais Wolfe et le Français Montcalm trouvent la mort dans cette bataille.

Des enfants rejouent la bataille en costumes d'époque.

2. De Canadiens à Québécois

2.1 Des Canadas à la Confédération canadienne

Les Anglais doivent remettre à plus tard l'assimilation des leurs nouveaux citoyens de la *Province of Québec*, car il est plus urgent de s'occuper de la rébellion de leurs 13 provinces de la Nouvelle Angleterre. Dans l'Acte de Québec de 1774, on accorde donc aux nouveaux sujets le droit de pratiquer leur langue, leur religion et leurs lois. Et en effet, la population ne se laisse convaincre à la révolte contre l'Angleterre ni par les révolutionnaires américains, quand ils attaquent le Canada à plusieurs reprises, ni par les révolutionnaires français en guerre contre l'Angleterre.

Seulement, les concessions accordées aux Canadiens font encore augmenter la colère en Nouvelle Angleterre et la Révolution américaine éclate en 1775. L'Angleterre finit par perdre ses 13 colonies et se retrouver avec le Canada comme sa seule colonie en Amérique du Nord … peuplée par des Français! Mais après l'indépendance des nouveaux Etats-Unis en 1783, des milliers de colons restés fidèles à la couronne britannique, les *loyalistes*, fuient au Canada. Or, ils acceptent mal de se retrouver en tant que minorité parmi tant de

le sujet *Untertan*

Canadiens francophones et catholiques de la *Province of Québec.* C'est pourquoi on la coupe en deux: le Haut-Canada (futur Ontario), avec une population majoritairement anglophone, et le Bas-Canada (Québec), habité surtout par les Canadiens francophones. Dans les deux provinces, un système parlementaire à la britannique est établi, mais en fin de compte, la couronne et le gouverneur gardent le dernier mot sur toutes les décisions importantes.
Le premier parlement du Bas-Canada (un des plus anciens du monde), est élu en 1792 et tout de suite, commence un débat passionné sur la langue officielle.

l'orateur (m) ici: le président du parlement

Orateur bilingue

Je dirai mon sentiment sur la nécessité que l'orateur que nous allons choisir possède également les deux langues. Dans laquelle doit-il s'adresser au gouverneur? Serait-ce dans la langue anglaise ou française? Pour résoudre la question, je demande si cette colonie est ou n'est pas une colonie anglaise? Quelle est la langue du Souverain et de la Législature dont nous tenons la constitution qui nous rassemble aujourd'hui? Quelle est la langue générale de l'Empire? Quelle est celle d'une partie de nos citoyens? Et quelle sera celle de l'autre et de toute la province en général à une certaine époque? Je suis Canadien, fils de Canadien; ma langue maternelle est le français. Car, grâce à la division toujours subsistante entre les Canadiens et les Anglais depuis la cession du pays, je n'ai pu servir qu'imparfaitement la langue de ces derniers. Ainsi mon témoignage n'est pas suspect. Ainsi je dirai qu'il y a nécessité absolue pour les Canadiens d'adopter avec le temps la langue anglaise. Mais, en attendant cette heureuse révolution, je crois qu'il est de la décence que l'Orateur dont nous ferons le choix

subsistant,e existant

la décence ici: le bon sens

puisse s'exprimer dans la langue anglaise lorsqu'il s'adressera au représentant de notre Souverain.
Le député Pierre Louis Panet lors de la première session du parlement élu du Bas-Canada, le 19 déc. 1792.
Au cours du débat, son cousin Jean-Antoine Panet, fait remarquer «que le roi d'Angleterre parlait toutes les langues et faisait des traités avec toutes les nations dans leurs propres langages ainsi qu'en anglais; que Jersey et Guernesey étaient français et que l'objection fondée sur le langage d'un membre ne pouvait l'empêcher d'être orateur». *Joseph Papineau ajoute* «qu'on ne pouvait pas supposer qu'aucun Canadien dut être privé de ses droits parce qu'il n'entendait pas l'anglais».
Enfin, Jean-Antoine Panet est élu avec 28 voix contre 18.

Nos racines – L'histoire vivante des Québécois, Les Éditions TLM Inc. (1979 – 1983), N° 40, p. 784

Le fait que les Canadiens francophones refusent de s'assimiler est une source de frustration pour les nouveaux maîtres.

Pourquoi pas vendre le Québec?

Donnez à un *habitant* du lait, quelques racines (pommes de terre), du tabac, du bois pour son poêle et un bonnet rouge, il ne travaille plus, comme le sauvage qui va rarement à la chasse sans y être poussé par la faim. Les besoins de ces gens sont très peu nombreux, car ils n'ont aucun désir de luxe ou de raffinement. Ils sont portés vers les plaisirs vulgaires et paresseux pour ne pas dire criminels.
Je pense qu'il est douteux que les provinces du Canada vaillent la dépense nécessaire pour les retenir sous le drapeau anglais, même du point de vue politique. Le français est et demeure dominant. Le peuple entretient un préjugé invétéré contre les Anglais, n'ayant jamais apprécié et évalué la liberté de la Constitution anglaise, qu'ils ne comprendront ni n'apprécieront jamais parfaitement.
Le peuple américain paraît avoir un grand désir de posséder les Canadas et je pense réellement que de leur faire cession du territoire serait d'un grand profit pour la Grande-Bretagne et une source de misères et de calamités sans fin pour les Américains

Jeremy Cockloft, un jeune homme d'affaires anglais qui voyagea au Canada en 1811 à propos des Canadiens, dans: Nos racines – L'histoire vivante des Québécois, Les Éditions TLM Inc. (1979–1983), N° 51, p. 1017

Leurs habitudes, leur langue et leur religion sont restées aussi différentes des nôtres qu'avant la Conquête. En vérité, il semble que ce soit leur désir d'être considérés comme formant une nation séparée. La *Nation canadienne* est leur expression constante.

Le gouverneur Craig en 1810 à propos des Canadiens

invétéré,e devenu fort avec le temps

faire cession vendre

la calamité problème, malheur

Au début des années 1830, un visiteur étranger constate des tensions dans la province.

La situation au Bas-Canada en 1831

le fond la base

la race ici: la population (le mot *race* a changé de sens depuis le 19ième siècle)

l'enseigne (f) la publicité d'un magasin

éclairé,e instruit, éduqué

la Chambre des communes le parlement du Bas-Canada

répandre généraliser

à profusion énormément

Le fond de la population et l'immense majorité sont partout français. Mais il est facile de voir que les Français sont le peuple vaincu. Les classes riches appartiennent pour la plupart à la race anglaise. Bien que le français soit la langue presque universellement parlée, la plupart des journaux, les affiches, et jusqu'aux enseignes des marchands français sont en anglais! Les entreprises commerciales sont presque toutes en leurs mains. C'est véritablement la classe dirigeante au Canada. Je doute qu'il en soit longtemps ainsi. Le clergé et une grande partie des classes non pas riches, mais éclairées, sont français, ils commencent à sentir vivement leur position secondaire. Les journaux français que j'ai lus font contre les Anglais une opposition constante et animée. Jusqu'à présent le peuple n'a que très imparfaitement entrevu sa position de nation conquise. Mais depuis quelques années, la Chambre des communes, presque toute canadienne, a pris des mesures pour répandre à profusion l'instruction. Tout annonce que la nouvelle génération sera différente de la génération actuelle. J'espère encore que les Français, en dépit de la conquête, arriveront un jour à former à eux seuls un bel empire dans le Nouveau Monde, plus éclairés peut-être, plus moraux et plus heureux que leurs pères.

Alexis de Tocqueville: Voyage en Amérique, dans: Cahier non alphabétique I, Œuvres I, Éditions Gallimard, Paris 1991, pp. 54–59

Dans les villes les Anglais et les Canadiens forment deux sociétés. Les Anglais affichent un grand luxe. Il n'y a parmi les Canadiens que des fortunes très bornées. De là, jalousie, tracasseries de petite ville. Les Anglais ont dans les mains tout le commerce extérieur et dirigent en chefs tout le commerce intérieur. De là encore jalousie. Les Anglais s'emparent tous les jours de terres que les Canadiens croyaient réservées à leur race. Enfin les Anglais se montrent au Canada avec tous les traits de leur caractère national, et les Canadiens ont conservé tous les traits du caractère français. Il y a donc fort à parier que le Bas-Canada finira par devenir un peuple entièrement français. Mais ce ne sera jamais un peuple nombreux. Tout deviendra anglais autour de lui. Ce sera une goutte dans l'Océan.

Alexis de Tocqueville: Voyage en Amérique, Cahier alphabétique A, Œuvres I, Éditions Gallimard, Paris 1991, pp. 201–212

Les conflits se multiplient. S'y ajoute la demande grandissante pour obtenir plus de démocratie dans les deux provinces: le Haut et le Bas-Canada. Pour une fois, les démocrates anglophones et francophones sont d'accord: il faut un vrai parlement, avec un pouvoir de décision réel. Au Bas-Canada, le mouvement se radicalise plus encore. On demande des droits spécifiques pour les francophones, certains veulent créer une république indépendante, d'autres pensent qu'un compromis est encore possible. Un des leaders les plus connus du «parti des Patriotes» est Louis-Joseph Papineau. Des révoltes éclatent en 1837 et en 1838, durement réprimées par l'armée. Une trentaine d'insurgés sont pendus et près de 200 exilés en Australie. Aujourd'hui, le troisième lundi de mai est un jour férié au Québec: la Journée nationale des Patriotes (Journée de la Reine dans le «Rest of Canada»).

l'insurgé,e qui participe à une rébellion

Louis-Joseph Papineau

On demande à lord Durham d'analyser la situation. Dans son rapport, il constate qu'il s'agit d'un conflit entre deux peuples et que sa solution serait l'union des deux Canadas et l'assimilation des Canadiens francophones. Ce serait pour leur bien, selon lui, car en devenant tout à fait britanniques, ils seraient plus civilisés, éduqués et modernes. Durham recommande également d'introduire les réformes demandées pour apporter plus de démocratie.

Ce sera fait en 1848. Mais avant, il faut s'assurer qu'un parlement avec un réel pouvoir ne puisse pas être à majorité francophone. L'union des deux provinces en une seule – le Canada –, réalisée en 1840, le garantit. La population du Haut-Canada vient de dépasser celle du Bas-Canada et dans le nouveau pays, les Anglo-Canadiens ont maintenant la majorité.

Le drapeau des Patriotes

En 1867, lors de la création de la Confédération canadienne, les deux parties sont de nouveau séparés et les Canadiens français du Bas-Canada se retrouvent dans une province du nom de Québec. La nouvelle confédération se compose d'abord de 4 provinces (Québec, Ontario, Nouveau-Brunswick et Nouvelle-Écosse), puis, au rythme de la construction d'un chemin de fer transcanadien, s'élargira par étapes successives jusqu'aux 10 provinces du Canada actuel. Les opinions sur la création de la confédération divisent la population. Beaucoup de francophones y sont opposés, mais on n'organise pas de plébiscite, comme l'avaient demandé les libéraux. Désormais minoritaires au Canada, les francophones, qui se nommaient tout simplement «Canadiens», commencent à s'appeler «Canadiens français», tandis que les anglophones s'appellent *Canadians.*

le plébiscite référendum

Depuis la défaite de la rébellion des patriotes, l'Église catholique a pris de plus en plus de pouvoir dans tous les domaines de la société canadienne-française. Comme partout au monde, à cette époque, elle combat la modernité, la liberté de penser et le libe-

la défaite *Niederlage*

le péché *Sünde*

la coopérative *Genossenschaft*

ralisme comme courant politique. Voter libéral devient un péché au Québec.

Mais comme ses institutions – églises, écoles, universités, hôpitaux, banques, associations, coopératives – sont partout présentes et continuent à fonctionner en français, c'est grâce à elle que l'identité culturelle des Canadiens français a pu résister à l'assimilation par la majorité toujours grandissante des anglophones.

Louis Riel et le Manitoba

métis,se d'origine mixte: blanche et autochtone

se soulever faire une rébellion

la haute trahison *Hochverrat*

Pour étendre son territoire vers l'ouest, le gouvernement canadien achète, en 1869, les territoires du Nord-ouest qui appartiennent à la Compagnie de la Baie d'Hudson, mais sans consulter la population métisse. Guidée par Louis Riel, celle-ci se soulève et obtient que le Canada crée une nouvelle province en 1870, le Manitoba, d'abord comme province officiellement bilingue (elle deviendra unilingue anglaise vingt ans plus tard).

Louis Riel, qui aide également des métis de la Saskatchewan dans leur rébellion, quelques années plus tard, est accusé de haute trahison et pendu en 1885, malgré les protestations des Canadiens français pour qui il devient un héros.

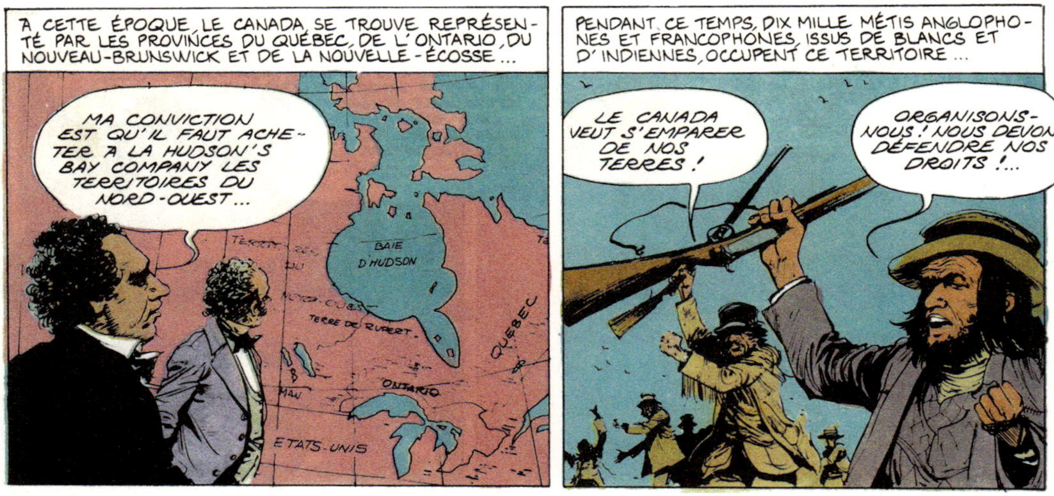

2.2 Industrialisation et migrations

Entre 1831 et 1871 la population du Québec double pour atteindre 1,2 million et Montréal, qui attire les populations des campagnes, mais également une immigration nombreuse des îles britanniques et notamment de l'Irlande, devient le centre de l'économie, de l'industrie et du commerce. Le capital investi est anglais et le pouvoir économique est dans les mains des élites anglophones qui dirigent le pays. Comme partout, l'industrialisation s'accompagne d'inégalités sociales et de tensions grandissantes. Dans les quartiers ouvriers des villes, les conditions de vie sont souvent difficiles et les maladies courantes – le taux de mortalité infantile à Montréal est alors un des plus élevés au monde. Les Canadiens français forment les couches populaires nom-

breuses, mais il y a également beaucoup d'immigrants irlandais qui ont fui la famine de chez eux. Des liens de solidarité se créent entre ces deux groupes.
Cependant, les villes ne peuvent pas absorber toutes les personnes qui cherchent du travail. Ainsi, entre 1840 et 1940, environ 1 million de Québécois émigrent aux «États», c'est-à-dire surtout en Nouvelle Angleterre, où le développement industriel est plus rapide encore. Ils y forment au début des «petits Canadas», mais s'assimilent assez vite et deviennent américains au bout d'une génération.
Pour freiner cette émigration massive, l'Église catholique lance une vaste campagne où elle appelle les Canadiens français à créer des colonies dans des parties du pays non encore utilisées pour l'agriculture.

Ne partez pas

LE CANADIEN EMIGRANT
ou
Pourquoi le Canadien-Français quitte-t-il le Bas-Canada?

la jouissance le fait de posséder, de pouvoir utiliser
chérir aimer

Comme beaucoup d'autres, nous n'avons pu voir nos compatriotes aller chercher à l'étranger pain, liberté et vie, sacrifier la jouissance de l'un des plus beaux, des plus nobles sentiments du cœur humain, celui qui nous fait chérir la patrie; nous n'avons pu voir notre population décimée, chaque année, par l'émigration, sans nous dire: il est du devoir de quelqu'un de travailler à arrêter le flot de l'émigration, de montrer les avantages qu'il y a pour nos compatriotes à demeurer sur le sol de leurs ancêtres.
Pourquoi donc le Canadien passerait-il a l'étranger? Serait-ce pour obtenir une plus grande part des biens de la fortune? Trouvera-t-il le soleil de l'exil aussi bienfaisant que celui de la patrie? A sa dernière heure, de nouveaux amis pourront entourer son lit de mort, mais seront-ils capables de lui faire oublier ceux avec qui il coula les beaux jours de son enfance, et celle qui veilla sur son berceau, à qui son souvenir coûta tant de larmes, sera-t-elle là, à ses côtés, pour recevoir ses derniers adieux et lui adoucir les horreurs de la tombe?

couler de beaux jours vivre heureux
le berceau *Wiege*

RIEN N'EST SI BEAU QUE SON PAYS.

Township de l'Est, 31 mars 1851.

JAS. NELLIGAN, Curé de Leeds.
J. H. DORION, Ptre., Miss. de Drummondville.
ANT. RACINE, Ptre., Miss. de Stanfold.
LEON PROVENCHER, Ptre., Miss. de Tring.
CHS. TRUDELLE, Ptrc., Miss. de Sommerset.

L. AD. DUPUIS, Ptre., Miss. d'Halifax.
B. MCGAURAN, Ptre., Miss. de Sherbrooke.
L. TRAHAN, Ptre., Miss. de Shipton.
N. LECLERC, Ptre., Miss. de Lambton.
P. DEVILLERS, Ptre., Miss. d'Artabaska.
JER. SASSEVILLE, Ptre, Miss. de Kingsey.
J. MELC. BERNIER, Ptre., Vicaire d'Halifax.

Extraits de: Le Canadien Émigrant par douze missionnaires, Québec 1851

Se développe alors toute une idéologie du retour à la terre, qui a fortement influencé la pensée au Québec. Au début du vingtième siècle encore, les Canadiens français avaient la réputation d'être traditionalistes et hostiles à la modernité.

2.3 Les deux guerres mondiales

Les deux guerres mondiales ont comme effet d'opposer très fortement les Canadiens francophones aux anglophones. Elles sont considérées comme des conflits entre les «vieux pays», et les Canadiens anglais acceptent beaucoup plus facilement de combattre avec la Grande Bretagne que les francophones qui, malgré les appels à aider leur ancienne patrie – la France –, se sentent beaucoup moins concernés par ces conflits européens et hésitent à y risquer leur vie.

Une manifestation contre la conscription en 1914

En plus, l'Ontario adopte, en 1912, une loi qui impose l'anglais comme obligatoire dans toutes les écoles et autorise le français dans les deux premières classes du primaire seulement. Beaucoup de francophones sont alors de l'avis: «Si l'on nous demande d'aller nous battre pour l'Angleterre, nous répondrons: qu'on nous rende nos écoles!»
En 1917, malgré la vive opposition du Québec, l'obligation militaire est introduite.
Quand la Seconde guerre mondiale éclate en 1939, le Canada rejoint de nouveau l'Angleterre, mais son Premier ministre promet de faire seulement appel à des volontaires.

Or, en 1942, les seuls soldats volontaires ne suffisent plus et le Premier ministre du Canada demande à tous les Canadiens de le libérer de sa parole donnée et de permettre la conscription obligatoire. Dans l'ensemble du Canada, 80% répondent oui; au Québec, 71% répondent non.
Parmi les jeunes hommes qui s'engagent dans l'armée comme volontaires, beaucoup le font pour échapper à la misère qui a frappé les couches populaires pendant la grande dépression des années 1930.

Une soupe populaire en 1930

Gabrielle Roy avec des enfants montréalais dans les années 1940

Gabrielle Roy: Partir à la guerre

– Écoute, sa mère: l'armée c'est la vraie place pour un gars comme moi. Pas de métier, pas gros d'instruction; c'est encore là que je suis le mieux.

– Bon Dieu! soupira Rose-Anna.

Elle avait pourtant senti qu'il arriverait, ce jour où Eugène, dégoûté d'oisiveté, se livrerait à quelque impulsion tragique. Mais ça, qu'il s'enrôlât, non, elle ne l'avait pas prévu.

– Je croyais pas quand même que tu prenais ça tellement à cœur, dit-elle. T'es encore si jeune. Tu t'aurais ben placé, toi aussi, à la longue. Regarde ton père: il a été des années à rien faire ...

– Oui, pis j'ai pas envie de faire comme lui ...

sa mère *(FQ)* ma mère

pas gros de *(FQ)* pas beaucoup de

l'oisiveté (f) le fait de n'avoir rien à faire

l'impulsion (f) idée spontanée

s'enrôler s'engager, être volontaire pour devenir soldat

pis *(FQ)* et

– Pas si fort! supplia Rose-Anna. Tu vas réveiller les enfants.

Le petit Daniel gémissait dans son sommeil. Elle s'approcha de l'étroit lit de fer pour recouvrir l'enfant.

Et ce geste si simple bouleversa le jeune homme. Il suivit sa mère, prit distraitement et boucla les cordons de son tablier ainsi qu'il le faisait, petit garçon. Et il songea: «C'est ben la première fois de ma vie quand même que je vais y donner que'que chose.»

Sa voix se fit câline :

– 'Coute m'man lui dit-il à l'oreille. Ça va ben vous aider, tu sais. Tout le temps que je vas être dans l'armée, tu vas recevoir vingt piasses par mois.

L'émotion perçait dans ses paroles et une sorte de joie naïve, orgueilleuse, émerveillée. A cette heure, il n'était pas loin de croire qu'il avait agi par pur désintéressement. Il se plaisait à lui même; sa satisfaction fut si vive que ses paupières se mouillèrent.

– Vingt belles piasses par mois, m'man, tu parles d'une belle affaire pour toi, hein!

Rose-Anna se retourna vers lui, lentement, comme si elle ne voulait pas reconnaître trop vite ce qu'elle percevait. La clarté de la lampe à arc envahissait l'endroit de la pièce où elle se trouvait. Son visage parut terreux, avec des grands trous d'ombre à la place des yeux. Des mèches tombaient en désordre sur ses joues et ses lèvres remuaient sans qu'il en sortît aucun son. Elle semblait vieillie soudain et prête à s'écrouler.

– Oui, je vois bien, dit-elle de très loin. Je vois bien pourquoi tu t'es engagé, pauvre enfant!

Elle leva les mains vers lui sans le toucher et poursuivit d'une voix plaintive, presque résignée déjà, une voix molle, sans plus de rancune, sans plus d'élan, à demi éteinte: – T'aurais pas dû, Eugène. On vivait sans ça.

Dans: Gabrielle Roy: Bonheur d'occasion, Éditions du Boréal, Montréal 1993, pp. 74/75; © Fonds Gabrielle Roy

boucler rouler autour d'un doigt
y *(FQ)* lui
câlin,e doux, affectueux
la piasse *(FQ)* dollar
le désintéressement altruisme, amour des autres
la paupière *Wimper*
la lampe à arc *Bogenlampe*
terreux,se qui ressemble à de la terre
la mèche *Strähne*
la joue *Wange*
s'écrouler s'abattre, *zusammenbrechen*
plaintif,ve qui se plaint
la rancune envie de se venger

Pendant la guerre, le Québec est gouverné par les libéraux qui introduisent des réformes importantes: le salaire minimum, le droit de vote pour les femmes, l'assurance-chômage, l'instruction obligatoire.

Mais en août 1944, le très conservateur Maurice Duplessis revient au pouvoir jusqu'en 1959, pour une période que les Québécois appelleront, plus tard, la «Grande noirceur». Le gouvernement dirigé par son parti, l'«Union nationale», est très lié à l'Église catholique qui conserve le pouvoir dans tous les secteurs de la société.

Enfance et église

Il y a des sociétés qui sont restées «religieuses» plus longtemps pour toutes sortes de raisons, surtout historiques. Au Québec, c'était un facteur-clé de la cohésion sociale: on parlait français et on était catholiques, ce qui nous distinguait du reste de l'Amérique. C'était une société très fermée, isolée. Nos contacts normaux auraient dû se faire avec la France, mais on faisait partie de l'Empire britannique et il y a eu peu de contacts pendant tout le XIXe siècle et la première partie du XXe entre le Québec et la France.

On ne trouvait ici que de très rares livres en français. C'est très particulier, l'histoire du Québec. J'ai vécu mon enfance dans un tout petit village, Deschambault, près de Québec, entre 1941 et 1950. À cette époque, toute la vie de la communauté était rythmée par l'Église catholique. L'Avent, les fêtes de Noël, le Mardi gras, le Carême, la mi-Carême, Pâques, l'Ascension, la Fête-Dieu, le mois des morts. La vie tournait autour de l'église, où tout le monde allait continuellement. Ça donnait un sens à toute la vie. Aujourd'hui, il ne reste rien de ça. J'y pensais justement l'an dernier, quand je me suis retrouvé l'après-midi de Noël dans un centre commercial ouvert jour et nuit à Fort Lauderdale. On fête Noël, mais c'est complètement vide de sens.

Mardi gras mardi du carnaval
le Carême *Fastenzeit*
la mi-Carême une fête au milieu du Carême
l'Ascension (f) *Himmelfahrt*
la Fête-Dieu *Fronleichnam*

Toute cette transformation s'est produite dans le courant de ma vie, et je ne suis pas si vieux que ça. Aujourd'hui, il n'y a plus de certitudes. Par contre, quand on dit ça, il ne faut pas oublier les gains que nous avons faits! Nous avons gagné une liberté impensable pour l'époque. Le Québec de mon adolescence, dans les années cinquante, était étouffant, avec des curés partout qui surveillaient tout. On ne pouvait rien faire. Si une fille couchait avec un garçon, elle risquait de devenir une «paria». Tu sais, l'histoire des enfants de Duplessis: les jeunes filles enceintes étaient rejetées de leur famille et de leur milieu; elles devaient abandonner leurs enfants aux bonnes sœurs.

une paria exclu de la société
la bonne sœur religieuse

Tous les livres de la littérature française étaient à l'index! Quand j'avais 14 ans, si on allait à la Bibliothèque municipale de Montréal pour emprunter Notre-Dame de Paris, les bibliothécaires refusaient. Il fallait avoir un billet d'autorisation d'un prêtre pour lire de la littérature, Victor Hugo, Stendhal, Balzac, Flaubert, Maupassant ... Toute la littérature française était à l'index. Et ce n'était pas une bibliothèque religieuse, c'était la Ville de Montréal qui appliquait les règles de l'Église. Si tu étais un mécréant, tu n'étais pas soigné parce

être à l'index être interdit
le mécréant qui n'appartient pas à la bonne confession

que les hôpitaux appartenaient aux bonnes sœurs. Il fallait aller à la messe pour être soigné. Hors de l'Eglise, point de salut!

le salut *Heil*

Aujourd'hui, c'est vrai qu'on est à la dérive, qu'on a perdu les balises qui guidaient notre vie, mais on a gagné beaucoup. Je ne retournerai pas vivre dans les années cinquante!

être à la dérive, perdre les balises être désorienté

As-tu toujours été athée?

N'emploie pas ce mot-là pour me décrire. L'athée affirme que Dieu n'existe pas. Moi, je dis que je ne le sais pas. Peut-être existe-il, et à ce moment-là, j'espère que j'aurai été un assez bon garçon pour avoir une jolie place au ciel. Je n'en sais rien, c'est simplement hors du raisonnement. Je suis allé à la messe longtemps et j'étais très croyant. La rupture s'est produite un jour, vers l'âge de 15 ans, alors que j'habitais face au parc La Fontaine. Dans la paroisse Saint-Louis-de-France, au coin de Rachel et Berri, il y avait des messes toutes les demi-heures. Le dimanche matin, 10 000 personnes allaient à la messe à cet endroit. Une fois, je devais aller à celle de midi, mais il y avait eu un changement d'horaire pour l'été: elle était à onze heures et demie. J'avais donc manqué la messe du dimanche et j'étais en état de péché mortel. «Si je meurs maintenant, sans aller à la confesse, je vais en enfer.» Je me suis mis à y repenser, et je me suis dit que ça n'avait aucun sens, que c'était idiot tout ça. J'ai pensé à tout ce que je faisais dans la vie, et je me suis posé la question: «Est-ce que je ferais quelque chose de différent si je ne croyais plus à tout ça? Est-ce que je me mettrais à voler? Est-ce que je cracherais au visage de mes parents?» Évidemment que non, je les aimais et j'allais continuer à les respecter. Je me suis donc rendu compte que mes comportements n'avaient aucun rapport avec le fait de croire ou ne pas croire, avec mon adhésion à cette église. La religion était donc pour moi quelque chose de plaqué, d'artificiel. J'ai perdu la foi ce jour-là et je n'y suis jamais revenu.

le raisonnement ce que qn pense

la paroisse *Kirchengemeinde*

Rachel et Berri rue Rachel/ rue Berri

le péché mortel *Todsünde*

aller à la confesse *zur Beichte gehen*

l'adhésion (f) le fait d'appartenir à

Je n'en ai pas parlé à l'époque. Parce qu'on vivait dans un milieu très fermé, très surveillé. Si quelqu'un avait su ce que je pensais, j'aurais été immédiatement renvoyé du collège. Et si tu ne faisais pas ton cours classique, tu n'allais pas à l'université. Tu pouvais être rejeté de la société très, très facilement. Je n'ai jamais parlé de foi avec mes amis dans ce temps-là.

renvoyer obliger de quitter, exclure

le cours classique le lycée pour garçons, avec le latin et le grec

J'ai été élevé par des parents qui sont restés croyants jusqu'à leur mort. Ils ne pratiquaient pas le catholicisme seulement parce que c'était la mode; ça donnait un sens profond à leur vie. Ils étaient ici pour souffrir. J'ai été élevé d'une façon très particulière par une mère formée chez les Carmélites. Disons, par exemple, que je me plaignais de ma maîtresse à l'école. Ma mère répondait: «Des supérieurs méchants ou injustes, tu vas en voir toute ta vie. Après elle, ce seront tes patrons. C'est ça, la vie. Tu ferais bien de t'habituer tout de suite. Tu n'es pas ici pour avoir du plaisir. L'école, c'est pénible. Mais la vie, c'est encore plus dur. On est ici pour mériter notre ciel et non pour être heureux. On sera heureux seulement quand on sera morts.»

C'est plutôt particulier pour un enfant d'entendre ça continuellement.

Denys Arcand interviewé par Mathias Brunet, dans: Parcles d'honneur, Editions Québec Amérique, Montréal 2002, pp. 29–32

La censure règne et les mouvements oppositionnels sont réprimés. Luttes restées dans la mémoire du pays, les grèves d'Asbestos et de Thetford Mines en 1949 mobilisent 5000 mineurs et durent plus de quatre mois et. Le gouvernement envoie la police et les compagnies industrielles essaient de briser la grève, mais la population soutient les grévistes, même par des quêtes publiques dans des paroisses.

la quête action de collecter de l'argent

La grève d'Asbestos en 1949

Manifestations des années 1950

le syndicalisme *Gewerkschaftsbewegung*

le foyer ici: ménage

Le syndicalisme se développe rapidement et devient un facteur influent et central de la société québécoise. Une opposition intellectuelle s'exprime dans le manifeste «Refus Global», dans la revue «Cité libre» et le journal «Le Devoir». L'arrivée de la télévision, en 1952, relie les foyers québécois au monde entier et contribue à plus d'ouverture d'esprit et à un changement des mentalités.

2.4 La Révolution tranquille

le tonnerre *Donner*

le syndicat *Gewerkschaft*

la contraception *Empfängnisverhütung*

les bébéboumeurs *(FQ)* version francisée pour enfants du baby-boom

Mais c'est la mort de Maurice Duplessis qui ouvre enfin la voie à une période de modernisation rapide du Québec, appelé la «Révolution tranquille». Promettant des changements en profondeur, le parti libéral gagne les élections de 1960 et une «équipe du tonnerre» autour du Premier ministre Jean Lesage se met au travail pour transformer le Québec en un État moderne. Des ministères des affaires culturelles et de l'enseignement sont créés. Le Québec ouvre des représentations à l'étranger, à Paris, à New York et à Londres. Le système de santé et celui de l'éducation passent de l'Église aux pouvoirs publics, les soins médicaux de base et l'éducation deviennent gratuits, l'école est rendue obligatoire jusqu'à 16 ans et on crée un vaste système d'assurances sociales garanties par l'État. Le «modèle québécois», plus solidaire que celui des autres sociétés nord-américaines, se met en place. Un nouveau Code du travail donne plus de droits aux syndicats et accorde l'égalité aux femmes. Le droit au divorce et à la contraception sont accordés. Bref, favorisée par une conjoncture économique favorable, la génération des «bébéboumeurs» prend le pouvoir et fait rattraper en quelques années à la société québécoise le retard qui la séparait des autres pays modernes. Car le monde entier bouge dans ces années 1960, de la décolonisation en Afrique et à la contestation étudiante en passant par la libération sexuelle. Le Québec, lui, change très rapidement. Si huit sur dix Québécois vont régulièrement à la messe du dimanche au début de la décennie, ils ne sont plus que deux sur dix à sa fin.

Ce qui reste du catholicisme

mortel,le qui peut mourir

Je ne savais pas que l'Église catholique était aussi mortelle avant d'arriver à Montréal. Toutes les rues, ou presque, portent des noms de saints, il y a autant d'églises que de parcs, on «sacre» tant qu'on peut; mais de l'Église une, sainte, catholique et apostolique, que reste-t -il? On voit peu de curés et de nonnes dans la rue; j'entends les cloches sonner le dimanche à 10 heures mais toutes les églises sont fermées. On dirait qu'en 50 ans, l'Église catholique a subi le sort qu'elle imposait aux cultures traditionnelles: on l'a vidée de l'intérieur.

Le curieux de l'affaire, pour un Européen, n'est pas que les églises soient désertées des fidèles, car elles le sont aussi en Europe. Ce qui est vraiment étrange est de constater qu'il ne subsiste absolument rien de la culture catholique au Canada français, à part des injures. Dans aucun autre pays du monde, je crois, on n'utilise les objets du culte pour s'insulter; parfois le nom de Dieu, mais jamais le mobilier des églises. Mais dans aucun pays du monde, peut-être, on voit moins d'osties, de tabernacles, de sacrifices, qu'au Québec. Tout a disparu: pratique, mobilier, mode de pensée, défauts et qualités: le Québec est devenu la nation la moins catholique de l'univers.

Et pourtant, me dit-on, ce n'est pas faute d'avoir occupé le terrain. Des amis montréalais m'expliquent que le français demeure ici grâce à cette église, que les curés ont exhorté les femmes à enfanter pour multiplier les francophones, qu'ils ont éduqué, sermonné les Iroquois comme les Hurons: mais de tout cela, de cette présence dans les églises, les écoles, les rues, les ménages: du catéchisme, de l'éducation, des interdits, des pénitences, il ne reste rien dans la mentalité. Pas même l'horreur des curés. N'est-ce pas curieux, pour un peuple qui se souvient?

Hubert Mansion: Guide de survie des Européens à Montréal, Ulysse, Montréal 2010, pp. 154/155

sacrer jurer, *fluchen* (en français québécois beaucoup d'injures utilisent des expressions de l'Église)
curé prêtre catholique

déserter abandonner

Poubelles d'un restaurant de ce nom à Québec

exhorter insister très fort auprès de quelqu'un
sermonner qn prêcher à qn

la pénitence rite catholique pour demander pardon à Dieu

Le slogan «Maîtres chez nous» résume bien le projet de société de la Révolution tranquille. Il s'agit de prendre le pouvoir économique, jusque-là presque entièrement contrôlé par l'élite anglophone, par exemple en nationalisant le secteur de la hydro-électricité, mais aussi d'affirmer les droits économiques, culturels et linguistiques de la majorité francophone, qui, jusque-là, a l'impression d'être une population de citoyens de seconde classe, des «nègres blancs d'Amérique». En effet, la société d'avant la Révolution tranquille avait un visage quasi colonial, où l'appartenance sociale était très liée au groupe ethnique. Selon le rapport d'une commission royale, le salaire d'un anglophone était en moyenne 50% plus élevé que celui d'un francophone et 80% de cette différence était le résultat de la différence des langues. Et même des travailleurs immigrés italiens ou ukrainiens anglophones gagnaient plus que la moyenne des francophones québécois.

l'hydro-électricité (f) *Strom aus Wasserkraft*

Buste de René Lévesque à Montréal

Si cela a complètement changé aujourd'hui, c'est sans doute à cause des politiques économiques et sociales, mais également linguistiques en faveur du français, que les gouvernements québécois successifs ont mené et qui, inévitablement les ont mis en conflit avec la minorité anglophone et aussi avec le gouvernement fédéral (cf. chapitre 3.2).
Certains hommes politiques, comme René Lévesque, ancien ministre du gouvernement Lesage, en concluent que le Québec peut-être fier des progrès accomplis pendant la Révolution tranquille, mais qu'il faudra continuer jusqu'à l'indépendance du Québec. Déjà, au Québec, on ne s'appelle plus «Canadiens français», mais «Québécois».

René Lévesque: La Révolution tranquille

tenir son rang s'affirmer, être fier de soi

l'ébauche (f) début

l'ouvrage (m) pièce fabriquée par un artisan

Les résultats s'en trouvent dans tous les domaines. L'éducation est enfin devenue la priorité numéro un, pour nous comme pour tous les peuples qui veulent «tenir leur rang». Avec l'hospitalisation, les allocations; scolaires et familiales, le régime des Rentes, l'ébauche de l'assurance-santé, nos politiques sociales ont fait plus de progrès en quelques années que dans tout le siècle précédent, et pour la première fois, dans certains des secteurs les plus importants, c'est nous qui avons précédé le reste du pays. Bien sûr, rien de tout cela n'est complet. Tout le long de ce chemin, il y a eu des hésitations, et Dieu sait s'il y en a encore. Dans chacune de ces réalisations, il y a eu des erreurs, il y a des trous et même quand nous aurons fait cent fois davantage, il y en aura toujours.
Mais tout cela, en se faisant, nous aura pourtant révélé des choses à la fois simples et révolutionnaires. C'est d'abord qu'il y a chez nous, en nous, la capacité de faire notre «ouvrage» nous-mêmes, et que, plus nous le prenons en charge et acceptons nos responsabilités, plus nous nous découvrons efficaces et capables de réussir tout compte fait aussi bien que les autres.
C'est à nous seuls de trouver et d'appliquer à nos problèmes les solutions qui nous conviennent, car personne d'autre n'est capable ni sûrement très désireux de les régler à notre place.

René Lévesque: Option Québec, Éditions Typo, 1997;

aspirer à être favorable à, espérer

Cinq ans après l'indépendance de l'Algérie, le général de Gaulle visite le Canada, à l'occasion de l'exposition universelle de Montréal.
Le discours qu'il y prononce est compris comme un encouragement très puissant par ceux qui aspirent à l'indépendance du Québec.

Charles de Gaulle: «Vive le Québec libre!»

C'est une immense émotion qui remplit mon cœur en voyant devant moi la ville française de Montréal. Au nom du vieux pays, au nom de la France, je vous salue de tout mon cœur. Je vais vous confier un secret que vous ne répéterez pas. Ce soir ici, et tout le long de ma route, je me trouvais dans une atmosphère du même genre que celle de la Libération. Outre cela, j'ai constaté quel immense effort de progrès, de développement, et par conséquent d'affranchissement vous accomplissez ici et c'est à Montréal qu'il faut que je le dise, parce que, s'il y a au monde une ville exemplaire par ses réussites modernes, c'est la vôtre. Je dis c'est la vôtre et je me permets d'ajouter c'est la nôtre. Si vous saviez quelle confiance la France, réveillée après d'immenses épreuves, porte vers vous, si vous saviez quelle affection elle recommence à ressentir pour les Français du Canada et si vous saviez à quel point elle se sent obligée à concourir à votre marche en avant, à votre progrès! C'est pourquoi elle a conclu avec le gouvernement du Québec, avec celui de mon ami Johnson, des accords, pour que les Français de part et d'autre de l'Atlantique travaillent ensemble à une même œuvre française. Et, d'ailleurs, le concours que la France va, tous les jours un peu plus, prêter ici, elle sait bien que vous le lui rendrez, parce que vous êtes en train de vous constituer des élites, des usines, des entreprises, des laboratoires, qui feront l'étonnement de tous et qui, un jour, j'en suis sur, vous permettront d'aider la France.
Voilà ce que je suis venu vous dire ce soir en ajoutant que j'emporte de cette réunion inouïe de Montréal un souvenir inoubliable. La France entière sait, voit, entend, ce qui se passe ici et je puis vous dire qu'elle en vaudra mieux.
Vive Montréal! Vive le Québec! Vive le Québec libre! Vive le Canada français! Et vive la France!

Discours de Charles de Gaulle, 24 juillet 1967, Hôtel de ville de Montréal

immense énorme

la Libération la libération de la France de l'occupation nazie en 1944; de Gaulle y a joué un rôle très important

l'affranchissement (m) libération

accomplir réaliser

concourir aider, contribuer à

Johnson Daniel Johnson, Premier ministre du Québec de l'époque

le concours l'aide

inouï,e tout à fait nouveau

Un an plus tard, le Parti québécois est fondé. Il propose d'organiser une transition démocratique du Québec à l'indépendance et organisera deux référendums en 1980, et en 1995 (cf. Module 3). Un groupuscule extrémiste, le «Front de Libération du Québec» pense pouvoir y arriver par des moyens beaucoup plus

le groupuscule petit groupe

radicaux. En octobre 1970, il kidnappe le diplomate britannique James Cross et le ministre du travail québécois Pierre Laporte qui trouve la mort dans cette action. Appelée par le gouvernement du Québec, l'armée canadienne occupe le Québec pendant plusieurs mois. Une «loi sur les mesures de guerre» est appliquée, les libertés sont suspendues et environ 500 personnes arrêtées, parmi elles beaucoup d'artistes et d'écrivains aux sympathies indépendantistes. Ces mesures sont jugées comme très exagérées par beaucoup de Québécois.

2.5 Bilan

Quel est le bilan à tirer de l'histoire récente du Québec?

l'aïeul, les aïeux (m) ancêtre, *Vorfahr*

Mes Aïeux: Dégénérations DVD

défricher arracher les arbres pour pouvoir planter
labourer la terre préparer la terre pour l'agriculture
pis *(FQ)* puis

Ton arrière-arrière-grand-père, il a défriché la terre
Ton arrière-grand-père, il a labouré la terre
Et pis ton grand-père a rentabilisé la terre
Pis ton père, il l'a vendue pour devenir fonctionnaire

le trois et demi petit appartement
frette *(FQ)* froid
le lopin bout, morceau

Et pis toi, mon p'tit gars, tu l'sais pus c'que tu vas faire
Dans ton p'tit trois et demi bien trop cher, frette en hiver
Il te vient des envies de devenir propriétaire
Et tu rêves la nuit d'avoir ton petit lopin de terre

Ton arrière-arrière-grand-mère, elle a eu quatorze enfants
Ton arrière-grand-mère en a eu quasiment autant
Et pis ta grand-mère en a eu trois c'tait suffisant
Pis ta mère en voulait pas; toi t'étais un accident

la connerie la bêtise

Et pis toi, ma p'tite fille, tu changes de partenaire tout l'temps
Quand tu fais des conneries, tu t'en sauves en avortant
Mais y'a des matins, tu te réveilles en pleurant
Quand tu rêves la nuit d'une grande table entourée d'enfants

la cenne *(FQ)* pièce de monnaie d'un cent

RÉER «Régime enregistré d'épargne retraite», plan d'épargne pour préparer la retraite, subventionné par les gouvernements fédéral et provincial

Ton arrière-arrière-grand-père a vécu la grosse misère
Ton arrière-grand-père, il ramassait les cennes noires
Et pis ton grand-père – miracle! – est devenu millionnaire
Ton père en a hérité, il l'a tout mis dans ses RÉERs

Et pis toi, p'tite jeunesse, tu dois ton cul au ministère
Pas moyen d'avoir un prêt dans une institution bancaire
Pour calmer tes envies de hold-uper la caissière
Tu lis des livres qui parlent de simplicité volontaire

Tes arrière-arrière-grands-parents, ils savaient comment fêter
Tes arrière-grands-parents, ça swingait fort dans les veillées
Pis tes grands-parents ont connu l'époque yé-yé
Tes parents, c'tait les discos; c'est là qu'ils se sont rencontrés

Et pis toi, mon ami, qu'est-ce que tu fais de ta soirée?
Éteins donc ta tivi, faut pas rester encabané
Heureusement que dans' vie certaines choses refusent de changer
Enfile tes plus beaux habits car nous allons ce soir danser ...

«Dégénérations» – Auteurs-compositeurs: S. Archambault / É. Desranleau / F. Giroux / M-H Fortin / M-A Paquet; Éditeur: Éditions S.B. ©

ça swing *(FQ)* on s'amuse en dansant
la veillée soirée entre amis
encabané,e enfermé dans la maison
enfiler mettre

Le regard sur l'histoire du Canada/du Québec n'est pas le même.

Deux versions de la même histoire

Le problème tient largement à ce que le Canada anglais et le Québec fondent leurs actions sur deux versions bien différentes de la même histoire. Pour le Canada anglais, la conquête de 1759 ne fut qu'une simple bataille sur les plaines d'Abraham. Le Québec de son côté l'interprète pour ce qu'elle fut: la dernière confrontation d'une longue et sanglante campagne militaire qui s'était déroulée depuis l'Acadie jusqu'au milieu du Saint-Laurent. Pour le Canada anglais, le soulèvement de 1837–1838 ne fut guère plus qu'un épisode secondaire, presque comique, dans la montée irrésistible du gouvernement responsable. Le Québec se souvient de 1837–1838 comme d'une autre répression sanglante de la nation québécoise. Le Canada anglais commémore la Confédération de 1867 en tant qu'acte de naissance d'une nation. Le Québec la voit comme l'imposition, sur ses aspirations nationales, d'une double camisole de force constitutionnelle. Pour le Canada anglais, la pendaison de Louis Riel fut un incident regrettable, qu'il vaut mieux oublier, et il songe plus ou moins à faire de Riel un héros. Le Québec interprète cet acte comme une autre proclamation du Canada anglais voulant que le «fait français» doive se limiter au Québec. Et ainsi de suite, chaque solitude vivant depuis toujours sa propre version de la même histoire, et ce encore aujourd'hui. Pour le Canada anglais, l'imposition de la Loi sur les mesures de guerre, en 1970, constitua une réaction disproportionnée, peut-être regrettable mais compréhensible. Québec la voit plutôt comme une autre occupation militaire visant à soumettre et à humilier. Le Canada anglais interprète la victoire de l'option fédéraliste, lors du référen-

sanglant qui coûte la vie à beaucoup de personnes
se dérouler se passer, avoir lieu
le soulèvement la rébellion
l'imposition (f) le fait de forcer qn à accepter qc
la camisole de force *Zwangsjacke*
la pendaison le fait de pendre, *Erhängung*

dum de 1980, comme une affirmation de l'engagement du Québec envers la Confédération. Le Québec, devant toutes les promesses référendaires non tenues, la perçoit comme un autre exemple de la duplicité politique du Canada anglais. Pour le Canada anglais, l'isolement de Lévesque en 1981 fut la conséquence d'une ruse de plus qui permit à l'équipe canadienne d'arracher au leader québécois une victoire dans le match constitutionnel. Le Québec le voit comme un affront à la nation québécoise, une gifle délibérée. Sur Meech et Charlottetown, le Canada anglais était divisé: pour certains, les deux accords cédaient lâchement au chantage des nationalistes québécois, alors que pour d'autres ils représentaient des offres raisonnables et généreuses faites au Québec. Pour le Québec, Meech représentait un minimum absolu que le Canada ne put se résoudre à accepter et Charlottetown ne fut qu'une nouvelle tentative du Canada anglais d'imposer unilatéralement ses solutions constitutionnelles. Le Canada anglais ne s'est pas encore résolu à reconnaître l'oppression dont furent victimes les Québécois – et d'autres francophones – et à offrir les compensations qui s'imposent.

Dans: John F. Conway: Des comptes à rendre, Vlb Editeur, Montréal 1995, pp. 39/40

la duplicité le fait de dire une chose et faire son contraire
l'isolement (m) **de Lévesque** cf. p. 84
la gifle *Ohrfeige*
Meech et Charlottetown cf. pp. 84/85
céder plier, *nachgeben*
le chantage *Erpressung*

Si les Canadiens français ne se sont jamais débarrassés de la mentalité de conquis, les Canadiens anglais n'ont jamais renoncé à celle de conquérant.

Neil Bissondath: Le marché aux illusions, Éditions du Boréal, Montréal 1995, p. 74

se débarasser de se libérer de
le conquis victime de la conquête
le conquérant acteur de la conquête

Et si l'histoire, à certains moments, avait pris un autre cours? Jouons un instant le jeu de l'«histoire-fiction». Celle du Québec s'y prête particulièrement bien.
Le texte suivant fait comme si Samuel de Champlain pouvait savoir ce que nous savons aujourd'hui ...

Samuel de Champlain

Le personnage ne m'a jamais très impressionné. Jacques Cartier avait pris la peine de découvrir le Canada en 1534 – Champlain a attendu près de 75 ans avant de fonder Québec. Le moins qu'on puisse dire de Samuel de Champlain, c'est qu'il n'était pas pressé.
Négligeant, à part ça! Pendant qu'il y était, il me semble qu'il aurait pu fonder Montréal ... Montréal, c'était bien aussi important que Québec! Mais non, Champlain avait fondé Québec, il a décidé de ne pas bouger de Québec. Ca aurait pourtant été plus gai pour lui s'il y avait eu Montréal: Il aurait pu y venir passer un week-end de temps à autre.
Champlain, d'ailleurs, était totalement dépourvu d'imagination: il remonte le Saint-Laurent, remonte le Richelieu et arrive à un lac (qui, par hasard, le lendemain s'est appelé le lac

dépourvu,e de manquant de, sans

Champlain .... pourquoi se gêner?) C'était le temps ou jamais, il me semble, d'aller fonder les États-Unis. Mais non, Henri IV lui avait dit d'aller fonder la Nouvelle-France: pas deux écus d'initiative!

l'écu ancienne monnaie française

Carl Dubuc: Lettre à un Français qui veut émigrer au Québec, Éditions du Boréal, Montréal 1999, p. 56

Maintenant à vous de jouer:

- Et si les Amérindiens n'avaient pas accueilli et aidé ces premiers Européens arrivés épuisés de leur long voyage et incapables de survivre aux hivers?
- Et si la France avait peuplé, soutenu et défendu sa colonie comme l'Angleterre les siennes?
- «S'il n'y avait pas eu la conquête, Napoléon nous aurait-il vendus aux Américains avec la Louisiane quelques années plus tard, en 1805 ?» (courrier d'un lecteur québécois à *Actualité* 25 mai 2010)
- Et si les 13 colonies ne s'étaient pas révoltées avec succès?
- Et si les Canadiens français avaient fait cause commune avec les révolutionnaires américains?
- Et si les Patriotes avaient gagné?
- Et si Maurice Duplessis n'était pas mort en 1959?
- Et si les Québécois avaient répondu «oui» aux référendums de 1980 et 1995?

Comment? Et bien, voyez la suite.

3. Que veulent les Québécois?

3.1 Les rapports entre le Québec et le Canada

Les Québécois sont-ils fondamentalement différents des Canadiens des autres provinces?
Qu'en est-il? Nous avons posé la question au directeur du Centre d'études et de recherches internationales de l'université de Montréal, Jean-François Lisée:

Interview avec Jean-François Lisée (1) DVD

Au-delà des tensions qu'il y a eues et au-delà de la langue, pensez-vous que les Québécois, pour leur façon de penser sur certains sujets, sont fondamentalement différents du reste du Canada?
Alors, oui, ben, en tout cas, comparés à quoi? Alors, c'est intéressant parce que le grand sondeur canadien-anglais Michael Adams avait fait, quand j'étais à l'*Actualité*, on avait fait un grand sondage sur les différences, est-ce que le Québec est distinct, et de quelle façon? Alors Michael Adams avait conclu que, si on prend un Québécois ordinaire dans la rue et qu'on le compare à un Canadien anglais ordinaire dans la rue, on trouvera nettement plus de différences dans la façon de voir les choses, la façon de vivre etc., qu'entre les Canadiens et les Américains où la différence est très faible et qu'entre, a-t-il dit, les Français et les Allemands. Les Québécois sont davantage différents des Canadiens anglais que les Français des Allemands! Alors, ça c'est énorme. Bon.

le sondeur qui fait des sondages d'opinion

Dans quels domaines?
Par exemple, on le voit dans des choses aussi prosaïques que … les Québécois sont moins … sont beaucoup plus tolérants, par exemple. On avait posé une question dure. Alors, tout le monde dit qu'on est en faveur des droits des homosexuels, par exemple, mais: est-ce que vous seriez d'accord pour qu'un homosexuel enseigne, au primaire, à vos enfants? Alors, au Québec 65 % disaient, oui, je ne vois pas de difficulté, au Canada anglais c'est juste 40% qui étaient pour. Donc le niveau de tolérance individuelle est beaucoup plus fort. Ici, on ne se marie pas, au Québec. On vit ensemble. Au Canada

anglais, on se marie beaucoup plus. L'attitude face à l'alcool, par exemple, est très différente ici. Ici on commence plus tôt, puis on boit mieux, là-bas, on ... je veux dire, à quoi voit-on les différences? À toutes sortes de choses comme ça, et la plus grande, la plus intéressante, c'est que, lorsqu'on demande: qu'est-ce qui est le plus important dans la vie: le devoir ou le plaisir, les Canadiens anglais disent à majorité: le devoir, les Québécois disent: plaisir. Beaucoup plus hédonistes. Alors, bon. Mais c'est aussi qu'on s'abreuve culturellement de façon très différente. La force des importations françaises et franco-européennes au Québec est nettement plus grande qu'au Canada anglais, nettement plus grande! Je veux dire, le Canadien anglais, il écoute, sur les 20 émissions les plus écoutées, il y a en a 18 qui sont américaines – ici on a 18 qui sont québécoises! On a notre propre Star Système, on a notre propre culture interne et notre ouverture sur la France et l'Europe est beaucoup plus grande. C'est pas mieux, c'est pas pire, c'est simplement différent, et ça crée même un grand nombre de politiques publiques au Québec qui sont différentes, parce qu'on se nourrit systématiquement de ce qui se passe en France, en Europe, dans les pays scandinaves, alors que les Canadiens anglais – il y a des gens qui se nourrissent de ça aussi – mais ils sont plus dirigés vers ce qui se passe sur le reste du continent américain. Dans certains cas, on influence la politique du reste du Canada, sur des garderies, sur des trucs comme ça, mais c'est sûr que la distinction est importante.

Interview réalisée par Helga Bories-Sawala

s'abreuver se nourrir, consommer
écouter une émission *(FQ)* regarder une émission
pas pire *(FQ)* moins bon

la garderie Centre de la petite enfance (au Québec), crèche pour enfants de 0 à 5 ans

Il est courant de représenter le Québec et le Canada comme un couple qui se demande s'il peut encore continuer à vivre ensemble ou s'il vaut mieux divorcer.

Monologue au lit

Tu ne dors pas, toi non plus ...?
Canada, fais pas semblant de dormir!
Ça fait une heure que t'entends marmonner tout bas.
Toi aussi, il y a des choses qui te tracassent, hein?
Tu penses pas qu'on pourrait s'en parler?
Après 130 ans de vie commune, me semble que..
Canada, pourquoi tu me tournes le dos?
Parce que t'as pas envie de me parler de ça ce soir!

marmonner murmurer
tracasser causer des soucis

Dis-moi une chose, Canada:
As-tu déjà eu envie qu'on parle de ça, toi puis moi?
Ça fait au moins trente ans que tu me demandes ce que je veux.
Mais jamais, t'entends, jamais t'as réellement essayé d'écouter l'embryon d'un début de commencement de réponse.
En fait, tu ne m'as jamais laissée parler de moi.
Depuis 130 ans, depuis notre mariage de raison, on se parle de nous; c'est-à-dire de toi. De tes projets, de tes entreprises, de tes réussites, de tes rêves à toi.
Pourtant ça fait des années que j'ai envie de parler de moi, Canada.
De te parler de mes projets, de mes espoirs, de mes rêves.
De te parler avec mes mots.
De te parler avec ma langue.
J'ai une décision à prendre, Canada.
J' ai un choix à faire.
Je veux prendre une distance.
Je veux retrouver mes espaces.
Ça fait des années que j'étouffe.
Je veux me retrouver, Canada.
Comprends-tu ça?
Tu sais, à toi aussi, ce changement de cap pourrait faire du bien.
Toi aussi tu pourrais recommencer une nouvelle vie. Avec tous les défis que ça comporte.
Non, ce n'est pas possible de continuer, Canada.
Pourquoi ajouter l'amertume, le mépris et l'insulte à l'absence de passion?
C'est vrai qu'on a connu quelques bons moments ensemble.
Surtout les moments où je t'étais soumise.
Mais laisse-moi te confier, Canada, que ces derniers temps, je te trouve plutôt amorphe, pantouflard, terne ... comment dire ... *Dry*.
C' est ça, je te trouve *DRY*, Canada!
Si tu pouvais comprendre, Canada, que ce n'est ni un caprice, ni une lubie mais bien un besoin.
Si tu pouvais comprendre que cette distance, je ne la prends pas *contre* toi. Je la prends *pour* moi.
Je suis en train d'apprendre à m'aimer.
Avec mes désirs et mes limites.
Avec mes générosités et mes exaspérations.

André Melançon, dans: Le pays en mots dits, Les Éditions Trois-Pistoles, Québec 2005, pp. 290–293

puis *(FQ)* et
le mariage de raison *Vernunftehe*
le cap la direction
amorphe avec peu de profil, pas de contours
pantouflard ennuyeux
terne sombre, triste
le caprice, la lubie idée spontanée, déraisonnable
la générosité le fait d'accorder volontiers beaucoup de choses aux autres
l'exaspération (f) désespoir, énervement extrême

Monique Proulx: Oui or no

C'est l'histoire d'une femme qui rencontre un homme sans le rencontrer vraiment. Il y a beaucoup d'histoires de femmes qui rencontrent des hommes sans les rencontrer vraiment, beaucoup trop je sais bien. Encore une autre, allons, une dernière pour la route.

C'est l'histoire aussi d'un petit pays confus encastré dans un grand pays mou. Le petit pays n'a pas de papiers officiels attestant qu'il est bien un pays. Il a toutes les autres choses qui font un pays, mais les papiers, ça, il n'a pas. Parfois, il s'assoupit paisiblement dans le lit du grand pays mou en rêvant qu'il est chez lui. Parfois, il rêve que le grand pays mou l'enserre et l'engloutit dans ses draps marécageux et il se réveille avant de disparaître.

La femme de l'histoire habite ce petit pays. Elle s'appelle Éliane. Elle vit depuis des années avec Philippe, qu'elle appelle affectueusement Filippo pour des raisons oubliées. Lorsque l'histoire commence, elle est allongée sur un sofa tandis que Filippo pianote sur la télécommande du téléviseur. Elle regarde Filippo mais elle pense à Nick Rosenfeld, avec qui elle a couché la semaine dernière. C'est l'heure où la journée s'affaisse sur elle-même, immatérielle et épuisée. C'est l'heure aussi où le petit pays parle, à la télévision.

Il s'agit d'un moment historique, peut-être. Le petit pays se trouve dans une période de réveil et d'asphyxie, il réclame un lit à lui pour fuir les étreintes suffocantes. Cela prend des papiers en règle, des chartes, des cartes, un diplôme certifiant qu'il est bien un pays. Mais voilà. Les papiers ne sont pas gratuits, il faut les payer cher, il faut consentir à des sacrifices. Alors le petit pays consulte sa population, consulte, consulte. Il demande: «Nous permettez-vous d'acheter les papiers qui vont nous permettre d'être suffisamment en règle pour nous permettre d'avoir un lit à nous? Oui ou non.» Quand tout le monde aura été consulté, il y aura encore une ultime consultation, puis tout le monde ira enfin dormir.

La semaine dernière aussi ils parlaient du petit pays, juste avant que la bouche de Nick Rosenfeld s'empare de ses doigts à elle et les dévore de façon aussi audacieuse que surprenante.

Après, ils n'ont plus parlé de rien. De l'autre côté de la fenêtre, l'édifice du *Toronto Star* braquait haut ses lettres lumineuses. Elle n'imaginait pas que la bouche de Nick Rosenfeld, si froide et intelligente, puisse se muer en organe sexuel. Elle n'imaginait pas des mots de fièvre dans cette bouche en possession, du discours. (*Oh Éliane. My dear. Oh you. You.*) Ce

une dernière pour la route on dit: «un dernier pour la route», pour le dernier verre offert chez des amis avant de rentrer
encastré,e enfermé

enserrer enfermer, emprisonner
engloutir faire disparaître, avaler
marécageux,se *sumpfig*

s'affaisser plier

l'asphyxie (f) difficulté de respirer
l'étreinte (f) *Umarmung*
suffoquer avoir de la difficulté pour respirer
consentir à accepter
le sacrifice *Opfer*

s'emparer de prendre possession de
dévorer manger
audacieux,se décidé
braquer ici: exposer avec violence

se muer se transformer

incendier mettre le feu
en différé transmis non pas en direct, mais plus tard
imperturbable calme, impossible à énerver
déferler *vorbeiströmen*
s'emporter s'énerver
fulminer exploser de colère
frémir trembler, vibrer
dévaster détruire, couper
inéluctable qui ne peut être arrêté
le concitoyen qui vit dans le même pays
tergiverser hésiter
soupeser réflechir sur le pour et le contre
le cauchemar mauvais rêve
draconien,enne radical, lourd de conséquences
se gaver prendre beaucoup
la conviction opinion
ressurgir réapparaître

qu'on n'imagine pas et qui survient quand même est un puissant élixir.

Chaque soir, le petit pays résume à la télévision l'état des consultations. On peut suivre aussi tous les détails dans les journaux, mais la télévision donne un meilleur spectacle des passions vraies incendiant les vrais visages. Et puis à la télévision il y a Philippe-Filippo. En différé, il fait des commentaires et pose des questions. Le Filippo à côté du sofa d'Éliane n'est pas tout à fait le Philippe de la télévision. Celui de la télévision reste souriant et imperturbable peu importe ce qui déferle autour de lui. Celui à côté d'Éliane s'emporte et fulmine et enterre parfois le son de sa propre voix télévisuelle sous une émotion incontrôlable.

L'émotion est une huile frémissante qui s'enflamme vite chez les habitants de ce petit pays. C'est peut-être la faute de leurs ancêtres latins. Par exemple, tout à l'heure au téléphone, bien avant que Filippo arrive, l'émotion a dévasté net le souffle d'Éliane. (*Hello, Éliane. It's Nick Rosenfeld. Is it a good time to call ?...*). Et cela s'est aggravé, durant les trente minutes qu'a duré l'appel, ni le souffle ni la capacité de former des phrases complètes ne sont revenus. La voix de Nick Rosenfeld se frayait dans son oreille un chemin inéluctable, chaude et assurée comme un pilier, comme un organe sexuel. (*When are you coming back to Toronto?*)

Le Philippe dans le téléviseur écoute posément quelques concitoyens du petit pays qui tergiversent, soupèsent, s'effraient. Faut-il vraiment changer? Un lit neuf ne sera-t-il pas trop dur, trop petit, trop grand? Dormir seul n'est-il pas terrifiant? Comment s'assurer qu'on ne fera pas de cauchemars? N'existe-t-il pas des façons moins draconiennes d'échapper aux coups de pied et à l'asphyxie? Pourquoi ne pas ramper vers le rebord du vieux matelas? Pourquoi ne pas se gaver de somnifères? Le Filippo dans le salon près d'Éliane laisse exploser la colère si magistralement absente de ses prestations télévisuelles. «Écoute-les, dit-il à Éliane. Écoute parler leur dignité et leur grandeur. Moutons courageux, grince-t-il. Voilà un emblème totémique à leur mesure, *Mouton courageux*.»

Éliane partage les convictions de Filippo. Éliane ressemble à Filippo. A quel moment précis un couple s'éloigne-t-il de la passion pour s'acheminer vers la ressemblance?

Nick Rosenfeld et Éliane gravitent à des années-lumière l'un de l'autre. Où se trouve maintenant l'espace qu'ils ont fiévreusement occupé ensemble? Quand elle entend de nouveau sa voix au téléphone, plusieurs jours plus tard, cet espace ressurgit devant elle comme le seul territoire habitable. Elle ne voit plus l'écran de son ordinateur, les murs familiers qui abritent son univers, elle ne sait plus où elle est, elle redevient un corps vaincu et transporté que Nick Rosenfeld fouille opiniâtrement du sexe et de la langue, cherchant avec voracité quelque chose qu'il ne se lasse pas de ne pas trouver. Il prononce son nom «Alien», comme le monstre de l'espace, comme l'étranger qu'ils sont l'un pour l'autre. Elle ne comprend pas tous les mots qu'il dit. Elle comprend surtout ce qu'il veut très fort. Il veut retourner avec elle, le plus tôt possible, dans ce pays enflammé où n'existent ni frontière ni nationalité, où il fait si bon brûler, enfin dépossédés du tiède et de l'accessoire. (*Are we going to let this die? When are you coming back to Toronto?*)

Le petit pays, malgré lui, a fait une première victime. Pendant une séance de consultation, un homme très ému a avoué qu'il participait pour la première fois à quelque chose d'important, puis il s'est écroulé, terrassé par un infarctus. Filippo et Éliane en discutent, étendus fraternellement côte à côte. Les victimes ne choient jamais là où on les appréhende. Pour la première fois, Éliane est gênée par la chaleur du corps de Filippo. Pour la première fois, elle le sent en danger. Elle se serre contre lui pour le protéger de Nick Rosenfeld. Danger. *Jeopardy*. Elle a longtemps cru que *Jeopardy* était une sorte de léopard, avant de regarder dans le dictionnaire.

Ils se parlent toujours dans sa langue à lui, même s'il dit comprendre sa langue à elle. La conversation est périlleuse, bien sûr, puisqu'elle doit naviguer entre l'écueil de l'émotion et l'écueil des mots étrangers. Chaque fois qu'à l'autre bout du fil Nick Rosenfeld raccroche, elle cherche et trouve trop tard dans le dictionnaire ce qu'il aurait fallu lui dire, elle prépare des phrases terriblement efficaces qui s'évanouissent au moment de les prononcer. (*Your accent is adorable.*) La conversation est périlleuse et inégale. Quand enfin elle parvient, après de laborieux entortillements, à lui exprimer le bouleversement que lui cause sa voix au téléphone et la frayeur surtout que lui cause ce bouleversement, sa réponse à lui la foudroie. (*Same here.*) Oh cette langue lapidaire qu'il a, cette langue en coups de poing. Comment résister à une langue qui va droit au but et qui persiste si longtemps dans la mémoire? (*Oh Éliane. My dear. Oh you. You.*)

Les attentes sont source de palpitations et de souffrances, mais l'humanité n'a rien trouvé de mieux pour rester éveillée. Le petit pays, par exemple, s'attend à ce que sa population accepte avec exaltation les sacrifices qui mènent au lit neuf, s'attend à ce que le grand pays accueille avec bienveillance ses

abriter protéger
fouiller explorer dans les moindres détails
opiniâtre résolu, têtu
la voracité l'envie de manger beaucoup

choir tomber
appréhender s'attendre à

périlleux,se dangereux

l'écueil (m) rocher dangereux

laborieux,se qui demande beaucoup d'effort
l'entortillement (m) la confusion
le bouleversement trouble, désordre émotionnel
la frayeur peur, crainte
foudroyer frapper comme la foudre
lapidaire banal
la palpitation battement du cœur

l'exaltation (f) grande joie, enthousiasme

la velléité faible volonté, manque de décision
intimer donner des ordres
déboucher sur mener à
l'abîme (m) *Abgrund*
la mallette la serviette, le porte-documents
se dissimuler se cacher
figé,e rendu immobile
l'effroi (m) horreur
broyer serrer très fort, écraser
débarrasser libérer, enlever
l'accalmie (f) pause
le foie gras *Entenstopfleber*, un plat de luxe
l'hédonisme (m) amour des bonnes choses
le coude *Ellbogen*
le chevalier *Ritter*
fourbu,e très fatigué
la quête le projet, la chose qu'on cherche à trouver

velléités d'indépendance et lui prête même des oreillers. Éliane s'attend à un bouleversement fondamental si elle obéit à la voix de sirène de Nick Rosenfeld l'intimant sans relâche de revenir près de lui. (*Are we going to let this die?*) Que se passera-t-il s'il dit «I love you», mots terrifiants et cinématographiques qui débouchent sur un abîme? Que se passera-t-il s'il ne les dit pas? Qu'arrivera-t-il au petit pays s'il ne parvient à convaincre personne? Il faut cesser d'avoir peur. Il faut aller voir.

Rien n'est plus rapide que de glisser du petit pays au grand, rien ne se fait plus machinalement. On prend l'avion parmi des gens d'affaires aux mallettes bourrées de statistiques, et on atterrit une heure et demie plus tard aux côtés de Nick Rosenfeld.

Éliane avait oublié que Nick Rosenfeld est grand et froid comme un paysage polaire. Ses yeux se dissimulent sous des verres fumés. Dans la voiture qui quitte l'aéroport, il conduit vite et il parle avec réserve. Éliane est figée par l'effroi jusqu'à ce que soudainement, à un feu rouge, Nick Rosenfeld s'empare de sa main et la broie dans la sienne. Chez lui, presque tout de suite après, il la débarrasse de son sac, de ses hésitations, de ses vêtements, et voilà que la magie recommence – sa bouche fraîche et avide sur elle comme sur un Stradivarius, la musique ardente de sa voix. (*Oh you. Éliane. Oh my dear. My love.*)

Ils font l'amour toute la journée, toute la soirée – huit fois de suite, s'émerveille mentalement Éliane lorsqu'une accalmie lui redonne la faculté de compter. Ils expédient rapidement le foie gras et le champagne apportés par Éliane: l'hédonisme triomphant de Nick Rosenfeld est tout entier concentré ailleurs. (*You're so sexy. You're so. Oh you.*) Tard dans la soirée, les jambes toujours emprisonnées par celles d'Éliane, il étire le bras et il joue un moment avec la télécommande du téléviseur. Le monde habituel, un monde extraordinairement étrange tout à coup, envahit l'écran devant eux: que font là tous ces gens habillés et anxieux, pourquoi discutent-ils douloureusement au lieu de se caresser? Éliane se dresse sur un coude quand elle reconnaît Filippo. Le petit pays parle, en différé. Vu d'ici, entre des draps étrangers mouillés par le plaisir, le petit pays semble si triste et pathétique. Le visage de Filippo est celui d'un chevalier fourbu en quête du Saint-Graal qui se dérobe sans cesse. D'ici, entre des draps froissés que ne glace aucune peur, on peut voir à quel point la quête du petit pays est une épreuve. Comment abréger cette épreuve, comment éviter qu'elle revienne inlassablement? Oh la détresse si apparente du petit pays, qui voudrait tant être fort et sûr de lui, qui souhaiterait tellement ne plus craindre de disparaître.

Éliane demande à Nick Rosenfeld d'éteindre le téléviseur. Nick Rosenfeld est en proie à une mystérieuse alternance. Debout, il devient raide et prisonnier de phrases compassées. (*We get along so well. I am sure we will be friends.*) Allongé, il brûle comme un volcan aux laves inépuisables. (*Oh Éliane. Oh lovely. Oh you. You.*) Toutes ces heures où ils s'étendent l'un dans l'autre sont terriblement explosives. Mais comme il faut bien se lever pour se rendre quelque part, c'est le Nick Rosenfeld vertical et glacial qui reconduit Éliane à l'aéroport. Par quelles blessures, quels trous invisibles perd-il si soudainement sa chaleur? Mieux vaut ne pas s'acharner sur des questions sans réponses. Mieux vaut prendre un journal dans l'avion pour fuir l'inexplicable. L'inexplicable se trouve aussi dans les journaux de l'avion. Il est écrit, dans ces journaux de l'avion édités par le grand pays, que le petit pays n'est pas un pays. Il est écrit que le petit pays n'a rien de distinctif, rien à préserver, rien à exiger. S'il change de lit, on lui rendra le sommeil impossible. Pourquoi le petit pays, composé de tout ce qui forme un pays, n'est-il pas un pays? Les journalistes du grand pays ne le disent pas. Encore une question abandonnée sans réponse, encore de l'inexplicable difficile à fuir.

La chose à faire en revenant serait de retourner à l'ordinateur et aux murs familiers comme si rien ne s'était passé. Rien ne s'est passé peut-être, puisque Filippo ne sent aucune odeur nouvelle sur Éliane. Les odeurs sont dissimulées à l'intérieur, en compagnie de la voix horizontale et fiévreuse de Nick Rosenfeld, et cette entité clandestine trépigne et gronde à la recherche d'air.

Peut-on être amoureuse du souvenir d'une voix et d'une bouche, obsédée par ce qu'on sait n'être qu'un mirage qui nous laissera plus assoiffée qu'avant si on s'obstine à le revisiter? Il semble que oui. Éliane connaît les parties froides de Nick Rosenfeld et l'exiguïté de leur territoire commun. Elle constate aussi que l'affrontement de leurs corps a banni celui de leurs intelligences: depuis cette fois-là où la bouche de Nick Rosenfeld a rompu en elle une digue, il n'a plus été question de grand et de petit pays entre eux, il n'a plus été question de rien de raisonnable ou de professionnel. Pourtant, elle souhaité reconstituer un tout à partir des parties torrides de Nick Rosenfeld, comme si ses parties froides n'avaient pas déjà remporté la bataille. Nick Rosenfeld l'a rejetée, puisqu'il ne rappelle pas.

C'est de rejet que l'on meurt le plus douloureusement. Il a des moments devant le téléviseur où Filippo et Éliane ne parlent pas. Lorsqu'ils entendent les témoignages de gens venus d'ailleurs, installés ici depuis longtemps, et qui nient toujours

être en proie à être l'objet de
l'alternance (m) le changement
compassé,e artificiel, distancé
la lave *Lava*
s'acharner insister inutilement
trépigner frapper du pied
gronder faire un son grave, menaçant
obséder occuper continuellement l'esprit
le mirage illusion
l'exiguïté (f) le fait d'être petit, étroit
torride très chaud

l'existence du petit pays dans lequel ils nichent confortablement, Filippo et Éliane sont étreints par une douleur qui leur écrase les mots dans la bouche. Les mots n'existent pas pour condamner ces gens venus d'ailleurs, aux bonnes têtes sympathiques, qui rejettent, de leurs hôtes, le droit à la survie. Filippo et Éliane ont travaillé collectivement si fort pour se mettre dans la peau des autres qu'ils comprennent même les motifs complexes de ce rejet. Mais la douleur reste là, accablante comment supporter que les autres, à leur tour, ne se glissent jamais dans leur peau à eux?
Éliane décide d'écrire à Nick Rosenfeld. Elle veut savoir quelle était cette chose essentielle exigeant sous peine d'être compromise qu'elle retourne près de lui (*Are we going to let this die?*) et qui s'est terminée là avant qu'elle la voie éclore. Ce n'est pas facile à formuler. Il faut se battre encore une fois sur son terrain à lui, palper sous tous leurs angles les mots étrangers pour en pressurer l'âme. Éliane traduit mentalement dans la langue de Nick Rosenfeld tout ce qu'elle entend, en manière d'exercice. *Pass me the butter. Give me a break. Do you agree with the law voted by the National Assembly and proclaming a new bed ? Yes or No.* Elle traduit les consultations télédiffusées en différé le soir. Parfois, elle n'a pas besoin de traduire, parce que les interventions sont déjà dans sa langue à lui: par exemple, celles des chefs de nations anciennes, drapés dignement dans leur propre extinction tragique, qui viennent s'opposer à la survie du petit pays. Il ne reste alors que Filippo à traduire, les questions imperturbables de Filippo: *«What do you mean when you say that we are not a nation?»* Mais traduire mentalement Filippo est une expérience difficile, qui la laisse terriblement honteuse. C'est à ce moment-là qu'elle sent qu'elle le trahit vraiment, qu'elle le trahit beaucoup plus qu'avec Nick Rosenfeld.
Finalement, Éliane n'a pas besoin d'écrire à Nick Rosenfeld, parce que la réponse à sa question informulable surgit tout à coup de partout. Elle n'a qu'à prononcer son nom, sur un ton vaguement détaché: une ébahissante quantité de gens autour d'elle connaissent Nick Rosenfeld, ou plutôt connaissent une quantité de femmes ayant partagé les fièvres horizontales de Nick Rosenfeld. Il semble que toute femme bougeant à portée du regard froid de Nick Rosenfeld se soit retrouvée incendiée dans son lit, dans un emportement fugace ayant peu à voir avec elle.
On comprend tout des gens, des nations, quand on comprend la nature de leur quête. La quête de Nick Rosenfeld est onirique et abstraite. Elle va bien au-delà d'Éliane, bien au delà des

nicher habiter

accablant,e difficile à supporter, très fatigant

palper examiner en touchant

ébahir étonner fortement

fugace qui dure très peu longtemps

onirique comme dans un rêve, imaginaire

femmes réelles. Les femmes réelles servent de tremplins vers le rêve. La quête de Nick Rosenfeld exige qu'il s'étende aussitôt en elles les yeux fermés pour mieux s'évader d'elles. Éliane comprend, maintenant. Le plus difficile est de comprendre que la petite musique bouleversante de Nick Rosenfeld ne lui était pas personnellement destinée. (*Oh Éliane. Oh Carole. Oh Teresa. My love. Oh you.*) La quête du petit pays, elle, a une destination réelle, bien que longtemps repoussée. Voici qu'après tous ces préliminaires, l'heure de l'affronter est arrivée. L'Ultime Consultation survient, parmi les citoyens du petit pays abasourdis par l'insomnie. Où iront-ils enfin dormir? Filippo et Éliane sont dans le téléviseur lorsque le verdict tombe. Ils participent à une émission spéciale sur l'Ultime Consultation. Comme les autres invités, ils font des commentaires mesurés et choisissent les mots les moins contondants pour réagir posément à la situation. Ce n'est que beaucou plus tard, sur le sofa du salon, que l'émotion les engloutit dans les bras l'un de l'autre.

abasourdi,e fatigué

contondant,e qui fait mal

C'est un chagrin aigu, une si violente déception qu'elle pourrait déboucher sur de la haine. Oui, la haine serait facile et peut-être consolante. Éliane et Filippo sont tentés par la haine envers leurs concitoyens, envers ces parties d'eux-mêmes devenues froussardes par peur d'être fanatiques. Moutons courageux. Puis, la haine s'estompe, car elle n'apaise rien. La moitié des gens du petit pays a peur de vivre dans un lit inconnu. L'autre moitié a peur de mourir dans le vieux lit, connu. Comment savoir laquelle de ces deux peurs est la plus digne?

froussard,e peureux, lâche

Doit-on voir une relation métaphorique entre la déception amoureuse d'Éliane et la déception idéologique du petit pays? Pour ma part, je m'en méfierais comme de tout ce qui est trop facile. Certes, Nick Rosenfeld appartient au grand pays dont Éliane craint l'étreinte suffocante. Mais la vie est remplie de hasards circonstanciels, et une femme n'est pas un pays, aussi petit soit-il.

C'est malgré tout de Nick Rosenfeld que vient la fin de l'histoire. Il téléphone à Éliane, le lendemain de l'Ultime Consultation. (*Hello, Eliane. It's Nick Rosenfeld.*) Et pendant qu'elle ne parle pas, raidie par la méfiance, il dit ces quelques mots, les plus tendres qu'elle ait entendus dans sa langue, il ne répète que ces quelques mots d'apaisement véritable. (*I'm sorry. I'm sorry.*)

Dans: Monique Proulx: Les Aurores montréales, Éditions du Boréal, Montréal 1996, pp. 169–179

Une poupee géante représentant Félix Leclerc fait partie du cortège de la Fête nationale.

dépouillé,e pauvre
scier *sägen*
le tréfonds le plus profond, le plus secret

l'assassin (m) criminel qui a tué une personne

Félix Leclerc: L'alouette en colère DVD

J'ai un fils enragé
Qui ne croit ni à dieu
Ni à diable, ni à moi
J'ai un fils écrasé
Par les temples à finances
Où il ne peut entrer
Et par ceux des paroles
D'où il ne peut sortir

J'ai un fils dépouillé
Comme le fut son père
Porteur d'eau, scieur de bois
Locataire et chômeur
Dans son propre pays
Il ne lui reste plus
Qu'la belle vue sur le fleuve
Et sa langue maternelle
Qu'on ne reconnaît pas

J'ai un fils révolté
Un fils humilié
Un fils qui demain
Sera un assassin

Alors moi j'ai eu peur
Et j'ai crié à l'aide
Au secours, quelqu'un
Le gros voisin d'en face
Est accouru armé
Grossier, étranger
Pour abattre mon fils
Une bonne fois pour toutes
Et lui casser les reins
Et le dos et la tête
Et le bec, et les ailes
Alouette

Mon fils est en prison
Et moi je sens en moi
Dans le tréfonds de moi
Malgré moi, malgré moi
Pour la première fois
Entre la chair et l'os
S'installer la colère

Paroles et musique: Félix Leclerc • Interprétation: Thomas Hellman • Réalisation, arrangement: Thomas Hellman, Olaf Gundel • Enregistré au Studio Piccolo • Prise de son: Ghyslain-Luc Lavigne • Guitare acoustique: Thomas Hellman • Guitare électrique, piano, lap steel: Olaf Gundel • Éditions: Éditions Canthus
La participation de Thomas Hellman à cette chanson a été rendue possible grâce à l'aimable autorisation de Spectra Musique.
Cette réinterprétation de Félix Leclerc est tirée de l'album Hommage à Félix Leclerc paru en 2008 sous étiquette Tacca Musique. ℗ 2008 Tacca Musique Inc. • sodrac

Tandis que les Québécois se sentent incompris par les Canadiens des autres provinces, ceux-ci commencent à être fatigués par les revendications du Québec.

3.2 La situation du français et les politiques linguistiques

Pour les Québécois, la question de l'égalité sociale des francophones et le statut de la langue française dans la province et dans la Confédération canadienne sont fortement liés. A la fin des années 1960, une commission royale étudie le bilinguisme et le biculturalisme au Canada. Tandis que beaucoup de Canadiens anglophones ne semblent pas pouvoir comprendre ce que veulent les Québécois, la commission conclut que le Canada ne peut pas survivre si on ne trouve pas de compromis. Sinon, le Québec pourrait se séparer.

Rapport de la Commission royale sur le bilinguisme et le biculturalisme

Quand, après nos réunions publiques, nous conversions avec des gens de l'endroit, ceux-ci nous racontaient des faits qui traduisent de façon de plus vive encore leur sens du caractère artificiel de la culture non anglaise: Ainsi, par exemple, dans les prairies, un anglophone, entendant des Québécois parler français entre eux, s'en approche et, avec amitié, les interroge sur divers aspects de leur vie. Il dit notamment. «Vos enfants apprennent le français en classe, mais quand ils sortent en récréation, quelle langue parlent-ils?» C'est-à-dire: en classe ils sont bien forcés d'écouter leurs maîtres; mais quand ils sont rendus à la liberté, est-ce qu'ils ne parlent pas anglais comme tout le monde?

la récréation pause entre deux cours à l'école

Ailleurs, des femmes qui ont séjourné dans le Québec s'étonnent d'y avoir entendu de très jeunes enfants s'exprimer en Français: comment, s'étonnent-elles, arrive-t-on à trois ou cinq ans à parler une langue que les adultes (du Canada anglais) ont tant de difficulté à maîtriser?

Commission royale d'enquête sur le bilinguisme et le biculturalisme 1965. Rapport préliminaire, Ottawa 1965, Arno Press. A New York Imes company, New York 1978, art. 40

Ce qui est en jeu, c'est l'existence même du Canada. Quel genre de pays sera-t-il? Va-t-il survivre? Aujourd'hui le Québec, si nous en croyons les opinions si souvent répétées devant nous, se regarderait lui-même comme une société presque autonome et s'attendrait être reconnu comme telle. Cette attitude se rattache à un espoir traditionnel au Canada français: celui d'être l'égal, comme partenaire, du Canada anglais. Si l'on estime que cette idée est irréalisable parce qu'on ne peut concevoir une telle égalité ou qu'on ne peut l'accepter, nous croyons que de la déception naîtra l'irrémédiable.

Commission royale d'enquête sur le bilinguisme et le biculturalisme 1965. Rapport préliminaire, Ottawa 1965, Arno Press. A New York Imes company, New York 1978, art. 131

Parmi les premiers mots que j'ai déchiffrés, il me semble qu'il y a les affiches «for sale» devant les maisons, que nous interprétions comme signifiant: «très sale».

Monique LaRue, cité d'après: Le français au Québec, © Conseil supérieur de la langue française, Québec 2000, p. 422

La solution adoptée par le gouvernement fédéral, est le bilinguisme officiel de la Confédération canadienne, par la loi canadienne sur les langues officielles de 1969. Tout citoyen pourra obtenir des services du gouvernement en français ou en anglais, selon son choix et le gouvernement fédéral s'engage à respecter les droits des minorités de langue officielle dans les provinces. Celles-ci, cependant, ne sont pas obligées de devenir bilingues (seul le Nouveau-Brunswick le sera) et elles sont largement autonomes dans leur politique scolaire. Malgré les efforts d'encourager les classes d'«immersion», où les enfants anglophones peuvent apprendre le français dès la première classe, le Canada n'est pas devenu un pays de citoyens bilingues. Si la moitié environ des francophones parlent les deux langues officielles, seulement 9% des anglophones canadiens parlent français également.
Au Québec, des mesures sont prises pour faire de la langue de la majorité la langue dominante. Dans les années 1960, Montréal avait un «visage» anglais.

Il ne suffit donc pas de faire du français la seule langue officielle du Québec (depuis 1973), mais il faut prendre des mesures concrètes qui concernent la vie de tous les jours.
Des conflits particulièrement nombreux concernent les écoles. Toutes les législations québécoises ont toujours respecté les droits de la minorité anglophone qui garde son propre système scolaire, ses universités et ses hôpitaux, où l'on parle anglais. Mais que faire si les immigrants qui arrivent au Québec, choisissent eux aussi l'école anglaise pour leurs enfants?
Laisser le libre choix à chacun, comme le préfère le gouvernement fédéral, ou imposer la langue du Québec, le français, et réserver les écoles anglaises aux seuls enfants anglophones?
La question n'est pas du tout théorique et l'avenir du français en dépend, dans une Amérique du Nord où il est très minoritaire.
Arrivé au pouvoir en 1976, le Parti québécois adopte la loi 101 («Charte de la langue française»), pour «faire du français la langue commune dans toutes les sphères de la vie publique», tout en protégeant explicitement les droits linguistiques des autochtones et des anglophones.

Une langue qu'on ne parle qu'après 5 heures du soir est déjà une langue morte. [...] Le gouvernement du Québec tout entier doit adopter des mesures très fermes pour protéger le français non seulement dans le écoles et universités mais dans toute la vie publique.
Rapport Parent 1961

imposer qc le rendre obligatoire
réserver à laisser entrer seulement

Pourquoi la loi 101?

Il fallait faire une loi pour nous et non contre les autres, qui donne leur place logique et juste à la majorité et aux minorités selon leur importance respective, qui mette au service des libertés et aspirations individuelles d'une majorité longtemps pauvre et dominée les ressources et le support de leur État démocratiquement élu. La Charte de la langue française concerne tous les Québécois sans exception; elle leur propose à tous de participer, en français, à la vie et au progrès d'un peuple qui aspire à réaliser son unité dans la fidélité à sa tradition française et dans le plus grand respect de toutes ses composantes.
On ne saurait le dire assez clairement: le véritable épanouissement culturel et social des non-francophones ne pourra s'accomplir que dans la mesure où la majorité sentira l'avenir de sa culture assuré par des garanties fondamentales. Peut-être faut-il rappeler qu'il existe ici en Amérique du Nord une enclave. Elle est française et elle se trouve ici, au Québec. Cette évidence constitue la pierre angulaire de la politique linguistique du Québec. Et si l'on craint que la collectivité francophone se replie sur elle-même, on a tort. En fait, il est peu de peuples plus ouverts, plus désireux de partager, plus prêts à bâtir avec tous un Québec nouveau.

respectif,ve *jeweilig*
l'aspiration (f) attente, espoir

l'épanouissement (m) *Entfaltung*

la pierre angulaire la base essentielle (*Eckpfeiler*)

se replier sur soi s'isoler des autres

subsister continuer à exister

Lorsque nous parlons d'un Québec français, c'est précisément ce que nous voulons dire: pour que subsiste et s'épanouisse la culture française, il faut que, sur cette portion du continent où une forte majorité de la population est de langue française, la langue commune soit le français – au même titre que l'anglais est la langue commune en Ontario.

Camille Laurin, dans: Le français au Québec, © Conseil supérieur de la langue française, Québec 2000, p. 278

La loi 101 suscite, dans un premier temps, une série de conflits. Des entreprises et des banques déménagent de Montréal à Toronto, certains anglophones quittent le Québec, d'autres hésitent à venir s'y installer. La loi 101 sera plusieurs fois modifiée suite à des jugements.

Aujourd'hui, les enfants dont les parents ou les frères et sœurs ont été éduquées en anglais peuvent aller à l'école publique anglaise; tous les autres sont scolarisés en français. Le choix du Cégep, de l'université et des écoles privées reste libre. Ce compromis semble avoir être largement accepté par tout le monde, car être francophone ne signifie plus aujourd'hui avoir moins de chances de réussite sociale.

le Cégep Collège d'enseignement général et professionnel, voir p. 161

La loi concerne aussi les entreprises qui doivent se franciser.

se franciser *pour une entreprise* faire du français la du travail et de la communication interne

Et dans l'affichage public l'anglais ne doit plus dominer.

À sa manière, chaque affiche bilingue dit à l'immigrant: «Il y a deux langues ici, l'anglais et le français; on choisit celle qu'on veut:» Elle dit à l'anglophone: «Pas besoin d'apprendre le français, tout est traduit.»

René Lévesque, cité d'après: Le français au Québec, © Conseil supérieur de la langue française, Québec 2000, p. 296

Il est indéniable que cette politique linguistique a contribué à mettre fin à la discrimination des francophones du Québec et à stopper l'assimilation vers l'anglais, qui existe encore dans toutes les autres francophonies nord-américaines (cf. module 9).
Mais est-ce dire que l'avenir du français est maintenant garantie?

A l'échelle du continent, certainement pas, le Québec reste une île francophone entourée de pays où l'on parle la langue internationale dominante – l'anglais. À l'échelle du Canada, les francophones sont de plus en plus minoritaires. Dans le Canada anglais, le chinois est plus parlé que le français. Et même à Montréal, deuxième ville francophone au monde (après Paris), les francophones sont tout juste encore majoritaires (52,8%), à côté de 18,2% d'anglophones. 29% sont des allophones, c'est-à-dire des personnes avec une autre langue maternelle, Même si la plupart sont capables de s'exprimer en français, ils préfèrent souvent l'anglais dans la vie de tous les jours.

Et d'ailleurs, dans une démocratie, heureusement, aucune loi ne peut obliger les gens à parler une langue plutôt qu'une autre, quand ils sont entre eux. Or, prenez un groupe de cinq personnes dont quatre sont bilingues et une parle seulement un peu le français – la conversation se fera en anglais, bien entendu. Si une personne sur les cinq a des difficultés de s'exprimer en anglais – tout le monde parlera-t-il français? C'est moins sûr …

Pour être juge à la cour suprême ou gouverneur général, est-il nécessaire de parler les deux langues officielles?

Cour suprême – le bilinguisme des juges est essentiel

la Cour suprême *der Oberste Gerichtshof*

Le Devoir le quotidien le plus important du Québec

Ottawa – L'ancienne juge à la Cour suprême du Canada Claire L'Heureux-Dubé croit qu'il est grand temps que le bilinguisme devienne un critère de sélection pour accéder au banc du plus haut tribunal du pays. «Le bilinguisme des juges de la Cour suprême est essentiel à mon avis», explique au Devoir Mme L'Heureux-Dubé.

Il n'existe aucune obligation pour que les neuf juges siégeant à la Cour suprême du Canada maîtrisent les deux langues officielles du pays. De facto, de nombreux juges unilingues anglophones y ont siégé. Le premier juge de ce tribunal nommé par le premier ministre Stephen Harper, Marshall Rothstein, est dans cette situation.

Le projet de loi C-232 du Nouveau Parti Démocratique vise à éliminer cette possibilité. S'il était adopté, les juges devraient être choisis parmi des candidats «qui comprennent le français et l'anglais sans l'aide d'un interprète». Ce critère est jugé trop restrictif par certains qui craignent que le Canada se coupe des meilleures candidatures disponibles. À la Chambre des communes, où le projet de loi a été adopté, tous les députés conservateurs ont voté contre. Le ministre Christian Paradis a déjà expliqué au Devoir qu'il s'opposait au C-232 au nom de la protection des unilingues francophones qui devraient eux aussi pouvoir aspirer à un poste à la Cour suprême.

Claire L'Heureux-Dubé écarte cet argument du revers de la main. «Je ne vois pas comment un juge francophone non bilingue pourrait accéder à la Cour suprême où 90 % du travail est en anglais. Et je n'ai aucun souvenir d'un juge unilingue francophone qui ait accédé à la Cour suprême. À l'inverse, nombre de juges unilingues anglophones ont accédé à la Cour suprême... Deux poids, deux mesures?» demande-t-elle.

deux poids, deux mesures *mit zweierlei Maß (messen)*

Certes, des services d'interprétation sont offerts à la Cour suprême. Les avocats peuvent donc y présenter leurs arguments dans la langue de leur choix. Toutefois, lorsque les juges se retirent pour délibérer et déterminer les paramètres généraux de la décision à rendre, aucun interprète n'est présent. La présence d'un unilingue autour de la table oblige tous les autres magistrats à défendre leur point de vue dans cette langue, la plupart du temps, l'anglais.

délibérer discuter pour prendre la décision

Mme L'Heureux-Dubé va même plus loin. Elle soutient que la présence d'un unilingue anglophone sur le banc suprême «oblige les juges francophones à écrire en anglais à l'occasion par suite des délais de traduction qui retardent les jugements». Car les juges rédigent les jugements qu'ils font ensuite circuler entre eux pour commentaires.

le délai le temps nécessaire

En coulisse, certains francophones font valoir que la maîtrise des deux langues (et l'expérience culturelle qui l'accompagne souvent) procure une meilleure sensibilité socio-culturelle de l'autre réalité canadienne, très utile lorsque des causes délicates arrivent devant la Cour suprême.

la maîtrise bonne connaissance

L'ancien collègue de Mme L'Heureux-Dubé, John Major, s'est déjà prononcé contre le bilinguisme obligatoire. Il était lui-même unilingue anglophone. Certains commentateurs anglophones ont fait valoir que seulement 9 % des anglophones étaient bilingues contre 42 % des francophones.

Hélène Buzzetti, dans: *Le Devoir,* 27 avril 2010

3.3 D'un référendum à l'autre

Les politiques linguistiques ont été longtemps au centre des débats au Québec et une source de conflits constants avec le gouvernement fédéral à Ottawa depuis les années 1960. Le Québec peut-il seul décider de la protection du français dans l'enseignement ou doit-il tenir compte de la législation canadienne qui favorise le libre choix des langues? Qui choisit les immigrants qui viennent s'installer au Québec – le gouvernement fédéral ou celui du Québec? Le Québec a-t-il un droit de véto sur les changements dans la constitution canadienne? Est-il considéré simplement comme l'une des dix provinces, ou comme une des deux nations fondatrices, à égalité avec les Canadiens anglophones?

fondateur, fondatrice qui a fondé

L'histoire des tentatives pour trouver un compromis est complexe, longue et elle n'est peut-être pas finie. Au Québec, une partie de la population croit et souhaite qu'une entente soit possible, une autre partie pense qu'il faut sortir de la Confédération canadienne. Ce qu'il faut comprendre, c'est que l'idée de faire du Québec un pays indépendant est aussi vieille que le

Canada lui-même et elle a eu plus ou moins d'influence selon la situation.

Un premier référendum est organisé en 1980, pour proposer des négociations avec Ottawa, et, si cela échoue, rendre le Québec souverain, mais associé au Canada.

John A. Mac Donald Premier ministre du Canada 1867–1891 lors de la rébellion menée par Riel, cf. pp. 46/47

Les Québécois sont indécis. A la veille du référendum, le Premier ministre canadien, Pierre Trudeau leur déclare que si le OUI gagne, il refusera de négocier, mais il s'engage à «renouveler le fédéralisme» si la majorité vote NON.
59,5% des Québécois veulent tenter cette chance et votent NON.
Or, la réforme de la constitution ne se fait pas du tout comme ils l'avaient espéré. En 1982, malgré l'opposition de tous les partis politiques du Québec, le gouvernement canadien adopte une nouvelle constitution qui rend le Canada plus indépendant de Londres (le «rapatriement»), mais qui ne comporte pas la reconnaissance du Québec comme «société distincte». Le Québec se sent trahi et le conflit est à un maximum.

rapatrier ici: mettre la Constitution sous le contrôle total du Canada. Avant 1982, un changement de la constitution devait être confirmé par Londres.

Après le « rapatriement » de la constitution canadienne en 1982

Jusqu'à aujourd'hui aucun gouvernement québécois n'a jamais ratifié la constitution de 1982.
Une première tentative pour trouver un compromis, les accords du lac Meech, reste sans succès parce que deux provinces ne sont pas entièrement d'accord (Manitoba et Terre-Neuve), ce qui crée une énorme déception au Québec;

De nos jours encore, les Québécois reconnaissent plus volontiers d'avoir voté OUI, la minorité des francophones (40%) qui a voté NON n'en parle pas si volontiers en public.

plus de 70% sont maintenant pour la souveraineté. La seconde chance, les accords de Charlottetown, échoue dans un référendum dans l'ensemble du Canada en 1992. Les Canadiens anglophones votent en majorité NON, parce qu'à leur avis, l'accord donne trop de droits aux Québec et les Québécois le refusent, parce qu'ils trouvent que ce n'est pas assez.
Encore une fois, comme plusieurs fois dans leur histoire, une grande partie de Québécois sont prêts quitter le Canada. Mais est-ce la majorité? Un nouveau référendum est organisé en 1995.
Un projet précise ce que serait ce pays.

Avant-projet de loi sur la souveraineté du Québec

1. Le Québec est un pays souverain.
2. Le gouvernement est autorisé à conclure avec le gouvernement du Canada un accord consacrant le maintien d'une association économique entre le Québec et le Canada. Un tel accord doit, avant d'être ratifié, être approuvé par l'Assemblée nationale.
3. Le gouvernement doit, conformément aux modalités prescrites par l'Assemblée nationale, pourvoir à l'élaboration d'un projet de constitution pour le Québec et à son adoption. Cette constitution doit inclure une charte des droits et libertés de la personne. Elle doit garantir à la communauté anglophone la préservation de son identité et de ses institutions. Elle doit également reconnaître aux nations autochtones le droit de se gouverner sur des terres leur appartenant en propre.
[...]
[Les articles suivants prévoient que la citoyenneté québécoise peut se combiner avec la citoyenneté canadienne ou celle de tout autre pays, que le dollar et les lois canadiennes restent en vigueur. Le Québec respectera également les accords internationaux signés par le Canada.]
17. La présente loi est soumise à la consultation populaire. Elle ne peut entrer en vigueur que si une majorité des voix exprimées par les électeurs lors d'un référendum tenu conformément à la Loi sur la consultation populaire s'est prononcée en faveur de la question suivante: «Êtes-vous en faveur de la loi adoptee par l'Assemblée nationale déclarant la souveraineté du Québec? OUI ou NON.»

Le Devoir, 7 décembre 1994, p. A4

consacrer fixer, garantir

approuver donner son accord

prescrire fixer
pourvoir à faire le nécessaire pour
l'élaboration (f) ici: la rédaction
l'adoption (f) ici: l'accord donné par le parlement
la préservation le fait de continuer à posséder

rester/entrer en vigueur *in Kraft bleiben/treten*
soumettre à qc rendre qc nécessaire pour que la chose existe
se prononcer en faveur voter oui

Les deux «camps» s'opposent. Celui du OUI essaye d'encourager les Québécois qui hésitent encore, à oser de faire enfin le pas pour avoir un pays, celui du NON avance des arguments en faveur du Canada et contre les risques d'une séparation.

Le camp du OUI

Lettre à mon père et à ma mère

Montréal, le 6 juin 1995
Écrire une lettre qui vous convaincra que nous devons faire aujourd'hui l'indépendance du Québec n'est pas chose simple. Ce débat soulève tant d'émotions au sein de notre famille. Vous me parlez de votre insécurité financière qui vous empêche de voter oui à l'indépendance du Québec. Je ne suis pas économiste et ne peux élaborer d'arguments financiers pour tenter de vous convaincre. De plus, je suis intimement convaincue que j'ai avantage à interroger mon cœur bien avant mon porte-monnaie quand la décision que je dois prendre peut changer toute ma vie.
Vous dites qu'il est légitime qu'à quatre-vingt-onze et soixante-quatorze ans vous soyez trop fatigués aujourd'hui pour entreprendre un autre combat, trop âgés. Bien sûr, je peux comprendre. Mais vous comprendrez aussi qu'il est légitime que j'essaie de vous convaincre de voter oui à l'indépendance du Québec malgré votre peur et votre fatigue, parce que c'est vous mes parents qui m'avez appris ce que je sais de mon peuple et de mon pays. J'ai entendu tellement d'histoires de vos bouches, de vous qui avez défendu toute votre vie la langue française et nos racines. Des histoires comme celle de ce directeur d'un collège classique qui lors de la remise des prix avait terminé son laïus en disant aux nouveaux diplômés: «Messieurs, soyez de bons serviteurs, obéissez à vos maîtres. N'ambitionnez pas d'évoluer au détriment de vos maîtres ...» Ces maîtres étant bien sûr les Anglais.
À la fin des années trente, jamais au grand jamais on ne vous disait: «Aspirez à devenir vos maîtres!» Vous étiez, semble-t-il, condamnés à vivre sous la domination anglaise. Vous l'avez quand même faite votre révolution. Par vos actes et votre courage, c'est votre génération qui a tracé le chemin de l'indépendance du Québec. Vous m'avez raconté vos victoires! Ces deux années d'émissions à la radio, ces deux années où sans relâche vous avez réclamé que les grands magasins Eaton, Simpson et Morgan offrent un service en français. Et vous avez gagné!

le collège classique *etwa : humanistisches Gymnasium* (pour garçons seulement)
la remise des prix les meilleurs élèves ont des prix à la fin de l'année
le laïus le discours
au détriment de qn en profitant de ce qu'on fait perdre à qn
jamais au grand jamais *nie und nimmer*
aspirer à vouloir, essayer de
tracer un chemin monter un chemin

Vous m'avez raconté le courage de mes grands-parents qui ont peuplé le Québec. Vous m'avez raconté l'histoire de mon peuple. Un peuple courageux, patient, persévérant. Un peuple qui n'a jamais renié sa langue et ses racines. Un peuple qui baigne dans une mer de deux cent cinquante millions d'Américains et de vingt-cinq millions de Canadiens anglais et qui parle encore et toujours le français. Et si, aujourd'hui, le fait français en Amérique n'est pas reconnu, ce n'est pas faute d'y avoir travaillé en douceur.

persévérant,e qui ne se décourage pas

C'est vous qui avez fait l'histoire du Québec. Vous qui avez pris ma main et m'avez menée sur le chemin de l'indépendance du Québec. Vous qui m'avez dit toute ma vie: «Qui n'avance pas recule!» Dire non à l'indépendance du Québec, c'est reculer. C'est refuser d'évoluer. Par votre engagement politique et social, vous avez toute votre vie défendu notre langue, notre culture, et avez obtenu ce que vous vouliez. Aujourd'hui, les francophones sont instruits. Aujourd'hui, les francophones peuvent accéder à des postes de direction. Vous avez gagné, mais n'aviez pas prévu que vos enfants continueraient le travail que vous avez entrepris et désireraient une victoire encore plus complète: être vraiment les maîtres chez eux.

Que dois-je comprendre quand vous me dites que faire l'indépendance du Québec est un risque que vous n'êtes pas prêts à prendre? Que vous vous êtes trompés toute votre vie en défendant le fait français? Qu'il faut le défendre un peu mais pas trop? Que les Québécois ne sont pas capables de prendre en mains leur destinée? Pourtant, le chemin parcouru depuis quarante ans me crie tout le contraire. Et c'est à votre génération qu'on le doit.

Écouter ma peur? Est-ce cela que vous me demandez quand vous me dites qu'il n'est peut-être pas prudent de voter en faveur de l'indépendance du Québec? Comment ma fierté s'exprimera-elle si je dis non à un pays? Et si je ne continue pas de construire le pays que mes parents m'ont défriché, quelle histoire est-ce que, moi, je raconterai à mes enfants et mes petits-enfants?

défricher préparer la terre pour pouvoir planter

Votre fille Louise

Louise Larbique, dans: Trente lettres pour un oui, Éd. internationales Alain Stanké, Montréal 1995, pp. 20–23

Lettre à toutes les femmes et tous les hommes qui ont dix-huit ans cette année

Saint-Zénon, le 12 juin 1995

On a dix-huit ans une certaine date, une certaine année, dans une certaine époque. Ce qui ressemble à un événement individuel devient vite un événement collectif, à cause de l'époque, qu'on ne peut pas rayer de sa propre histoire.

Moi, j'ai eu dix-huit ans en 1970. Il est vrai qu'à cet âge j'étais tellement aux prises avec le désir de devenir une personne entière et autonome que j'étais incapable de me sentir reliée à quoi que ce soit d'autre qu'à ma vie, que j'avais toute devant moi. Je ne savais pas trop ce qu'elle serait, mais je voulais qu'elle soit belle. Je croyais voir large, je ne voyais que moi. Je venais de finir mon Cégep, je rêvais dans le plus grand secret de devenir écrivain, j'avais déjà une sainte horreur du mariage et je voulais m'éloigner au plus vite de ma famille. Je devrais dire «fuir ma famille», ça serait plus honnête. J'ai l'impression d'avoir désiré ces dix-huit ans pendant des années, l'œil rivé au calendrier pour que le temps passe plus vite. C'est une image. Intérieurement, c'est ainsi que je vivais l'urgence d'être indépendante. A dix-huit ans, je n'ai pas timidement demandé mon indépendance à mes parents, je l'ai prise. Cette indépendance-là n'était pas à eux, elle était à moi. C'est pour ça qu'aujourd'hui j'ai du mal à comprendre les hésitations de mon peuple à dire oui à son indépendance.

Quand j'ai voté pour la première fois, j'avais dix-huit ans depuis quinze jours exactement et j'ai voté pour le PQ, dont c'était la toute première élection. Ça ressemble à vos dix-huit ans de maintenant, où quand vous voterez pour la première fois de votre vie, à l'automne, ce sera pour dire oui ou non à un pays, décision encore plus cruciale que de voter pour un simple parti. Deux ans avant de pouvoir voter, en 1968, tout à fait par hasard, j'étais allée entendre parler un petit homme avec quelques cheveux épars qui venait de fonder un nouveau parti, le Parti québécois. Quand je suis sortie de la salle après la conférence, je savais que je n'étais plus la même personne, sans trop savoir exactement ce qui venait de se passer. Le petit homme s'appelait René Lévesque. J'avais seize ans, je n'avais jamais eu une seule idée politique en tête. Je ne savais même pas si mes parents votaient rouge ou bleu, comme on disait à l'époque des libéraux et des conservateurs. Dans ma tête, il n'y avait que de la littérature, des romans et des livres

rayer effacer

être aux prises avec être occupé par

le Cégep Collège d'enseignement général et professionnel, voir p. 161

l'œil rivé sur regardant impatiemment

crucial,e important, décisif

épars rare

de poésie que j'avalais comme des overdoses de vitamines, comme si ma vie en dépendait.

Je suis sûre que vous comprenez pourquoi je me suis tapé douze heures de train inconfortable, de Jonquière à Montréal, en 1970, pour aller assister à une nuit de poésie où la plupart des poètes québécois étaient au rendez-vous. Il n'en manquait pas beaucoup. Je suis sûre que vous comprenez pourquoi il me fallait absolument y assister. C'est là, noyée dans la poésie, dans les vapeurs de pot et dans la promiscuité, entre les grosses colonnes du vieux Théâtre Gesù, que j'ai vraiment compris le discours de 1968 de René Lévesque. C'est là, dans la poésie, que j'ai fait le lien entre moi et mon pays. À dix-huit ans, il me fallait le canal du poétique pour absorber le politique. J'étais loin d'être la seule. Le 29 avril 1970, c'est pour ça que le cœur me cognait fort quand j'ai posé mon X sur le bulletin de vote, devant le nom du candidat du Parti québécois. J'étais terriblement fière de voter pour du monde qui voulait faire un nouveau pays.

Aujourd'hui, je suis en colère. Je suis en colère parce qu'on est en train de magasiner un pays comme on magasine un frigo ou un char, en analysant le rapport qualité/prix et la durée de la garantie. Nous voyons le monde avec des yeux de consommateurs et plus jamais avec des yeux de citoyens. Les politiciens sont des vendeurs, nous sommes des acheteurs. Avec cette mentalité, ce n'est pas un pays qu'on va construire, c'est un centre d'achats.

C'est à soi-même qu'il faut dire oui. Point final. Chacun et chacune d'entre nous. Soi-même avec ses forces, ses maladresses, son intelligence, ses chagrins et son mal d'être. Soi-même avec sa mémoire et son amnésie.

En 1980, vous aviez trois ans. Vous ne pouvez pas vous souvenir de la tragédie qu'a été le non au référendum. C'est là que nous avons décidé de devenir uniquement des consommateurs, pour compenser. Nous nous sommes jetés dans le travail et dans l'excellence, comme on fait après une peine d'amour ou après un deuil. Ça nous a beaucoup fatigués. Je ne connais pas d'autre peuple que le nôtre, dans toute l'histoire de l'humanité, qui ait dit non à son autonomie. C'est terriblement fatigant de porter le poids du refus de soi-même.

Avec toute mon affection, Bises.

Hélène

Hélène Pedneault, dans: Trente lettres pour un oui, Éd. internationales Alain Stanké, Montréal 1995, pp. 140–146

se taper accepter de faire

cogner frapper

du monde *(FQ)* des personnes

magasiner *(FQ)* acheter

le centre d'achats *(FQ)* centre commercial

la maladresse *Ungeschicklichkeit*

le deuil perte causée par la mort de qn

Cadeau d'anniversaire

ma fête mon anniversaire

Bonjour, c'est ma fête, j'ai 18 ans aujourd'hui. Ça fait déjà un mois que je parle de ma fête avec beaucoup d'excitation, puis il y a beaucoup de monde qui m'ont dit: «Ha! tu vas voir, ça change rien, 18 ans, c'est pas ça qui va changer ta vie.» Mais moi je ne suis pas d'accord, parce que je vais voter lundi! En tout cas, j'ai décidé de m'offrir comme cadeau un pays et j'ai besoin de votre contribution.

Elise Trudeau, dans: Le pays en mots dits, Les Éditions Trois-Pistoles, Québec 2005, p. 383

Le camp du NON

Pourquoi détruire le meilleur pays au monde?

le tenant celui qui est pour

affecté,e touché, influencé

la générosité le fait d'accorder volontiers beaucoup de choses aux autres

la compassion sympathie, solidarité avec les moins heureux

incarner *verkörpern*

Mes amis, l'avenir de notre pays se jouera dans moins d'une semaine. Lundi, nous aurons à décider si le Canada que nous, Québécois, avons bâti ensemble continuera d'évoluer ou sera brisé. C'est le choix fondamental et irréversible d'un pays. D'un côté, les tenants de la séparation proposent un Québec qui rejette le Canada. De l'autre, nous proposons un Québec ouvert et fort dans un Canada uni.

Quelles seraient les conséquences de la séparation sur l'emploi et la croissance économique? Comment les familles qui dépendent de ces emplois seraient-elles affectées? Comment notre niveau et notre qualité de vie seraient-ils affectés?

Pensez-y, c'est un pays qui est en jeu, et pas n'importe quel pays. Le Canada est un pays unique au monde, le meilleur. Et le Canada est ce qu'il est aujourd'hui parce que le Québec y tient une place unique. La dissolution du Canada serait l'échec d'un rêve. Ce serait la fin d'un pays qui fait l'envie du monde entier. Ce serait l'échec d'un pays qui constitue un modèle pour ceux qui bâtissent leurs institutions.

Le Canada s'est bâti sur des valeurs que vous connaissez bien. La tolérance, la générosité, le respect de la différence, la justice sociale et la compassion. Ces valeurs, les Québécois les partagent avec tous les Canadiens. Lundi prochain, il faudra décider si nous sommes prêts à laisser tomber le pays qui les incarne comme aucun autre au monde. Pensez-y bien avant d'aller voter.

Chers amis, je suis un Québécois fier de ma langue, de ma culture et de mon héritage. Et je suis également un Canadien qui se sent chez lui partout au pays. Nos ancêtres, les vôtres et

les miens, ont bâti un pays où la langue, la culture et l'identité françaises ont pu s'épanouir et s'affirmer. Ils ont bâti un pays où les Québécois, quelles que soient les injustices du passé, ont maintenant les instruments et le pouvoir pour se réaliser. Ce grand pays n'est pas parfait, c'est vrai. C'est un pays qui doit continuer à s'adapter à la réalité moderne, c'est vrai; un pays qui peut et qui doit encore s'améliorer; c'est vrai. Mais c'est un pays qui mérite qu'on se batte pour lui, qu'on fasse l'impossible pour le préserver. Connaissez-vous une seule raison valable pour justifier qu'on lui tourne le dos? Pensez-y bien avant d'aller voter.
Et je répète avec fierté les mots prononcés il y a 15 ans par Jean Lesage, le père de la Révolution tranquille: «Le Canada, c'est mon pays, le Québec c'est ma patrie.»

Jean Chrétien, Premier ministre du Canada 1993–2003, à la veille du référendum, le 24 octobre 1995, Auditorium de Verdun

préserver sauver, protéger

Pourquoi choisir entre le Québec et le Canada?

En faveur d'une idéologie nationaliste qui rencontre les aspirations politiques d'un groupe de Québécois, tous les autres Québécois devront choisir entre le Québec et la Canada: C'est un choix qu'au moins 40% de la population du Québec ne souhaite pas avoir à faire. Ils ne veulent pas être forcés de choisir entre deux citoyennetés, entre deux tracés de frontières. Ils veulent rester ce qu'ils sont: des Québécois et des Canadiens, dans un équilibre identitaire que chaque individu est libre de définir. L'argument fondamental en faveur du fédéralisme au Québec est qu'il permet ce choix: les différentes communautés du Québec peuvent décider elles-mêmes de l'équilibre des identités fédérale et provinciale qui leur convient.

Michael Ignatieff, homme politique du Parti libéral du Canada, dans: *La Presse*, 16 avril 2005

en faveur de pour

le tracé la ligne

Contre la séparation

Les Québécois forment une nation. Aux yeux des souverainistes, ce seul constat fait de la souveraineté un aboutissement naturel, inévitable de l'histoire du Québec. Ils se trompent. L'adéquation nation-État n'est ni inévitable ni obligatoire. Il existe dans le monde quatre fois plus de nations que d'États, et donc de nombreux États multinationaux où les peuples minoritaires trouvent leur compte. On sait aussi que les populations des États souverains ne sont pas toutes prospères et

l'aboutissement (m) suite, but final

l'adéquation (f) *Gleichsetzung*

loin s'en faut *bei weitem nicht*

libres, loin s'en faut. L'indépendance en soi ne garantit rien; elle n'est souhaitable que si elle permet aux gens de vivre mieux. Or au Québec, malgré tous les efforts des penseurs souverainistes au cours de années, une majorité de Québécois ne comprennent toujours pas ce qu'ils gagneraient si le Québec se séparait du Canada. Voilà ce qui est assez paradoxal.

Voici ce que serait le Canada sans le Québec.

En général, lorsque les peuples opprimés ont la chance de se prononcer sur leur libération, ils votent OUI sans hésitation, à une très forte majorité. L'indépendance, pour eux, est synonyme d'espoir, l'espoir que leurs malheurs prendront fin. Pourquoi les Québécois réagissent-ils différemment? La réponse saute aux yeux: parce qu'ils ne sont pas et ne se sentent pas opprimés. Ils sont déçus de l'attitude du Canada anglais, sans doute. Ils sont agacés par l'arrogance occasionnelle du gouvernement fédéral, bien sûr. Mais opprimés? Victimes de graves injustices? Empêchés de gagner leur vie honorablement? Incapables d'exprimer leurs idées ou de parler leur langue? Au contraire, le Québec est une des sociétés les plus démocratiques et prospères du monde. De quoi les Québécois voudraient-ils se libérer, exactement?

l'accomplissement (m) réalisation

Un dépliant du PQ décrit ce que serait cet extraordinaire Québec indépendant: un Québec de langue française, un Québec démocratique, un Québec ouvert, un Québec pacifique, un Québec solidaire, un Québec productif, un Québec respectueux de l'environnement, un Québec créatif, un Québec fier des ses accomplissements. Or, qu'est donc le Québec d'aujourd'hui, sinon de langue française, démocratique, ouvert, pacifique, solidaire, productif, respectueux de l'environnement, créatif et fier des ses accomplissements? Comme telle, la souveraineté ne garantit pas que la société québécoise serait plus ou moins égalitaire, plus ou moins écologiste, plus ou moins créative. Tout dépendrait du gouvernement en place, et de la conjoncture.

compte tenu de si on pense à

démanteler détruire, désorganiser

J'en suis arrivé à la conclusion que, compte tenu des formidables progrès accomplis par le Québec depuis la Révolution tranquille, les gains potentiels de la souveraineté sont au mieux minuscules, et certainement très incertains. Et cela, même si tout se passe bien. Or, selon toute probabilité, les choses ne se passeront pas bien. Défaire les institutions vieilles de plusieurs décennies, démanteler de grosses machines bureaucratiques coûte inévitablement très cher et prend beaucoup de temps. Si les gains attendus sont importants, tant pis! Mais qui croit que Postes Québec serait plus efficace que Postes Canada?

Voilà pour les obstacles bureaucratiques. Mais c'est du point de vue politique que les choses risquent d'être plus difficiles. Surtout si, comme c'est probable, la majorité du OUI était faible. Il est certain que le reste du Canada acceptera très mal le résultat. Ottawa n'enverra pas l'armée. Mais dire cela n'est pas la même chose qu'annoncer, comme le font les souverainistes, une réaction froide, raisonnable et rationnelle. Au Canada anglais, l'idée d'un Québec indépendant est perçue comme l'équivalent chirurgical de l'ablation d'un membre ou d'un organe vital. Il y aura des mois, voire des années de blocage. Le tout serait compliqué par la réaction des millions de Québécois qui auraient voté NON. Certains se rallieraient certainement. D'autres partiraient.

André Pratte: Aux pays des merveilles, vlb éditeur, Montréal 2006 (extraits), pp. 47/48, 63/64, 74–76; Pratte est éditorialiste au Journal *La Presse*

Juste avant le vote, des dizaines de milliers de Canadiens des autres provinces, profitant de billets d'avion gratuits, viennent à Montréal pour une «déclaration d'amour», un appel aux Québécois à rester canadiens.

se rallier accepter

Avec une participation-record de 93%, les Québécois disent NON à 50,6% et OUI à 49,4%, un résultat qui signifie que le Québec reste dans le Canada, mais qui ne règle rien. 10 ans plus tard, une commission parlementaire constatera que le camp du NON a dépensé beaucoup plus d'argent que permis («le scandale des commandites»). Le gouvernement canadien est renversé, mais il est trop tard pour refaire le vote.

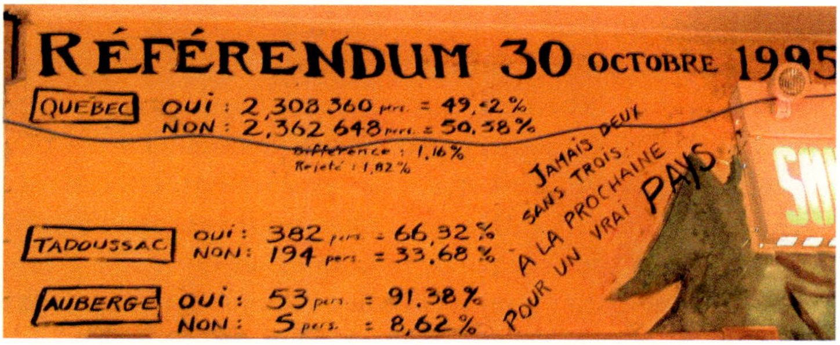

À l'auberge de jeunesse de Tadoussac, les résultats aurait été différents.

Que veulent donc les Québécois? Demandons à un politologue:

Interview avec Jean-François Lisée (2) DVD

M. Lisée, vous dirigez le Centre d'études et de recherches internationales de l'université de Montréal et vous avez été aux premières loges pour le Référendum sur l'indépendance de 1995 – ma question, puisque depuis à l'étranger on se demande: que veulent les Québécois? Et pourquoi veulent-ils détruire apparemment un beau pays comme le Canada? Peut-on le comprendre sans remonter à 1608 ou à la conquête d'il y a plus de deux siècles? Peut-on trouver une réponse courte à cette question compliquée?

Le seul intérêt de remonter dans le temps, c'est pour se rendre compte que les Québécois n'ont jamais adhéré au Canada. La raison pour laquelle on fête très peu le 1er juillet qui est la fête nationale du Canada, c'est que, au moment de la création du Canada, il n'y a pas eu de référendum. Des promesses avaient été faites qui n'ont pas été tenues et les historiens savent qu'une forte majorité des Québécois francophones étaient opposés à l'adhésion du Québec dans le Canada. Donc il n'y a pas de moment fondateur, il n'y a pas de socle sur lequel s'appuyer. Et ensuite, les seuls moments ou les Québécois ont choisi non pas d'adhérer, mais de ne pas quitter le Canada, c'est lorsque les indépendantistes ont posé la question. Alors ils ont dit deux fois: nous ne voulons pas quitter le Canada. Mais à chaque fois, les fédéralistes avaient dit: ben, ne quittez pas, et en échange, on vous promet des changements importants. Et les changements importants ne sont jamais venus ... Donc, effectivement, dans la construction politique du Canada, l'absence d'adhésion du Québec est, en creux, une raison du non-attachement de beaucoup de Québécois vers le Canada.

en creux indirectement

La deuxième chose, c'est que, plus récemment, en 1982, la constitution a été modifiée, sans référendum et sans l'accord du Québec, de tous ses partis politiques! et donc il y a une fragilité même pour l'accord conjoint. Même s'il n'y avait pas ça, même si la constitution avait été adoptée de façon normale, si ce pays était normalement constitué, la difficulté que les Québécois ont avec le Canada, c'est que ... ils ont un sentiment national très fort. Les Québécois ont le sentiment qu'ils sont une nation, ils ont le sentiment qu'ils devraient avoir la capacité de gérer de façon autonome un grand nombre de leurs affaires, et même ceux qui veulent rester dans le Canada, disent: on aimerait mieux avoir une zone de liberté beaucoup plus grande, plus à la belge ... Et ça, le Canada s'y refuse. Alors c'est toujours ce point de tension entre le degré d'autonomie souhaité et le refus de décentralisation canadien.

Passons un peu dans l'autre camp, le camp du NON. C'est vrai qu'il avait une majorité parmi les communautés immigrés et la communauté de langue anglaise – et qui ont fait la différence, finalement, lors du référendum, mais il y avait aussi 40% des francophones qui ont voté contre ... Donc, quels étaient leurs motifs?
Bon. D'abord, la raison pour laquelle plus de la moitié, 60 % des francophones ont voté pour la souveraineté, il y a eu une volonté de changement, c'est sûr, mais c'est pour avoir un pays dans lequel les francophones sont majoritaires. Alors on comprend très bien que les Anglo-québécois qui sont majoritaires dans leur pays: le Canada, ne veuillent pas s'associer à un mouvement qui les rendrait minoritaires dans un pays qui s'appelle le Québec. Moi j'ai toujours été renversé de voir que le vote anglophone n'était pas à 100% contre l'indépendance. Alors s'il est à 98%, il y a 2% d'altruistes, d'idéalistes, etc.
Pour ce qui est la population allophone, on connaît très bien le développement de leur comportement politique. Ceux qui s'intègrent à la minorité anglophone adoptent le comportement électoral, au référendum, des anglophones et ceux qui s'intègrent à la communauté francophone, le font dans le sens des francophones, mais ça prend un certain temps. Les immigrants qui sont arrivés au Canada depuis peu, première génération en particulier, sont très loyaux envers le Canada, et c'est normal. C'est le pays qui les a accueillis, et le Québec est une province de ce pays.
Maintenant les 40 % de francophones et c'est eux qui sont importants, parce que, sur le nombre, ils sont beaucoup plus nombreux que les minorités réunies. Si le référendum a été perdu à 50:50, c'est que pas suffisamment de francophones ont voté pour, c'est la seule raison!

être renversé,e de être très étonné de

loyal,e fidèle

Et quelles raisons avaient-ils, justement?
Bon. Alors, plusieurs raisons. D'abord il y a un attachement au Canada qui est réel, d'ailleurs ceux qui se considèrent comme Canadiens d'abord, lorsqu'on leur demande d'auto-identifier leur identité: Canadiens d'abord ou Canadiens français d'abord, disent: ben, j'ai un attachement pour le Canada, pour moi, l'abandon de tout ce pays ... Enfin c'est une idée qui est très forte, surtout dans les générations plus vieilles: le Canada nous appartient, nous l'avons découvert, nous l'avons peuplé, en partie, je ne veux pas le laisser, d'une part .... Et d'autre part quelque chose qui existe très très peu dans les nouvelles générations, mais qui existait à l'époque, c'étaient

des liens familiaux avec des francophones hors Québec, et donc, ben, c'était la famille.

Le troisième élément qui jouait encore en 1995 et qui joue de moins en moins, c'est que des Québécois francophones avaient des postes d'autorité importants à Ottawa: Premier ministre, ministre des finances, conseil du trésor etc. Pour un certain nombre de francophones, on disait: on est au pouvoir, à Ottawa, donc pourquoi est-ce qu'on quitterait un pays que l'on dirige? On peut débattre de la façon que c'est dirigé, bon, mais c'est un argument qui était prégnant ... Et le rêve de transformer le Canada en un pays bilingue, où les droits des francophones sont respectés, est un rêve très très fort dans une partie de la population francophone du Québec, autour de Pierre Trudeau, Brian Mulroney, Jean Chrétien ensuite, et qui avait encore un peu de crédibilité en 1995. Ce rêve perd de la crédibilité maintenant, parce que les institutions fédérales sont en train de s'ajuster à la réalité démo-linguistique canadienne, c'est–à-dire massivement anglophone, mais disons que jusqu'à aujourd'hui, le fédéral réussissait à diffuser la bande-annonce d'un Canada bilingue sans jamais pouvoir produire le film. Maintenant, ils ont de la difficulté à diffuser la bande-annonce parce que les débats en cours c'est: est-ce qu'on peut être membre de la cour suprême en étant unilingue anglais, est-ce qu'on peut être gouverneur général du Canada en étant unilingue anglais, et c'est le symptôme d'une anglicisation du pays.

prégnant,e important

Pierre Trudeau, Brian Mulroney, Jean Chrétien Premiers ministres du Canada 1980–2003

la bande-annonce publicité pour un film montrant quelques scènes

La crainte de l'inconnu, y compris économique, a-t-elle joué aussi?

Bien sur, ça c'est un des gros ... Alors, parmi les blocs, il y a 30% des francophones qui correspondent à ce que je viens de décrire, une volonté positive d'être dans le Canada. Maintenant il y a une partie des modérés qui disent: ben, ce serait une bonne chose que le Québec soit indépendant, mais je ne peux pas me résoudre à prendre cette décision, parce que j'ai peur. J'ai peur de l'économie, et ça, on sait qu'on a perdu 3% du vote pour le Oui le jour même du référendum pour des questions de crainte économique. Alors la crainte économique c'est la première, et ensuite, la crainte que ça ne fonctionnera pas. Je veux dire: ça va être trop compliqué, le gouvernement fédéral va rendre ça très dur, ça va être une longue chicane, bon ... La plupart des gens qui votent pour le OUI savent qu'il y a un moment difficile à passer pendant quelques années, c'est un gros chantier et puis, ça va coûter des sous, mais qu'ensuite, ça va être aussi bien ou mieux qu'avant. Donc, c'est pas la période de transition qui les trouble – ce qui

la chicane le conflit

les trouble c'est: est-ce que ça va être un divorce très acrimonieux? Et est-ce que le gouvernement fédéral a même la capacité de renverser le vote? Alors, ça, ce sont des craintes, des craintes légitimes.

Certains disent même que le Référendum aurait été volé et qu'on l'avait découvert dix ans après seulement ...

Est-ce que le Référendum a été volé? On peut le penser, parce que, il est maintenant établi que le gouvernement fédéral, enfin que le camp du NON, a dépensé d'avantage que le plafond. C'est clair, un rapport gouvernemental l'a démontre. On le savait déjà, mais on ne pouvait pas comptabiliser, et selon la Cour suprême du Canada, s'il y a pas égalité de dépenses des deux côtés, le procédé est «vicié fondamentalement», c'est les termes de la Cour suprême du Canada: le procédé est «vicié fondamentalement». Quelle différence cela aurait fait? C'est difficile à dire, mais il est trop tard. Les Québécois considèrent que la décision a été prise, on a accepté la décision et on est passé à autre chose, alors ... Mais c'est vrai que cette conviction chez un grand nombre de Québécois francophones que le Référendum a été volé, fait partie de leur volonté, pour ceux qui en ont, de le refaire.

Interview réalisée par Helga Bories-Sawala

acrimonieux,se difficile, déchirant, accompagné de conflits

le plafond maximum permis par la loi

la Cour suprême *der Oberste Gerichtshof*

vicié,e fondamentalement *von Grund auf rechtsfehlerhaft*

3.4 Qu'est-ce qu'un Québécois?

La discussion autour de la question d'un Québec indépendant a obligé les Québécois à répondre de façon plus précise à cette question.

Québécois

Doit-on dire: c'est un Québécois, un Canadien français ou un francophone quand on parle d'un citoyen du Québec dont les ancêtres sont arrivés au Canada au cours du XVIIe siècle? À leur arrivée, nos ancêtres étaient «Français». Parce qu'ils se sont installés pour cultiver la terre, ils sont devenus, aux yeux de l'administration de Paris, des «Français du Canada».

Les enfants nés au Canada, et les enfants de leurs enfants par la suite, se sont appelés «Canadiens». Cela se prononçait «canayen» et marquait la différence avec les Français qui, comme le gouverneur et ses soldats, ne venaient que passer quelques années en Amérique avant de rentrer en métropole.

la métropole ici: la France

Après que l'Angleterre eut conquis la Nouvelle-France, il y eut au Canada les «Anglais» et les «Canadiens». Mais les Anglais à leur tour eurent des rejetons qui naquirent en Canada. Peu à peu, surtout après la Confédération de 1867, l'on se mit à parler de «Canadiens français» par rapport aux «Canadiens anglais».
Vers 1960, pour marquer leurs distances avec le Canada, des Canadiens français nationalistes se proclamèrent «Québécois». C'était le cri de ralliement de la Révolution tranquille. «Québécois! Québécoises!» À qui s'adressait-on? Aux Canadiens français du Québec? Aux francophones de toute origine? Les Canadiens anglais qui étaient au pays depuis quatre générations étaient-ils des Québécois? Y aurait-il des Québécois francophones, anglophones et allophones?
Aujourd'hui le nom de «Québécois» appartient à tous les citoyens du Québec, qu'ils soient nés à Port-au-Persil, Port-au-Prince, Portsmouth, Port-Saïd, ou Porto.

le rejeton l'enfant

Jean Dupays: Abécédaire québécois, Éditions du Boréal, Montréal 1988, pp. 63–66

Pour René Lévesque, en 1968, ce n'est pas encore compliqué.

René Lévesque: Nous sommes des Québécois

Ce que cela veut dire d'abord et avant tout, et au besoin exclusivement, c'est que nous sommes attachés à ce seul coin du monde où nous puissions être pleinement nous-mêmes, ce Québec qui, nous le sentons bien, est le seul endroit où il nous soit possible d'être vraiment chez nous.
Être nous-mêmes, c'est essentiellement de maintenir et de développer une personnalité qui dure depuis trois siècles et demi.
Au cœur de cette personnalité se trouve le fait que nous parlons français. Tout le reste est accroché à cet élément essentiel, en découle ou nous y ramène infailliblement.
C'est par là que nous nous distinguons des autres hommes, de ces autres Nord-Américains en particulier, avec qui nous avons sur tout le reste tant de choses en commun. Cette «différence» vitale, nous ne pouvons pas l'abdiquer. Il y a fort longtemps que c'est devenu impossible.
Ne pouvoir vivre comme nous sommes, convenablement, dans notre langue, à notre façon, ça nous ferait le même effet que de nous faire arracher un membre, pour ne pas dire le cœur.

accrocher à fixer, relier à
découler de être la conséquence
infaillible certain, sûr

abdiquer ici: laisser tomber, y renoncer

Monument aux Québécois au parc Lafontaine à Montréal

Et si jamais nous devions, lamentablement, abandonner cette personnalité qui nous fait ce que nous sommes, ce n'est pas «les autres» qu'il faudrait en blâmer, mais notre propre impuissance et le découragement qui s'ensuivrait.
La seule façon de dissiper ce danger, c'est d'affronter cette époque exigeante et galopante, et de l'amener à nous prendre tels que nous sommes. D'arriver à nous y faire une place convenable à notre taille, dans notre langue, afin de nous y sentir des égaux et non des inférieurs. Cela veut dire qu'on doit pouvoir, chez nous, gagner sa vie et faire carrière en français. Cela veut dire aussi que nous devons bâtir une société qui, tout en restant à notre image, soit aussi progressive, aussi efficace, aussi «civilisée» que toutes les autres.
Pour parler familièrement, il faut que nous nous donnions des motifs suffisants d'être non seulement sûrs mais assez fiers de nous-mêmes.

dissiper faire disparaître

convenable raisonnable

René Lévesque: Option Québec, Éditions Typo, 1997;

Mais pour faire un pays, il faudrait gagner la confiance de tout le monde.

A ceux qui étaient là et à ceux qui nous ont suivis

J'aimerais m'adresser maintenant à certains d'entre vous, d'abord aux nouveaux arrivants. Vous êtes venus au Canada peut-être, mais vous êtes tombés au Québec. C'est plus rigolo à mon sens et riche sur le plan humain. Moi, comme des milliers d'autres descendants de colons français, et je parle en mon nom propre, moi, je vous considère comme des Québécois. Les Québécois, c'est ceux qui vivent ici maintenant, qui tentent d'y bâtir quelque chose. Ce pays est aussi le vôtre. J'ai le goût

le descendant *Nachfahre*

d'essayer de vous demander de comprendre ce qu'on veut. Le fait de nous affirmer ne vous enlèvera rien. Au contraire, il est de notre devoir de vous accueillir et vous respecter. Mais laissez-nous la chance de nous tenir debout sans écraser personne. On prend la place de personne, la nôtre seulement.
Maintenant, je voudrais parler à ceux qui nous ont vu débarquer ici il y a trois siècles. Ben oui, on est là, on va pas repartir, c'est trop tard. Je vous ferais remarquer que plusieurs d'entre nous sont venus parce qu'ils crevaient de faim en Europe, en France et en Irlande notamment. Donc, aux gens des Premières nations: je fais un raccourci mais je peux dire que vos peuples ont été infantilisés par des lois protectionnistes fédérales. Qui dit que le dialogue ne serait pas possible avec un peuple qui sait ce que c'est que d'être en voie de disparition? Essayez-nous donc! Dans tous les peuples, il y a des individus de bonne foi. À nous, à vous aussi, de désigner des émissaires qui aient l'envergure des bâtisseurs et des conciliateurs, pas des politicailleux inquiets de leur seule gloriole.
Aux anglophones maintenant, à nos anglophones. J'espère que vous n'allez pas partir, que vous allez rester, on a des amis dans la gang. Si vous n'avez pas déménagé vos petits au Canada, je présume que c'est parce que vous ne vous sentez pas bafoués et humiliés, menacés, quand votre voisine vous dit: «en français». Eh bien, ça va continuer. Vos droits ne vous seront pas enlevés. On n'a aucun désir d'écraser. On veut juste pouvoir vous côtoyer d'égal à égal.

Francine Noël, dans: Le pays en mots dits, Les Éditions Trois-Pistoles, Québec 2005, pp. 126/127

débarquer arriver
faire un raccourci dire les choses en bref
infantiliser traiter comme des enfants
être en voie de disparition *vom Aussterben bedroht sein*
de bonne foi honnête
l'émissaire (m) représentant envoyé pour négocier
l'envergure (m) grandeur d'esprit, ambition
le politicailleux expression négative pour homme politique
la gang le groupe
bafouer traiter sans respect

La nation québécoise englobe tous les Québécois

C'est durant la décennie 1980 et plus encore durant la suivante que, dans l'esprit de la majorité des Canadiens français, le vocable Québécois prit une nouvelle extension pour désigner tous les Citoyens du Québec. De l'ancienne nation canadienne-française, on glissait progressivement vers la nation québécoise.
Le Québec entend concilier diversité et identité et réaliser son intégration collective par le biais de l'interculturalisme, comme formule de compromis entre l'assimilation et la ghettoïsation: il se constituerait ainsi comme nation au singulier et au pluriel.
Je pense que la responsabilité principale incombe au groupe majoritaire Il faut faire une place équitable dans l'espace pu-

glisser ici: passer doucement
concilier combiner harmonieusement
par le biais à l'aide de
la responsabilité incombe à qn qn a la responsabilité
équitable juste

blic à d'autres groupes ethniques. Donc, partager la place avec d'autres, inscrire la vieille identité dans un cercle élargi, celui d'une francophonie.

La nouvelle nation québécoise a aboli l'affiliation exclusive à la religion catholique et aux origines (la «souche») comme critères d'appartenance. Elle se définit principalement sur le plan culturel, par la référence à la langue française comme langue officielle et, pour le reste, elle admet toute la diversité ethnique et culturelle qui caractérise la population du Québec. […]

abolir faire disparaître
l'affiliation (f) le fait d'y appartenir

La langue, ce n'est pas négociable. La langue, c'est le fond, le cœur de l'affaire. Elle est le premier étage de l'édifice que nous sommes en train de réaménager, de toute la culture nationale québécoise. Sur ce plan, je suis partisan d'une politique d'ouverture, d'une définition large de ce qu'est un Francophone. Je considère comme Francophone quelqu'un qui est capable de traiter, de communiquer en français, de participer à la vie de la nation. À partir de ce moment, je considère qu'il participe à la francophonie, qu'il en fait partie; peu importe que le français soit sa langue maternelle ou non.

Gérard Bouchard, dans: Le français au Québec, © Conseil supérieur de la langue française, Québec 2000, pp. 355/356

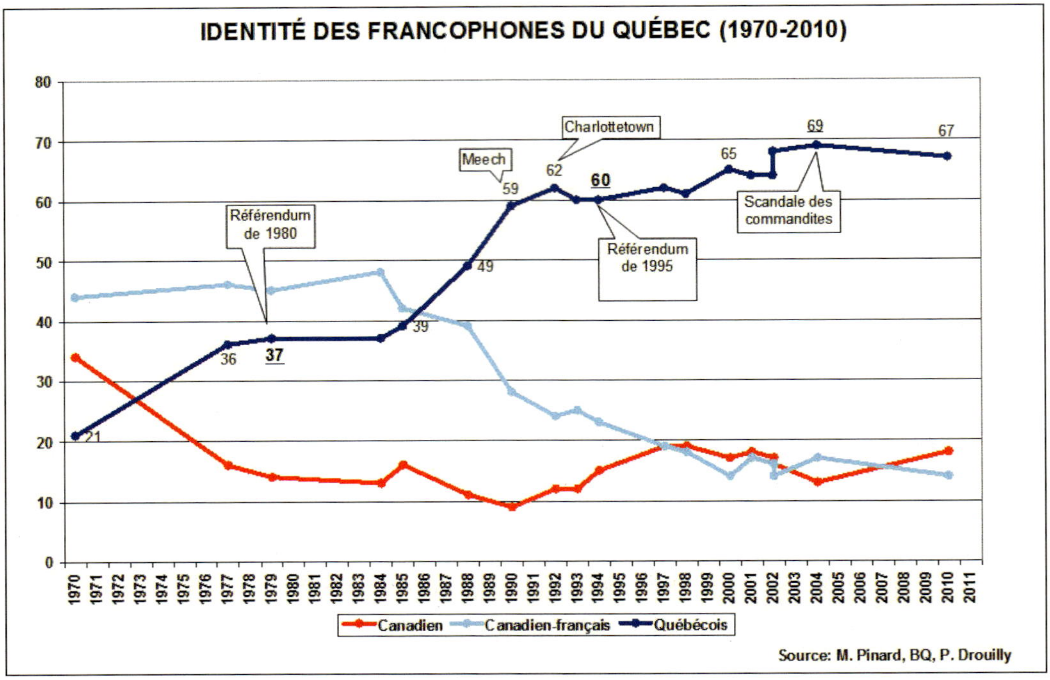

3.5 Et demain?

La discussion continue.

Haïti – Québec

la grange *Scheune*
écroulé,e détruit, tombé en ruine

Jadis, nos pères se rassemblaient pour reconstruire la grange écroulée d'un voisin. Aujourd'hui, nous nous tournons vers nos amis haïtiens et nous leur disons qu'ils peuvent compter sur notre aide. Et qu'ils pourront encore le faire lorsque le drapeau du Québec ira rejoindre celui d'Haïti dans le ciel des nations libres et indépendantes!

Pauline Marois, chef du Parti Québécois, le 16 mai 2010

Commentaires sur Internet

Le peuple haïtien dans sa grande fierté a décidé jadis de faire son indépendance avec de pauvres moyens financiers alors que nous Québécois avec tous nos moyens financiers, économiques et structurels manquons de cette fierté qui nous serait nécessaire pour faire l'indépendance et se donner un pays ...

Rédigé par Normand Carrier le 05/18 à 06:04 AM

Sans Wolfe en 1759, on serait nous aussi comme Haïti. La France nous aurait vidés de nos richesses et nous aurait flanqués là par la suite. On serait Haïti du nord. Merci Wolfe, sans le savoir, vous avez sauvé notre nation.

Rédigé par Jim Plunkett le 05/18 à 06:35 AM

Haïti n'est en aucun point un modèle d'indépendance pour le Québec car si on devient indépendant un jour, on veut quelque chose de mieux réussi qu'Haïti. Le peuple haïtien n'a jamais eu la gouvernance qu'il mérite et il n'a aucun moyen de revendiquer un gouvernement qui aurait vraiment à cœur le bien-être de ses citoyens. Malgré toutes les magouilles dans la politique québécoise, notre société a des assises beaucoup plus solides qu'Haïti. Si le peuple québécois avait saisi sa chance de se donner un pays en 1980 ou en 1995 on serait déjà en meilleure posture qu'en ce moment.

Rédigé par Denise Lauzon le 05/19 à 06:36 PM

Haïti, un pays indépendant? Sur le papier, certes, mais ... 90% de son budget vient de l'aide des pays occidentaux! Je vois plutôt une grande dépendance!

Rédigé par Robert Bouvier le 05/18 à 12:35 PM

Pauvre, indigent et mal embouché, Haïti anciennement une colonie d'esclaves, a tout de même des leçons à donner au Québec, ne serait-ce que par sa déclaration d'indépendance en 1804.
Madame la GG, Michaëlle Jean, n'a-t-elle pas également souligné «que l'indépendance cela ne se demande pas, cela se prend»? Alors prenons-nous en main et faisons en sorte de nous libérer de la tutelle anglo-canadienne ...
De concert avec nos compatriotes haïtiens, faisons du Québec une nation francophone libre et indépendante, pourquoi pas?

Rédigé par Rodrigue Guimont le 05/18 à 01:32 PM

flanquer jeter

la gouvernance façon d'être gouverné
revendiquer demander fortement
la magouille corruption, affaire malhonnête
l'assise (f) base

la posture position

occidental,e de l'ouest

indigent misérable
mal embouché manquant d'éducation
l'esclave (m) *Sklave*

la GG la Gouverneure générale du Canada

la tutelle domination
de concert ensemble
le compatriote qui vit dans le même pays

DVD

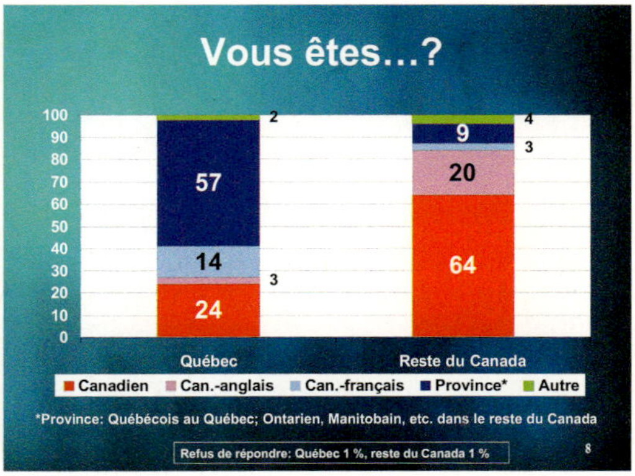

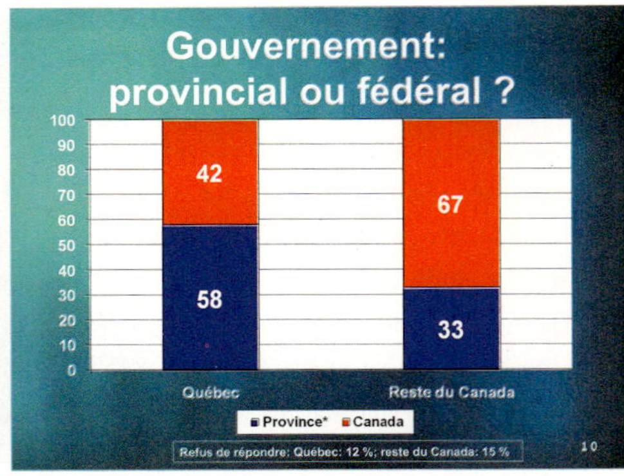

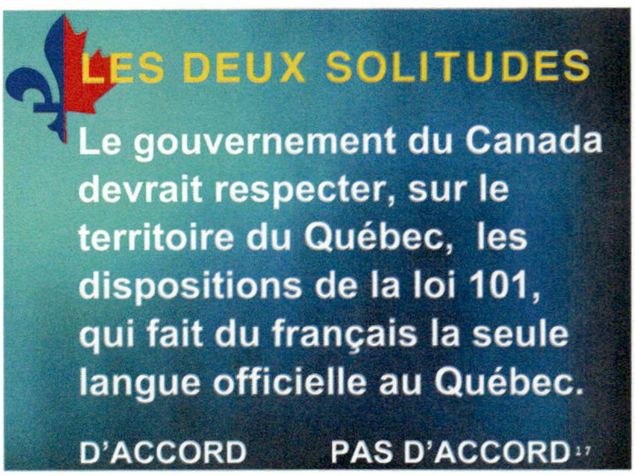

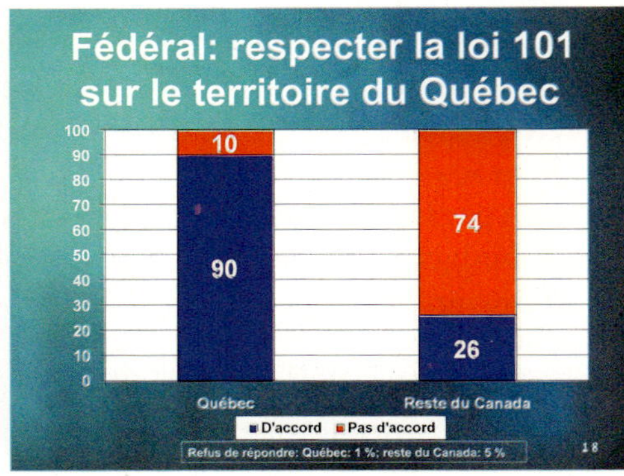

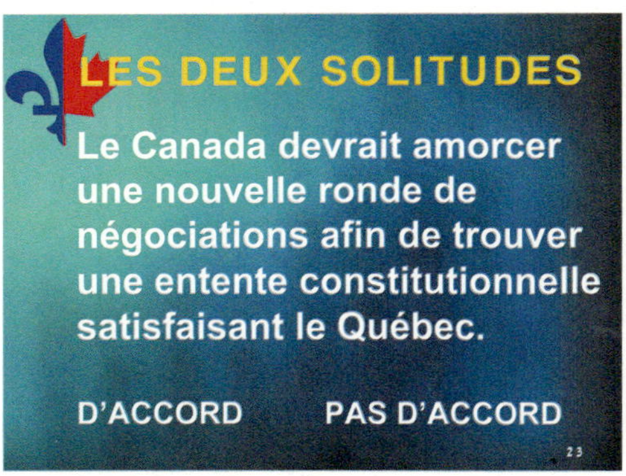

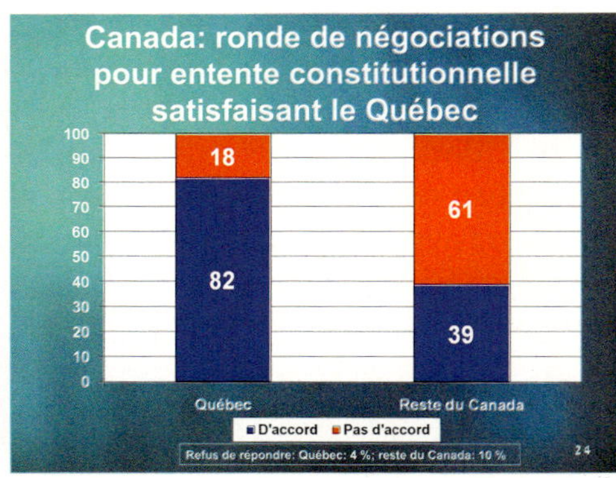

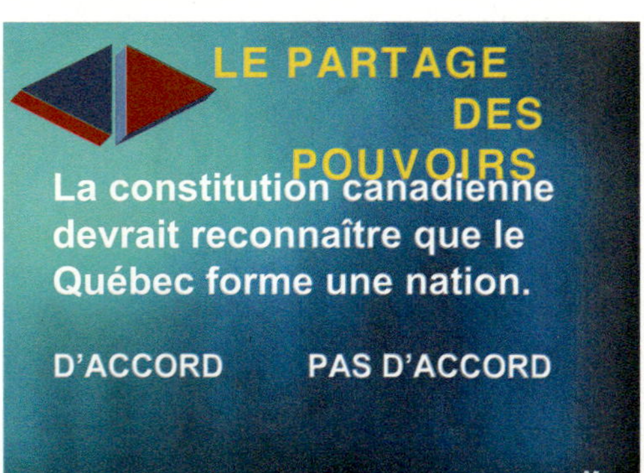

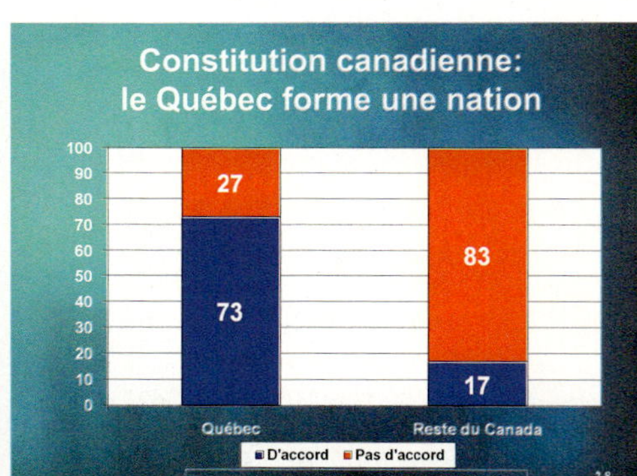

Sondage réalisé par Bloc Québécois/Ipso en mars/avril 2010

Le Québec devrait-il signer la Constitution canadienne, rapatriée contre sa volonté? «Ce serait souhaitable, mais ce n'est pas nécessaire absolument» déclare l'ancien Premier ministre canadien Jean Chrétien en 2007 et rappelle que la Bavière n'a pas non plus signé la constitution allemande.
En novembre 2006, à la demande du Premier ministre Stephen Harper, le parlement fédéral reconnaît «que les Québécois forment une nation au sein d'un Canada uni». Et il commente: «La question est simple: est-ce que les Québécois forment une nation au sein d'un Canada uni? La réponse est oui. Est-ce que les Québécois forment une nation indépendante du Canada? La réponse est non, et elle sera toujours non.»
Toujours? Certains, au Québec, ne pensent pas que c'est si sûr …

la Bavière Bayern

au sein de à l'intérieur de

Nationalistes? Entendons-nous …
S'il s'agit de penser que le Québec est une nation, pratiquement tous les Québécois francophones sont de cet avis. Par contre, seule une petite minorité sont des «nationalistes» au sens européen du terme, politiquement de droite. Les nationalistes au sens québécois, ceux qui se définissent comme Québécois d'abord, Canadiens ensuite, sont les deux tiers de la population (cf. pp. 102/103), de toutes les tendances politiques. Et les indépendantistes parmi eux – moins de la moitié de l'ensemble – se situent souvent à gauche.

Les Cowboys Fringants: Lettre à Lévesque DVD

Ta cigarette au bec
Du haut du firmament
Tu dois r'garder l'Québec
Pis t'dire que c'est ben décevant

Quand tu vois les pas bons
Et tous les p'tits carriéristes
Qui s'présentent aux élections
Comme des vrais opportunistes

Mais loin de moi, René
L'envie d'en beurrer épais
Ou de trop te glorifier
Le monde l'a déjà assez fait

Mais c'est quand même un peu dommage
De voir que de ton héritage
Il reste juste ma p'tite chanson
Pis un boulevard à ton nom

le bec *Schnabel*
le firmament ciel

pis *(FQ)* et

pas bon *(FQ)* mauvais

en beurrer épais exagérer

la contrée le paysage
le pion *Spielfigur*
la langue de bois facon de parler sans rien dire, en politique

Quand je r'garde ma contrée
Perdue et à l'abandon
Sans projet d'société
Et m'née par des pauvres pions
Champions de la langue de bois
Et du politically correct
Me semble que c'pas ça
Qu'tu voulais pour le Québec

ti-poil *(FQ)* surnom pour René Lévesque (cf. p. 112)
-tu ? *(FQ)* sert à former une question (cf. p. 111)
plat,e *(FQ)* ennuyeux
revire-toi pas *(FQ)* ne te retourne pas

Refrain
À part de ça mon Ti-Poil
La vie es-tu moins plate au ciel?
Parce qu'ici les temps sont un p'tit peu sombres
J'te dis ça d'même mais r'vire toi pas dans ta tombe

Toi qui étais au cœur
De cette grande révolution
Qui a mis l'Québec à l'heure
De toutes les modernisations

Tu dois être franchement déçu
De voir qu'on retourne en arrière
Vous qui vous étiez battus
Pour qu'on soit maîtres de nos affaires

du bout des lèvres sans le prendre au sérieux

Pour c'qui est d'la souveraineté
On peut pas dire que c'est la fièvre
Le projet s'est mal renouvelé
Et on en parle du bout des lèvres

passéiste tourné vers le passé

Mais quoique qu'à voir les extrémistes
Qui se réclament Patriotes
Avec leur discours passéiste
J'me dis qu'on est loin du jack-pot

l'enjeu (m) ce qui est important
se conscientiser devenir plus conscient

Si on r'garde ça René
Les enjeux ont bien changé
Et les jeunes se conscientisent
Faudrait écouter ce qu'ils disent
Et que pour bâtir un pays
Faudrait pas oublier d'inclure
Les citoyens des autres ethnies
Et leur culture

Refrain

Pour moi l'projet idéal
S'rait d'garder les droits acquis
Et les bases fondamentales
De la sociale-démocratie

Tout en restant vigilants
Face aux courants mondialistes
Mais bien sûr sans pour autant
Devenir anti-capitalistes

Moi j'verrais un pays
Qui ferait un compromis
Entre les mots écologie
Justice et économie

Parce que bien avant ma Patrie
Et toutes les politicailleries
J'prône les causes humanitaires
Et j'suis amoureux de la terre

Alors j'sais pas c'que t'en penses
Mais pour moi ça a ben du sens
De faire quecqu'chose de rassembleur
Qui f'rait d'nous des innovateurs
Une société plus équitable
Où l'développement serait durable
Et là c'est sûr que j'cocherais «oui»
Pour un pays ...

Facque d'ici-là j'prends c'qui m'reste
De ma fierté de Québécois
Et j'te dis, René: «À la prochaine fois!»
Et j'nous dis: «À la prochaine fois!»

Les Cowboys Fringants: *Lettre à Lévesque*, de l'album *La grand-messe;* paroles et musique: J-F Pauzé; © LA COMPAGNIE Larivée Cabot Champagne, Les Disques de La Tribu/Les Éditions de La Tribu

Cortège de la Fête nationale du Québec 2010 à Montréal

la politicaillerie les petites affaires en politique
prôner mettre avant, défendre

le rassembleur qui unit les gens

équitable juste
durable *nachhaltig*

cocher faire une croix sur le bulletin de vote

facque *(FQ)* «ça fait que», donc (cf. p. 113)

Interview avec Jean-François Lisée (3) DVD

Voyez-vous le Québec comme pays souverain dans un avenir proche ou lointain?

Écoutez, ça peut se faire dans trois ans ou ça ne peut jamais se faire. Ca peut être les deux. Il y a des gens qui disent: ah, c'est aux calendes grecques, etc., Moi je ne crois pas à ça. La dernière fois où il y avait une majorité de Québécois qui voulaient devenir souverainistes, c'est en 2005, il y a cinq ans. Et en 2002, le magazine *Times*, en édition canadienne, avait une pierre tombale sur la mort du mouvement souverainiste au Québec. OK? Alors je pense que les conditions d'une crise qui peuvent conduire à la souveraineté peuvent être unies très rapidement. Parce que le Québec n'est toujours pas dans la constitution canadienne, les raisons qui font que le Québec et le Canada sont en tension, sont toujours là, et maintenant, investissent de nouveaux champs. Alors, le champ de la laïcité contre les accommodements raisonnables, par exemple, c'est un nouveau champ qui n'existait pas il y a dix ans, et là, l'intensité de la réaction des Québécois est très forte. S'ils se décident à faire quelque chose et puis le Canada leur dit: vous n'avez pas le droit, alors que ce serait enfin moins que la France! mais alors, qu'est-ce qu'on fait dans un pays qui nous empêche de déterminer les conditions de notre vivre-ensemble?

Pour moi la souveraineté n'est pas inscrite dans l'histoire. Elle est probable, mais ça se peut que les conditions ne soient jamais correctement réunies au bon moment, avec les bonnes personnes. En 2005 tout le monde voulait s'en aller – pas tout le monde, mais une majorité – mais les libéraux étaient au pouvoir; même chose dans la dernière période de 1989 à 1994, il y avait une majorité pour partir, mais les libéraux étaient au pouvoir, on peut faire ça pendant des décennies, hein? Donc ...

Mais les gens peuvent être très surpris. Par exemple, au début de 1995, dans *La Presse*, en première page, c'était écrit: Le référendum a déjà eu lieu et il est perdu, parce qu'ils considéraient qu'il y avait aucune chance que le Québec devienne souverain et ça a fini à 50:50. Au début de 1976, M. Trudeau avait dit: le séparatisme est mort. Et le Parti québécois prend le pouvoir en novembre! Donc la situation peut évoluer très rapidement. Alors, il y a une personne qui dit ça au Québec – à part moi – c'est André Pratte, qui est du côté fédéraliste. Il a écrit récemment, je l'ai repris dans mon blogue: ceux qui croient que le scénario de 1995 ne peut pas se répéter, se trompent.

Interview réalisée par Helga Bories-Sawala

aux calendes grecques *am Sankt-Nimmerleins-Tag*

la pierre tombale pierre sur une tombe de mort

investir un champ entrer dans un domaine

la laïcité la séparation entre l'Église et l'État, entre la religion et la vie publique

André Pratte cf. pp. 91–93

4. Le français d'ici

4.1 C'est pas si pire …

Vous avez parfois entendu dire que les Québécois parlent un dialecte bizarre, incompréhensible, un mélange d'anglais et d'ancien français régional? Rassurez-vous tout de suite! Regardez les textes de ce livre, allez-vous promener sur les sites québécois sur Internet … Il vous faudra regarder très précisément pour constater les quelques expressions qui, à l'écrit, sont différentes du français de France. Par exemple: **plusieurs** en québécois veut dire ***beaucoup*** en français international.

Comme en France, peut-être même un peu plus, on aime jouer avec la langue et exploiter des double-sens.

Mais, me direz-vous, la langue parlée? Eh bien, comme partout, cela dépend des personnes et des circonstances. Allez **écouter** *(regarder)* une émission québécoise sur TV5.

Vous allez comprendre sans difficulté les présentateurs de nouvelles, mais peut-être moins les personnes interviewées dans la rue. Moins une personne a voyagé, moins elle est en contact avec des personnes qui parlent le français «international» et moins elle fait attention à sa façon de parler, plus elle a d'«accent». C'est comme cela chez vous, comme au Québec et comme dans le reste du monde. L'allemand parlé en Autriche est assez différent de celui d'Hanovre, de Munich, de Dresde, de Cologne. Pourtant c'est la même langue. Les linguistes diraient: le québécois est une variante du français.

Bien sûr, il est utile de savoir qu'un **dépanneur** est un épicier de quartier, qu'on prend un **déjeuner** (*petit déjeuner*) le matin, un **dîner** (*déjeuner*) à midi et un **souper** (*dîner*) le soir. Et vous ne devez en aucun cas parler à quelqu'un de ses **gosses!** Car ce ne sont pas des enfants comme en français de France, mais … disons que les messieurs en ont besoin de deux pour en faire, des enfants …

À part cela, pas de danger. On vous comprendra et vous les comprendrez, avec un peu de patience. Choisissez-vous même, parmi les expressions québécoises, celles qui vous plaisent ou vous semblent utiles:

pas pire *pas mal*

cave *idiot*

la blonde *petite amie, copine*

pas pantoute *pas du tout*

le chum *(petit) ami, copain*

être tanné de *avoir assez de*

le maringouin *le moustique*

plate *ennuyeux*

le bec *le baiser, le bisou*

le bicycle (parfois **bécic)** *le vélo*

se désennuyer *s'amuser*

bête *méchant*

mêlé *confus*

magané *cassé*

niaiseux *bête, stupide*

débarrer *ouvrir*

barrer *fermer à clé*

ça brasse *il y a de l'action*

la piasse *le dollar*

bibitte *insecte*

croche *de travers, mal foutu*

la sloche *neige fondue et sale*

la poudrerie *neige soulevé par le vent*

4.2 Archaïque le québécois?

Un Français qui découvre au Québec des expressions comme **tuque** *(bonnet d'hiver)* ou **chandail** *(pullover)* qui ont disparu en France, mais qui ont survécu au Québec, peut avoir l'impression que le québécois est une langue plus «vieille». On a même dit qu'elle était «archaïque». Mais, en réalité, les deux variantes de la langue française se sont développées des deux côtés de l'océan, pendant des siècles, presque indépendamment l'une de l'autre, et sont aujourd'hui modernes toutes les deux. On pourrait même dire que la variante québécoise est plus inventive, on y reviendra.

Quand les premiers colons français partent pour le Nouveau monde, au 17ième siècle, le français n'est pas parlé partout en France. Ainsi, Racine écrit à La Fontaine que dans les années 1660, il a autant besoin d'un interprète à Uzès (dans le midi de la France, où l'on parle occitan) qu'un moscovite à Paris. C'est la norme parisienne qui a traversé l'océan, mais ce sont aussi les parlers des régions de l'ouest de la France, dont étaient originaires de nombreux colons. Ces parlers étaient assez différents de la langue du roi. Ainsi, la particule «-tu» que les Québécois insèrent pour former une question: **Tu comprends-tu? Ça se peut-tu?** se retrouve dans la langue parlée de certaines régions françaises sous la forme-*ti* (*ça va-ti?* pour *ça va?*).

moscovite (m, f) habitant de Moscou

En 1720, le jésuite Francois-Xavier de Charlevoix trouve: «Nulle part ailleurs on parle plus purement notre langue. On ne remarque même ici aucun accent.»

Après la conquête, au 18ième siècle, les élites qui parlaient le français le plus soigné partent, et le contact entre le français de France et celui du Québec est presque interrompu. Ce dernier s'est enrichi de quelques éléments venus des langues autochtones, surtout pour désigner des animaux, des plantes et des lieux: **Canada, Québec, Chicoutimi, Rimouski, Tadoussac, Kamouraska** sont, bien sûr, d'origine amérindienne.

De nos jours, beaucoup de mots pour les nouvelles technologies ont été inventés au Québec, pour créer des équivalents français à des expressions anglaises comme **clavardage** (*chat*), **infolettre** (*newsletter*), **courriel** (*e-mail*) et même **pourriel** (*spam*: le courriel pour la poubelle). Certains ont été repris en France, d'autres non. Beaucoup moins moderne, l'Académie française refuse encore la féminisation des titres et professions officialisée depuis 1976 par l'Office de la langue française au Québec, où on dit: **une avocate, une ministre, une députée, une professeure, une chirurgienne, une écrivaine, la gouverneure générale.**

4.3 Êtes-vous liseux, parlable ou cave?

Le français de France connaît aussi le suffixe *-eux* pour parler d'une personne: *chanceux, paresseux*. Mais en québécois la liste de ces expressions, qui ont parfois un sens ironique ou un peu critique, est interminable, vous pourriez en inventer des nouveaux, si vous voulez.

Un **acheteux**, c'est quelqu'un qui aime faire des achats, alors qu'est-ce qu'**un liseux, un jongleux, un fêteux, un mangeux, un buveux, un parleux, un critiqueux, un disputeux?**

Un peu plus difficile: un **pouceux** voyage sur son pouce (*un auto-stoppeur*), un **têteux** cherche à se faire bien voir, par exemple de ses professeurs (*un fayot*), un **mardeux** est quelqu'un qui a de la chance, **un mangeux-de-poutine** quelqu'un qui n'a pas de goûts difficiles.

On peut jouer au même jeu avec la syllabe **-able**: quelqu'un de **parlable** (parfois prononcé **parlab'**): à qui on peut parler facilement. Mettez-y la négation et obtenez: **pas-parlable, pas-vivable, pas-sortable, pas-capable.**

Si vous n'avez pas encore trouvé votre mot québécois préféré, regardez tous ceux, familiers mais gentils, tous féminins, en **-oune**:

toutoune (*femme ronde*), **pitoune** (*femme bien tournée*), **guidoune** (*prostituée*), **poupoune** (*femme très maquillée*), **gougounes** (*vieilles chaussures*), **nounoune** (*brave fille un peu bête*), **moumoune** (*trop gâté, qui craint l'effort ou fait des manières*), **foufounes** (*fesses*), **faire la baboune** (*faire la gueule*), **minoune** (*vielle voiture*), appelé aussi **bazou**; une voiture moderne s'appelle **char.**

Et si vous voulez appeler gentiment votre meilleur ami, ajoutez simplement un **-ti** (pour *petit*) devant son nom. On a: **ti-Jean, ti-Paul**, mais aussi, quel que soit le nom de votre ami: **ti-cul** ou **ti-poil** – qui était également un surnom amical pour René Lévesque.

D'autres expressions courantes:

Ça n'a pas de bon sens ou **Ça n'a pas d'allure** *(c'est absurde, insensé, idiot)*

C'est ben d'valeur *(c'est dommage)*

Ne prends pas de chance *(ne prends pas de risque)*

Courez la chance de *(profitez de l'occasion pour)*

Et vous entendrez souvent **puis** ou **pis** pour *et*: **toi pis moi** *(toi et moi).*

Ou encore **(ça) fait que** *(donc)*: Descartes au Québec aurait dit: **J'pense, fait que chuis** *(je suis)*.
Mais il ne l'aurait pas écrit. Puisque, comme nous venons de le dire, ces québécismes appartiennent à la langue parlée. On les lit seulement dans les textes qui imitent l'oral, comme dans les pièces de théâtre en joual de Michel Tremblay (cf. extraits Modules 5 et 7, pp. 120 et 169).
Et essayez de négocier avec votre professeur(e) pour faire accepter des phrases comme **Inquiète-toi pas** ou **Je ne sais pas qu'est-ce qu'il a dit** en disant que l'on l'entend au Québec …

kesséça ?

4.4 L'accent

A quoi ressemble ce fameux accent? Écoutez les exemples sur le DVD.

Les Français aussi ont un accent

En français, il n'y a qu'en Île-de-France où l'on ne trouve aucun accent. On y parle uniquement le français. Point final et sans accent. Tous les autres ont un accent facilement repérable et quelque peu déplorable. C'est en partie ça leur problème. En français, les accents régionaux demeurent un anachronisme, une couleur locale, parfois rafraîchissante, mais qui ne peut être prise au sérieux.

Bernard Arcand, p. 11

repérable que l'on remarque facilement
déplorable regrettable, dommage

L'étrangeté de Paris tient beaucoup à l'accent des Parisiens. Vu de l'est de Montréal, l'accent parisien n'est pas très amical. D'abord, il est très fort aux oreilles étrangères; ensuite, il joue le jeu de la domination. Il écarquille les yeux, le Parisien, quand je lui dis que son accent est amusant. Il est vrai que la sonorité parisienne, dans son souci de dominer, verse souvent dans la caricature. Dans mes moments de dépression et de fatigue, il m'est même arrivé de le trouver insupportable. Comme le disait Sartre, le garçon de café à Paris joue au garçon de café de Paris. À ce titre, les Parisiens s'écoutent parler. Si vous parlez français et que vous ne montez pas dans ce carrousel de la distinction métropolitaine, manière colon, manière ancienne, ne vous surprenez pas d'être considéré comme un minable qui monte en ville. Mais cette condition de concombre, je la partage avec les Suisses, les Belges, les Provençaux, les Normands et les Bretons.

Serge Bouchard, pp. 13/14

écarquiller ouvrir très grand, par étonnement

la sonorité son, tonalité
verser dans devenir

minable misérable, lamentable

Sans accent, pas de goût. Ont-ils pensé aux affres de la fadeur, ceux-là qui, pour contourner le problème de l'accent, font la promotion d'un français standard, international, universel? Ce qui est standard est standard, le mot le dit. Impeccablement ennuyeux, sans relief. Sans odeur, sans couleur. Sauce figée. Langue irréelle que, dans la vie, je ne peux pas utiliser. Engueuler un agent de recouvrement en français universel n'est pas très efficace. À vraie vie, vraie langue. L'accent n'est rien? Ce n'est que le son de notre authentique compétence. C'est la musique de sa culture. Avoir honte de son accent, c'est avoir honte de soi et des siens.

Serge Bouchard, pp. 14/15
Bernard Arcand/Serge Bouchard: Les meilleurs lieux communs, peut-être, Éditions du Boréal, Montréal 2003

4.5 Mets ton chandail et come on

Bien sûr, le voisinage direct et massif de la langue anglaise a influencé le français québécois. Mais les anglicismes sont moins répandus qu'on ne le pense: le taux est de 1,8% pour la France, de 2,4% pour le Québec. On entend souvent des expressions comme **Oh boy, come on, bye bye** ou des formes francisées comme **bad lucké,** ou **checker.** C'est aussi l'exemple anglais qui a inspiré **crème glacée** *(glace)*, **toune** *(chanson)*, **breuvage** *(boisson non alcoolisée).*
On entend plus souvent qu'en France **excusez** *(pardon)* et quand vous dites merci, on vous répondra souvent **bienvenu(e)** ou **ça m'a fait plaisir** plutôt que *de rien* ou *je vous en prie*
Mais si l'influence de l'anglais est présente, il y a également une forte tendance à éviter des anglicismes, même ceux que le français de France a intégrés:
Fin de semaine *(week-end)*, **stationnement** *(parking)*, **magasiner** *(faire du shopping)* **chandail** *(pullover) et le plus connu:*

L'Office de la langue française veille à réduire l'influence de l'anglais en proposant des alternatives françaises à des expressions anglaises, et, s'il n'y en a pas, il en crée, comme nous l'avons vu pour le domaine des nouveaux média.

4.6 Quel francais?

Pendant la Révolution tranquille et avec le regain de fierté que cela a signifié pour les francophones, un vif débat a été mené sur la qualité de la langue. Le «Frère Untel» pense qu'il est très important de parler un français correct pour affirmer les valeurs culturelles de la nation québécoise et part en guerre contre le «joual» parlé par ses élèves.

Le maudit joual

Le mot est odieux et la chose est odieuse. Parler joual, c'est précisément dire joual au lieu de cheval. C'est parler comme on peut supposer que les chevaux parleraient s'ils n'avaient pas déjà opté pour le silence et le sourire de Fernandel. Nos élèves parlent joual, écrivent joual et ne veulent pas parler ni écrire autrement. Le joual est leur langue. On dit: «chu pas capable», au lieu de: je ne suis pas capable; on dit: «l'coach m'enweille cri les mit du gôleur», au lieu de: le moniteur m'envoie chercher les gants du gardien, etc ... Le joual est une décomposition; on ne fixe pas une décomposition.
Notre inaptitude à nous affirmer, notre refus de l'avenir, notre obsession du passé, tout cela se reflète dans le joual, qui est vraiment notre langue.
Les élèves ont reconnu qu'ils parlaient joual. L'un d'eux, presque fier, m'a même dit: «On est fondateur d'une nouvelle langue!» Ils ne voient donc pas la nécessité d'en changer. «Tout le monde parle comme ça», me répondaient-ils. Ou encore, et c'est diabolique comme objection: «Pourquoi se forcer pour parler autrement, on se comprend». Bien sûr qu'entre jouaux, ils se comprennent. La question est de savoir si on peut faire sa vie entre jouaux. Aussi longtemps qu'il ne s'agit que d'échanger des remarques sur la température ou le sport, le joual suffit amplement. Pour échanger entre primitifs, une langue de primitif suffit; les animaux se contentent de quelques cris. Mais si l'on veut accéder au dialogue humain, le joual ne suffit plus.

odieux,se *scheußlich, grässlich*

Fernandel acteur français célèbre de l'époque

la décomposition *Verwesungszustand*

diabolique digne du diable
l'objection (f) contre-argument

On est amené ainsi au cœur du problème, qui est un problème de civilisation. Nos élèves parlent joual parce qu'ils pensent joual, et ils pensent joual parce qu'ils vivent joual, comme tout le monde par ici. Vivre joual, c'est Rock'n'Roll et hot-dog, party et balade en auto, etc ... C'est toute notre civilisation qui est jouale. On ne réglera rien en agissant au niveau du langage lui-même. C'est au niveau de la civilisation qu'il faut agir.

Les insolences du Frère Untel, Les Editions de l'homme, Ottawa 1960, pp. 23–26

Pour des écrivains groupés autour de la revue *Parti pris,* au contraire, la langue française au Québec doit s'émanciper du modèle parisien et affirmer sa diversité. Ils défendent le «joual» et l'utilisent dans leurs textes, comme Michel Tremblay (voir textes pp. 120 et 169).
Aujourd'hui, le Québec pratique sa propre norme, le «français d'ici», mais qui n'est pas le «joual». Cela qui pourrait encourager d'autres francophonies, notamment en Afrique, qui sont encore au beau milieu de tels débats, à affirmer la spécificité de leur variante linguistique sans se priver de comprendre les autres membres de la francophonie ni de se faire comprendre.
Pour ce qui est du respect de la norme et de la qualité de la langue écrite et parlée, ce souci est toujours présent au Québec. Mais les Québécois ne sont pas les seuls au monde dans ce cas, c'est le moins qu'on puisse dire.

Cortège de la Fête nationale du Québec 2010 à Montréal

5. Droits, libertés et diversités

Au début du 20ième siècle les Québécois avaient la réputation, fondée ou non, d'être un «petit peuple» soumis, colonisé, se réfugiant sous la protection d'une église qui réglait les moindres détails de la vie: depuis la Révolution tranquille des années 1960 (cf. Module 2), les changements ont été énormes. Aujourd'hui, la société québécoise est l'une des plus progressistes de l'Amérique du Nord, combinant la solidarité avec les libertés, les droits de la personne et le respect des diversités.
Depuis 1975, le Québec a sa «Charte des droits et libertés de la personne».

Charte des droits et libertés de la personne

Art. 10. Toute personne a droit à la reconnaissance et à l'exercice, en pleine égalité, des droits et libertés de la personne, sans distinction, exclusion ou préférence fondée sur la race, la couleur, le sexe, la grossesse, l'orientation sexuelle, l'état civil, l'âge sauf dans la mesure prévue par la loi, la religion, les convictions politiques, la langue, l'origine ethnique ou nationale, la condition sociale, le handicap ou l'utilisation d'un moyen pour pallier ce handicap.

Charte des droits et des libertés de la personne, L.R.Q., c. 12

la reconnaissance *Anerkennung*
l'exercice (m) *Ausübung*

la grossesse le fait d'attendre un bébé

pallier *abhelfen*

5.1 Travail et équité

Le Québec est une des sociétés nord-américaines les plus «européennes» en ce sens que la solidarité sociale y est très développée. Le mouvement syndical y a très largement contribué, surtout depuis la fin de la Seconde guerre mondiale.
Même si elle n'a jamais cherché à avoir un poste de dirigeante, Léa Roback est une des personnalités politiques les plus significatives du 20ème siècle au Québec. Née en 1903 à Montréal d'une famille d'immigrants juifs polonais, elle a grandi à Beauport près de Québec, puis séjourné à New York, Barcelone et Grenoble pour se retrouver à Berlin quand les nazis se préparaient à prendre le pouvoir. Juive et devenue communiste, elle est

le mouvement syndical *Gewerkschaftsbewegung*

Fresque murale à Montréal

l'avortement (m) *Abtreibung*
la contraception *Empfängnisverhütung*

décent acceptable

obligée de rentrer à Montréal, où elle devient une pionnière du syndicalisme. Durant sa longue vie, elle a été de toutes les luttes: pour le droit de vote des femmes, le droit à l'avortement, l'accès à la contraception, contre la guerre au Vietnam, pour l'égalité des salaires, le désarmement, le droit de tous à un logement décent, à des soins médicaux et une éducation de qualité, pour la justice sociale. Libre d'esprit, elle a toujours eu le courage de ses opinions jusqu'à sa mort en 2000. Une rue à Montréal porte son nom. Nous vous présentons des extraits d'une interview de 1993.

Léa Roback

Vous étiez la seule famille juive a vivre dans un milieu canadien-français, au début du siècle, comment c'était?
Nous, on a eu la chance de demeurer avec des francophones catholiques qui nous ont connus comme juifs, mais comme ils disaient: ils sont juifs, mais c'est du bon monde. A la maison on parlait yiddish, avec nos camarades à Beauport on parlait français et on allait à Québec à l'école anglaise.

Vous avez connu Berlin, mais vraiment le Berlin des années folles où ça bougeait beaucoup, socialement et culturellement – qu'est-ce que vous gardez comme souvenirs?
Je garde beaucoup de souvenirs, parce qu'à Berlin j'ai étudié fort, et puis, j'allais au théâtre, j'avais des camarades, et il y avait vraiment une vie! ... avant la purée qui est descendue sur Berlin avec la venue d'Hitler.

Vous avez quitté Berlin en 1932, vous avez senti qu'il fallait partir?
Moi je voulais rester, ma curiosité, ch lala! Mais la personne qui était à la tête de notre cercle, a dit: toi, t'es juive, tu es une étrangère, tu seras attaquée. Quand mon prof et puis la personne de la cellule communiste ont vu la manière que les choses allaient de mal en pire, alors ils ont dit: *Lea, nach Hause!* Pars à la maison. Ici, ils disaient, ça sera pas beau. Et toi, tu es étrangère, tu fais partie du mouvement – ils vont t'attaquer, tu seras peut-être dans une prison où personne ne saura où! Alors, ils ont dit: de suite! Prends ton billet puis pars!

Le qu'en-dira-t-ton, est-ce que ça vous préoccupe? Parce que vous êtes syndicaliste, féministe, communiste, rouge, comme on dit. Ce qu'on pensait de vous, ça ne vous inquiétait pas?
Je me connaissais moi-même, je savais que je ne volerais jamais, que je ne ferais de mal à personne. Si on me fait mal, par exemple, je saurais me défendre. Mais à part de ça? Les communistes c'étaient pas des diables, c'était du monde comme vous et moi. On voulait pas changer le monde sens dessus dessous, ce qu'on voulait des meilleurs conditions pour les ouvriers. Le syndicat, c'était nécessaire, fallait pas toujours mettre cela sur les épaules du bon Dieu! Ou bien aller à l'église et demander pour l'amour, un peu plus de charité. Non, c'étaient les êtres humains, et les hommes et les femmes qui voulaient de meilleurs conditions.

Une vie sans engagement, pour vous ...
Ah, c'est pas une vie! Hein? Parlons franchement. Une personne qui se lève le matin et qui pense seulement à elle, là, qu'est-ce que je vais faire aujourd'hui ... C'est pas une vie ça! On peut pas vivre pour soi-même, ça je lai appris à la maison et c'est vrai. Quand on est en santé, quand on peut marcher et qu'on a une langue dans la bouche et sait s'en servir, il y a toujours moyen de faire quelque chose pour aider une personne.

http://archives.radio-canada.ca/societe/syndicalisme/dossiers/1177/; transcription réalisée par Helga Bories-Sawala

le qu'en-dira-t-on ce que les gens vont penser et dire
préoccuper causer des soucis

la charité aide donnée par pitié

«Voyez là-bas par la fenêtre! Regardez le firmament, il y a beaucoup de gris n'est-ce pas? Mais aussi, le voyez-vous, entre le noir gris et le gris blanc, il y a du bleu. Eh bien, moi, je me concentre sur le bleu.»
Léa Roback

le firmament le ciel

Dans les années 1970, des écrivains engagés ont parlé de la condition ouvrière dans leurs pièces de théâtre. Michel Tremblay est un des écrivains contemporains les plus célèbres au Québec. Né en 1942 à Montréal, dans un quartier populaire, il contribue à la Révolution tranquille par un renouveau important du théâtre. Son œuvre, qui comporte 26 pièces et 12 romans traduits dans de nombreuses langues, met en scène le milieu du «petit peuple» et de la vie quotidienne et l'auteur n'hésite pas faire parler ses personnages en joual (cf. p. 115). Il est question de leurs soucis matériels, de la domination par l'église, des structures familiales et des conflits que vivent des individus, y compris les «marginaux»: artistes, homosexuels, prostituées, et ceux que la société appelle «fous».

Michel Tremblay: Monologue d'un ouvrier spécialisé

écœurant très antipathique
pis *(FQ)* et
sarvir *(FQ)* servir
poigné,e *(FQ)* coincé, soumis, misérable
hostie, tabarnac, ciboire, crisse *(FQ) Schimpfwörter*
spécialisé ayant reçu une formation pour ce travail
le journalier qui est payé au jour et n'a pas d'emploi fixe
la job steadée *(FQ)* emploi fixe
watcher *(FQ)* observer, contrôler
a *(FQ)* elle
la bébelle bibelot, jouet d'enfant
s'atteler s'attacher, ici: commencer à travailler à cette machine
pus *(FQ)* plus
la loque vieux vêtement
chus *(FQ)* je suis
pas pantoute *(FQ)* pas du tout
je l'ai dans le cul! *der kann mich mal!*
suer transpirer
sacrer dire des gros mots, *fluchen*
comme un damné *wie ein Besessener*
la yeule *(FQ)* gueule, bouche
tu-suite *(FQ)* tout de suite

Ça fait vingt-sept ans que j'travaille pour c'écœurant-là ... Pis j'ai rien que quarante-cinq ans ... C'est quasiment drôle quand tu penses que t'as commencé à travailler pour un gars que t'haïs à l'âge de dix-huit ans pis que t'es encore là, à le sarvir ... Y'en reste encore trop des gars poignés comme moé ... Aujourd'hui, les enfants s'instruisent pis y vont peut-être s'arranger pour pas connaître c'que j'ai connu... Hostie! Toute ta tâbarnac de vie à faire la même tabarnac d'affaire en arrière de la même tabarnac de machine! Toute ta vie! T'es spécialisé mon p'tit gars! Remercie le bon Dieu! T'es pas journalier! T'as une job steadée. Le rêve de tous les hommes: la job steadée! Y'a-tu quequ'chose de plus écœurant dans'vie qu'une job steadée? Tu viens que t'es tellement spécialisé dans ta job steadée que tu fais partie de ta tabarnac de machine! C'est elle qui te mène! C'est pus toé qui watches quand a va faire défaut, c'est elle qui watche quand tu vas y tourner le dos pour pouvoir te chier dans le dos, sacrement! Ta machine, tu la connais tellement, tu la connais tellement, là, que c'est comme si t'étais v'nu au monde avec! C'est comme si ç'avait été ta première bébelle, hostie! Quand j'me sus attelé à c'te ciboire de machine-là, j'étais quasiment encore un enfant! Pis y me reste vingt ans à faire! Mais dans vingt ans, j's'rai même pus un homme ... J'ai déjà l'air d'une loque ... Dans vingt ans, mon p'tit gars, c'est pas toé, c'est ta machine qui va prendre sa retraite! Chus spécialisé! Chus spécialisé! Ben le bon Dieu, j'le r'mercie pas pantoute, pis je l'ai dans le cul, le bon Dieu! Pis à part de ça, c'est même pas pour toé que tu travailles, non c'est pour ta famille! Tu prends tout l'argent que t'as gagné en suant pis en sacrant comme un damné, là, pis tu la donnes toute au grand complet à ta famille! Ta famille à toé! Une autre belle invention du bon Dieu! Quatre grandes yeules toutes grandes ouvertes, pis toutes prêtes à mordre quand t'arrives, le jeudi soir! Pis quand t'arrives pas tu-suite le jeudi soir parce que ça te tentait d'avoir un peu de fun avec les chums pis que t'as été boire à'taverne, ta chienne de famille, a mord pour vrai, okay! Cinq minutes pis y te reste pus une crisse de cenne noire dans tes poches, pis tu brailles comme un veau dans ton lit! Pis ta famille a dit que c'est parce que t'es saoul! Pis a va conter à tout le monde que t'est t'un sans-cœur! Ben oui, t'es t'un sans-cœur! Y faut pas te le cacher, t'es t'un sans-coeur!

Dans: Michel Tremblay, A toi, pour toujours, ta Marie-Lou, Leméac Éditeur, Montréal, 1971, pp. 63/64

le chum *(FQ)* ami

y *(FQ)* il
la cenne *(FQ)* pièce d'un cent
brailler *(FQ)* pleurer

Des syndicats influents ont obtenu une protection des droits des travailleurs, fixée par le Code du travail. Aujourd'hui, les conflits sont réglés le plus souvent pacifiquement et démocratiquement.

le syndicat *Gewerkschaft*

Déclaration sur l'avenir du Québec

Le Québec que nous voulons sera
- une société où le français est langue commune et trait d'union avec toutes les tolérances historiques que nous avons consenties à la minorité anglophone;
- une société qui fait du plein emploi sa priorité économique;
- une société d'accueil, ouverte aux immigrants et aux immigrantes, respectueuse de leurs cultures;
- une société qui reconnaît les droits des peuples autochtones et accepte de les négocier avec eux;
- une société qui complète et améliore l'ensemble de ses services sociaux et de santé, et qui résiste aux mouvements de privatisation;
- une société qui affirme, de façon pleine et entière, le droit d'association des travailleurs et des travailleuses ainsi que la légitimité des institutions syndicales;
- une société où l'État assume un rôle économique moteur, en concertation avec les partenaires socio-économiques;
- une société qui se donne pour objectif général de lutter continuellement contre la montée des inégalités et des privilèges.

Fédération des travailleurs et travailleuses du Québec Déclaration sur l'avenir du Québec, juin 1990, pp. 5 et 7

consentir être prêt à donner
le plein emploi situation où tous ont du travail

moteur, motrice actif
en concertation en accord

Grève des fonctionnaires en 2005

5.2 Les libertés de la personne

Les femmes québécoises, qui ont eu un rôle important depuis le début de la Nouvelle-France (cf. pp. 34/35), ont été les dernières Canadiennes à obtenir le droit de vote, en 1940 seulement, après l'avoir eu de 1791 à 1849.
D'autres progrès décisifs sur le chemin de l'égalité ont été faits dans les années 1960: la contraception, le droit au divorce, l'élection d'une première femme au parlement du Québec. Depuis 1996, une loi oblige des entreprises à faire des progrès pour réaliser l'équité salariale. Parfois, les visiteurs européens sont étonnés des rapports hommes-femmes plus égalitaires que chez eux.

l'équité salariale (f) principe selon lequel les femmes et les hommes gagnent les mêmes salaires pour un travail comparable

Les relations hommes-femmes

la discorde conflit

le harcèlement *Belästigung*

Très très différents de l'Europe, les relations hommes femmes peuvent être une source de discorde et de difficulté d'intégration. Messieurs, attention à vos paroles ou blagues avec les Québécoises. Si en France ou en Belgique ces paroles passeraient pour normales, elles seront considérées ici comme du harcèlement sexuel. Les conséquences peuvent être très graves et vous conduire au mieux au poste de police local, au pire en prison. Soyez donc archi-prudents dans votre façon de vous adresser à une femme.
Vous remarquerez d'ailleurs très rapidement que le terme de «Mademoiselle» est très peu employé et qu'on lui préfère celui de «Madame» et cela même si l'on s'adresse à une adolescente. Enfin, la galanterie sera parfois perçue comme de la discrimination et du sexisme. C'est pourquoi tenir la porte ou laisser passer une femme avant vous n'est pas forcément re-

commandé. Dès votre arrivée vous serez surpris par la féminisation de tous les mots. Une écrivain sera ainsi une «écrivaine». Au Québec, les droits de l'homme n'existent pas, on parle de droits de la personne.
N'oubliez pas que ces choix sont des choix de société et que les hommes sont les premiers à s'en réjouir. N'attendez donc pas un soutien de leur part, macho que vous êtes! Enfin, évitez le sujet du féminisme, cela pourrait vous fermer bien des portes.

Ludovic Hirtzmann: Premiers contacts avec le Québec, Éditions Multimondes, Sainte-Foy, Québec 2010, p. 105

Le Québec est une démocratie comme beaucoup d'autres. Mais elle est en avance sur certains points. Ainsi, depuis 2004 (2005 dans l'ensemble du Canada), les personnes du même sexe peuvent se marier. Montréal donne un avant-goût de ce à quoi ressemble une société où les «gais» et leur culture font plus visiblement partie du quotidien.

La station Beaudry de Montréal, au village gai, est la seule station de métro au monde à afficher les couleurs gaies.

Gaieté

Que j'aime voir rue Saint-Denis les couples gais se promenant main dans la main en plein été! Qu'elle est belle à voir la liberté de s'aimer! Le degré de démocratie d'un pays ne se juge pas à ses lois mais à ceci: une main libre de tenir l'autre, le mouvement d'un bras sur une épaule, le rire sur un banc public; et l'on peut me donner tout l'or du monde: si je ne puis vivre dans un pays où tout le monde peut s'aimer, je ne veux pas même y mourir.
Il faut en outre, d'un point de vue pratique, compter tous les avantages qu'apportent les gais à une ville. Quand les hommes se permettent d'être sensibles, ils vibrent si fort que les villes en tremblent. L'esthétique, la beauté, l'imagination, la fantaisie ont soufflé sur Montréal: j'en vois les effets dans les vitrines, les bars, les vêtements. Montréal s'embellit de mois en mois et je tiens que c'est grâce aux gais. Quand je reviens d'Europe, je me réjouis, dans l'avion, des changements que je verrai sur Saint-Laurent, des nouvelles boutiques, des nouveaux restaurants, des nouvelles idées dans le Village. J'ai hâte d'atterrir, je demande au taxi d'aller plus vite, j'ouvre les fenêtres, j'écoute la radio, j'attends la fantaisie. Quelque chose est si heureux en moi de retrouver Montréal: mon plexus se dilate et mes yeux sont grand ouverts. Et chaque fois que je me réjouis si fort, je me dis: n'est-ce pas cela, la gaieté?

Hubert Mansion, dans: Guide de survie des Européens à Montréal, Ulysse, Montréal 2010, p. 93

Saint-Laurent le boulevard Saint-Laurent, cf. p. 125

le plexus ici: la poitrine
se dilater devenir plus large

Dans quel autre pays au monde le principal journal quotidien oserait-il faire une page entière comme celle-ci, à l'occasion de la Fête des mères en 2007?

C'est la Vie! Fête des Mères

mener de front faire en même temps
la maternité le fait d'être mère
l'homoparentalité (f) le fait que deux personnes de même sexe soient parents
la joke *(FQ)* la blague
le ravissement joie, enthousiasme
correct *(FQ)* sans poser de problème

Parfois, Jean-Nicolas demande dans quel ventre il a été porté. Parfois, il se demande aussi c'est qui son papa. «Toi, tu n'as pas de papa, répondent ses mamans: C'est un monsieur qui nous a aidées à avoir un bébé.» Et même deux! Merci, monsieur! Ariane, 42 ans, la maman biologique des deux garçons, et Joanne, 52 ans, sa conjointe, sont de «jeunes» mamans qui mènent de front l'apprentissage de la maternité et de l'homoparentalité.

«La joke, dit Joanne, c'est quand on raconte qu'on les a eus par ‹accident›».

Mais oui, les lesbiennes font des blagues là-dessus. Ces filles-là ont multiplié leur amour par deux. Elles découvrent avec étonnement et ravissement l'univers turbulent des garçons: «C'est surprenant, cette obsession pour les camions, les tracteurs, les trains.» Oui, tant de tigre dans le moteur, ça peut tenir occupé deux mamans plutôt qu'une seule.

«Le pire, c'est que ma mère trouve qu'ils me ressemblent», dit Joanne, qui s'est bien renseignée avant d'aller de l'avant avec ce projet de maternité: «Je me suis demandé si c'était correct pour eux. Je me suis questionnée sur le père, son absence, son rôle dans notre société. Les études démontrent que ça finit par faire des enfants comme les autres, même avec un léger avantage, justement parce que ce ne sont jamais des accidents et qu'ils sont désirés.

Josée Blanchette, Fête des Mères, dans: *Le Devoir*, 11 mai 2007, p. B 10 (extrait)

5.3 Montréalité

Presque la moitié des Québécois vivent dans la région de Montréal, qui se distingue des autres villes, y compris de la capitale de la province, Québec, par son caractère cosmopolite. En remontant le boulevard Saint-Laurent on peut faire comme un tour du monde. Appelé aussi *la Main*, cet axe est une frontière symbolique entre les quartiers anglophones à l'ouest, francophones à l'est.

Monique Proulx: Ça

C'est couché sur le trottoir. On dirait une sculpture. Off-off-ex-post-moderne. On s'approche. Ça pue quand on s'approche, ça pue et ça remue, diable! ça a des yeux. Ça tient un grand sac vert qui déborde de choses. On veut voir ce qu'il y a dans le sac. Ça jappe un peu quand on arrache le sac, heureusement ça ne mord pas. On ouvre le sac. Déboulent silencieusement jusqu'à la rue une bouteille de caribou vide, de l'argent Canadian Tire, un chandail de hockey troué, une carte périmée de la STCUM, un morceau de Stade olympique, un lambeau de société distincte, et une vieille photo, une photo de ça quand c'était humain et petit et que ça rêvait de devenir astronaute.

Monique Proulx, dans: Les Aurores montréales, Éditions du Boréal, Montréal 1996, p. 197

japper pousser des petits cris, comme un chien
débouler tomber
le caribou ici: alcool québécois
Canadian Tire magasin qui donne des «dollars» aux clients
le chandail (*FQ*) pullover
périmé qui n'est plus valable
la STCUM Société de transport de la communauté urbaine de Montréal
le lambeau morceau déchiré

Montréal double et cosmopolite

Montréal symbolise et actualise la double identité du Canada. C'est la seule ville de tout le pays qui possède ce trait. Depuis le XIXe siècle, Anglais et Français se côtoient sans trop se rencontrer. Ils se regardent de part et d'autre du boulevard Saint-Laurent. Une image: les premiers dirigent, les seconds travaillent. La population française de Montréal a introduit dans la ville deux siècles de traditions rurales d'origine française. La population anglaise est de souche immigrante, en rupture avec son passé, en quête d'un avenir prospère. Le paradoxe canadien est là. Un passé, une histoire, un fonds culturel français, un avenir, un projet anglo-saxons. La rupture est franche, nette, peut-être irrémédiable.
Jamais on ne tentera de définir une «ethnie» canadienne. Chaque Canadien ne peut afficher que l'ethnie de l'ancêtre

se côtoyer vivre l'un à côté de l'autre
en quête de à la recherche de
l'ancêtre (m) *Vorfahr*

paternel qui le premier débarqua au Canada. Des Lambert sont élevés à l'anglaise; des Ross, des Smith ne parlent que français. Des descendants d'Ukrainiens ne jurent que par la reine du Canada – et d'Angleterre. Des Cleary, des Dasilva développent la culture canadienne française. Au-delà de l'immixtion des cultures, la coupure demeure. On parle de «mosaïque culturelle». Maintenant il y a des Haïtiens, des Grecs, des Vietnamiens qui sont québécois, tantôt francophones, tantôt anglophones. Que leur importe Montcalm et Wolfe?

Le marché Jean-Talon marché dans le quartier italien (cf. plan, p. 211)
Milano, La vieille Europe, Anjou-Québec noms d'épiceries à Montréal
Le Nouvel Obs hebdomadaire français

Le marché Jean-Talon. Milano. La vieille Europe. Anjou-Québec: épicerie fine! Le cosmopolitisme de Montréal se vit comme un trip culinaire et exotique par les intellectuels et les petits bourgeois francophones. Terrasse Saint-Denis, la rue Saint-Denis, le Nouvel Obs, la rue Duluth, le Carré St-Louis, la rue Prince-Arthur. Ces lieux où se rassemble l'intelligentsia francophone servent également de décor et d'évasion exotiques aux anglophones. L'image de cette Amérique française y est consommée à grands coups de vins français, dans des restaurants appartenant à des Grecs, des Italiens, des Espagnols. Eh oui, chaque Montréalais est l'exotique de son voisin.

s'empiler se mettre l'un au-dessus de l'autre

Les communautés ethniques s'empilent, accrochées le long du boulevard Saint-Laurent. Ces faubourgs font voyager. Du Portugal à la Grèce, de là vers l'Italie en passant par Haïti. Quand l'aristocratie et l'armée française partent, l'aristocratie et l'armée britanniques s'installent à Québec; les marchands, américains, anglais, écossais, irlandais, à Montréal. Les jeux sont faits. Montréal devient le centre du principal négoce de toute l'Amérique du Nord, celui des fourrures. Des fortunes se créent. Des familles s'établissent. Toutes ou presque... sont anglaises et Montréal est à ce moment une ville... anglaise. L'élite des Canadiens français d'alors se compose d'avocats, de médecins, de curés, d'hommes de lettres ... Mais l'argent est ailleurs. C'est l'époque du chemin de fer, et celle de l'industrialisation. Terminus de toutes les lignes, Montréal est bientôt la tête, le cœur et le ventre d'un immense marché national en pleine expansion. Le Canada d'hier, celui du XIX siècle, est une réalisation montréalaise. C'est l'époque aussi des grandes migrations. Dans la campagne canadienne française, c'est l'exode. Les gens partent. Vers les États. Vers le nord-ouest. Vers l'ouest. Vers Montréal. Et Montréal redevient une ville française par le nombre, mais demeure une ville anglaise par sa puissance.

1831: Montréal n'est qu'une petite ville de 20.000 habitants. Premier développement. En trente ans, la ville atteint 100.000 habitants. L'élite anglaise s'ancre sur le versant sud du Mont-Royal, la population française autour de la cathédrale St-Jacques, à l'est du boulevard Saint-Laurent qui coupe la ville en deux, au propre comme au figuré. Les premiers immigrés s'installent au pied de ce boulevard ainsi que dans les premiers faubourgs encore embryonnaires.

au propre comme au figuré *im wörtlichen und im übertragenen Sinn*

Second développement. Un autre 40 ans, population: 300.000 habitants. Montréal se peuple de ruraux canadiens français qui se fixent dans des faubourgs limitrophes. Ils confèrent à Montréal cette façon particulière d'être une ville sans en être une. Une ville compost.

limitrophes à la limite, en marge de

Changement de siècle. Un million d'habitants. L'exode se poursuit. D'autres faubourgs. La première vague vraiment importante d'immigration étrangère. Elle s'organise en communautés ethniques. 1970: deux millions. La migration interne se fixe désormais dans les banlieues. Les vieux faubourgs se vident. Une deuxième vague d'immigration plus importante encore amène des Italiens, des Grecs, des Portugais puis des gens du Tiers-Monde. Eux aussi se glissent dans les faubourgs. Eux aussi s'organisent en communautés. Mais ils optent massivement pour l'anglais. L'équilibre entre les deux solitudes oscille.

Depuis la Seconde Guerre mondiale, la puissance anglo-saxonne a émigré vers l'ouest, vers Toronto, puis Vancouver. Comment naviguer entre un Québec qui se veut français et un Canada de plus en plus anglais, dans une ville qui commande le sort du Québec et qui a fabriqué le Canada ? Même les Anglais de Montréal revendiquent leur identité. Ils proclament leur droit d'être anglais et québécois. Décidément, dans cette ville, tout le monde est le minoritaire de quelqu'un.

Une chose est sûre. Si la possibilité d'un Canada autre qu'américain existe, c'est à Montréal qu'elle se terre. Le bouillon de culture mijote toujours. Mais quelle saveur aura la soupe?

Gilles Lavigne, dans : *Autrement* N° 60, 1984, pp. 54–57

se terrer être situé, se trouver
le bouillon de culture liquide dans lequel on cultive des micro-organismes, et au sens figuré: milieu favorable
mijoter cuire à petit feu, se développer

5.4 La vie en région

De plus en plus de communes rurales perdent de la population et se «dévitalisent» car les jeunes, partis en ville pour faire des études ou une formation, ne reviennent pas. Beaucoup de communes manquent d'infrastructures et de services, ce qui les rend encore moins attrayantes.

Cependant, le marché du travail dans les régions est relativement favorable et des efforts sont faits pour les rendre plus intéressantes pour les adolescents, les jeunes adultes et les familles: maisons de jeunes en milieu rural, offre d'animation – sports, loisirs, arts, sorties, divertissements.

Lac Taureau

coloniser développer une colonie
le curé prêtre catholique
cultivable utilisable pour l'agriculture
la main-d'œuvre *Arbeitskräfte*

Notre région a été colonisée à partir de 1863, sur l'initiative des curés Brassard et Provost. La population de la plaine du Saint-Laurent avait augmenté plus vite que la quantité de terres cultivables et les industries des villes ne pouvaient pas employer toute cette nouvelle main-d'œuvre. Le clergé du

Le lac Taureau

L'Église de Saint-Michel des Saints

Québec, inquiet de l'exode massif de Canadiens français vers Etats-Unis, appelle alors à un «retour à la terre» et entreprend la colonisation du nord québécois.

La première occupation du territoire avait été celle des Amérindiens. Avant l'arrivée des compagnies forestières, les Atikamekws avaient vécu en nomades sur le territoire. Selon le curé Brassard «les exactions des commerçants de bois les en ont éloignés pour longtemps et peut-être pour toujours». Le territoire était aussi fréquenté par les Abénakis pour chasser et pêcher.

Si on coupe du bois dans la région, c'est la faute à Napoléon! En effet, au début du XIXe siècle, Napoléon Bonaparte, empereur des Français, impose un blocus maritime à l'Angleterre pour l'empêcher de s'approvisionner en bois sur le continent européen. Dès lors, c'est ici, au Canada, que l'Angleterre viendra chercher le bois dont elle a besoin pour construire ses bateaux. Du pin, surtout. Le rivières de notre secteur offrent une excellente possibilité pour flotter le bois au printemps.

À cette époque, l'hiver, il y a plus de gens dans les chantiers de la vieille «Matavinie» que dans les villages. Une fois les foins rentrés, les patates entassées dans les caves et souvent avant même de «faire boucherie», les hommes doivent «monter au chantier». Ils sont fiers de se dire «Habitant» avec un grand «H», comme celui que les joueurs du jeune club de hockey portent sur leur chandail. En 1873, une crise économique frappe l'occident et l'industrie du bois voit sa production diminuer de moitié. Ce n'est qu'avec l'arrivée du papier journal, au début du siècle dernier, que les coupes vont reprendre.

l'exode (m) départ massif

la compagnie forestière entreprise qui coupe du bois pour le vendre
l'exaction (f) action violente

s'approvisionner se fournir, faire venir pour ses besoins

le pin *Kiefer*

les foins *Heu*
la patate pomme de terre
faire boucherie *schlachten*

le chandail *(FQ)* pullover

le réservoir hydroélectrique lac artificiel qui permet de produire de l'électricité par des turbines

inonder couvrir d'eau

les sports nautiques sports qui se pratiquent sur l'eau

l'habitant (m) celui qui vit au Canada et plus en France

Le barrage hydroélectrique

Au moment de la création du réservoir hydroélectrique du lac Taureau en 1931, la population d'un village est exilée. Très tôt cependant, des gens reviennent s'installer sur les terres non inondées. La population y augmente assez vite. Le tourisme débute seulement après 1970, lorsque le flottage du bois cesse dans la partie sud du réservoir. Les sports nautiques commencent à s'y pratiquer et de nombreux chalets sont construits sur les rives du réservoir.

Aujourd'hui le village, qui avait compté 136 habitants en 1866 et 1902 en 1950, est habité par plus de 2500 personnes qui vivent principalement des industries touristique et forestière.

D'après: Gilles Rivest: Capsules historiques, *Bulletin de l'association pour la protection du lac Taureau*, numéros 8–11

Beaucoup de familles montréalaises ont leur «chalet» dans une belle région, en pleine nature.

Un chalet

le havre le port
virevolter danser comme des papillons
épousseter enlever la poussière, faire le ménage

On appelle ça un chalet. Ce mot délicieux ne nous transporte-t-il pas immédiatement dans un havre de paix en bois, près de la petite maison dans la prairie où virevoltent et époussettent en sifflant Heidi et Romy Schneider?

Ici il y a la nature, le lac, sur lequel hurlent des bateaux à moteur dès sept heures en été, la radio des pêcheurs sur glace venus se ressourcer en hiver, et toute l'année ces petits restaurants typiques de la campagne où l'on sert la même chose qu'au MacDo.

Hubert Mansion, dans: Guide de survie des Européens à Montréal, Ulysse, Montréal 2010, pp. 177/178

6. Gens du pays

Les autochtones du Québec

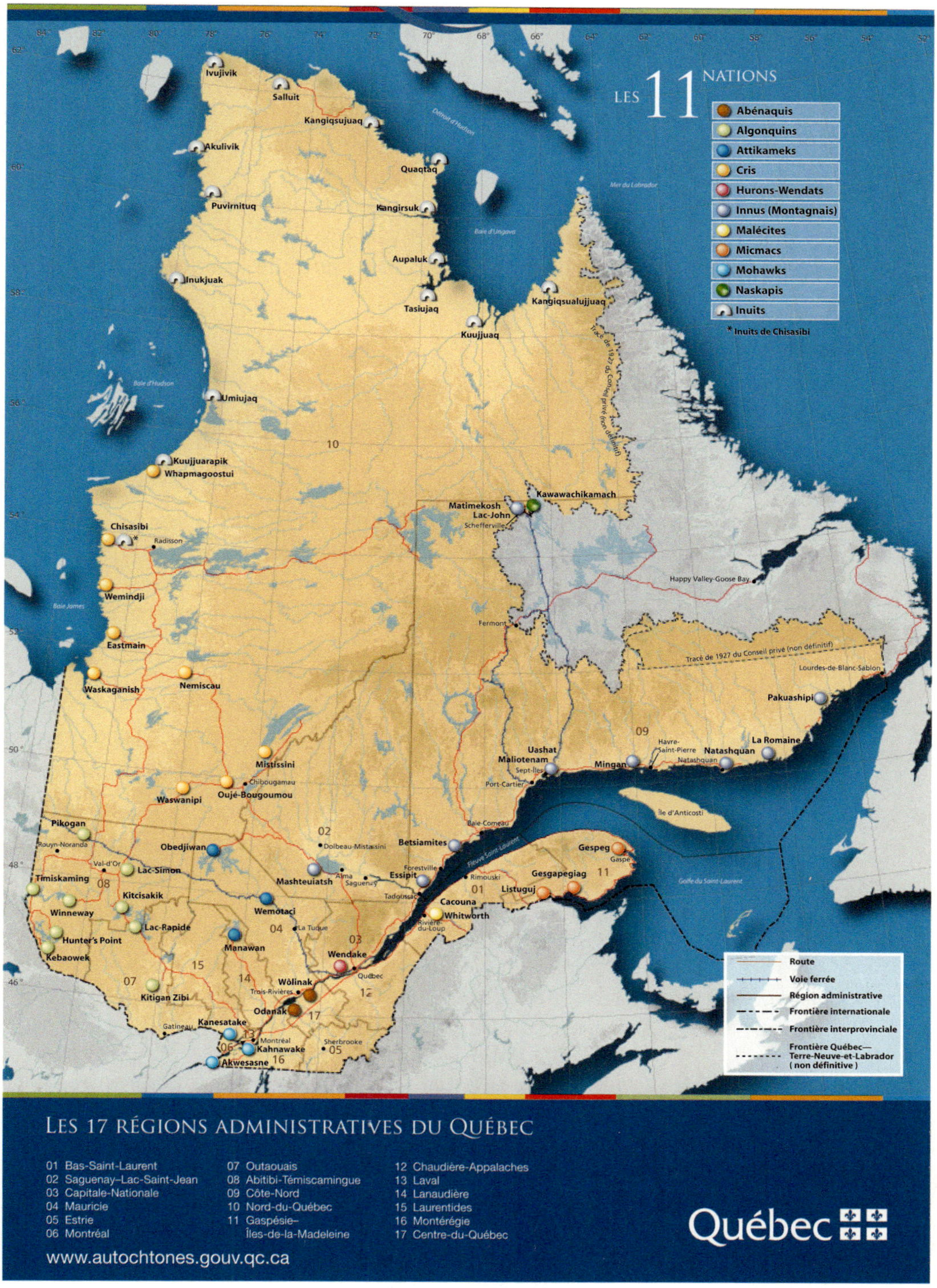

LES 17 RÉGIONS ADMINISTRATIVES DU QUÉBEC

01 Bas-Saint-Laurent
02 Saguenay–Lac-Saint-Jean
03 Capitale-Nationale
04 Mauricie
05 Estrie
06 Montréal
07 Outaouais
08 Abitibi-Témiscamingue
09 Côte-Nord
10 Nord-du-Québec
11 Gaspésie–Îles-de-la-Madeleine
12 Chaudière-Appalaches
13 Laval
14 Lanaudière
15 Laurentides
16 Montérégie
17 Centre-du-Québec

www.autochtones.gouv.qc.ca

Québec

6.1 La survivance des autochtones

Depuis le 19ième siècle, les Premières nations ont perdu leur pouvoir politique autonome au Canada. La loi sur les Indiens de 1876, modifiée en 1951 et en 1985, fixe certains droits, mais vise à une assimilation progressive. La plupart des personnes avec des racines autochtones se sont effectivement fondues dans la population. Ceux qui ont un statut d'autochtones reconnu ne forment plus que 1 % de la population du Québec, dont la moitié vit dans des réserves.
Fortement opposés à une éventuelle indépendance du Québec qui changerait leurs liens directs avec le gouvernement fédéral, ils revendiquent la reconnaissance de leurs droits territoriaux, économiques et culturels.

la reconnaissance *Anerkennung*

Nishastanan Nitassinan
(Notre terre, nous l'aimons et nous y tenons)

Qui sommes-nous? Que voulons-nous?
Le Conseil Attikamek-Montagnais (CAM), corporation légalement enregistrée, représente les intérêts des trois bandes attikamèques de la région du St-Maurice (Manouane, Weymontachie, Obedjiwan) et des neuf bandes montagnaises du Lac St-jean (Pointe-Bleue) et de la Côte-Nord (Escoumins, Bersimis, Sept-Iles/Maliotenam, Schefferville, Mingan, Natashquan, La Romaine, St-Augustin). Nous représentons donc près de 10 000 Indiens statués, soit environ le tiers de la population indienne avec statut de la province de Québec.

Nous, peuples attikamek et montagnais, étions souverains au moment de la venue des premiers Européens et de leur installation sur nos terres. Nous jouissions alors de tous les attributs d'une souveraineté pleine et entière: contrôle et exploitation de territoires et de leurs ressources, autosuffisance économique, autonomie politique. Nous avions nos institutions, notre langue, notre culture, élaborées à travers les millénaires dans une grande harmonie avec les lois de la nature. Même si aux yeux des Blancs, nous pouvions être considérés comme des populations primitives, attardées et misérables, nous étions tellement conscients de la qualité de notre système social et culturel fondé sur l'égalité de tous, que nous avons toujours refusé de le transformer radicalement au

jouir de avoir, posséder

élaborer développer

attardé qui ont du retard *zurückgeblieben*

grand déplaisir des missionnaires, administrateurs et autres entrepreneurs.

Malgré toutes les difficultés que nous avons connues, malgré le fait que nous avons été refoulés et confinés dans d'étroites réserves, nous n'avons jamais renoncé à notre souveraineté et à nos territoires que nos ancêtres ont occupés et exploités depuis des temps immémoriaux. Nous étions les maîtres absolus des terres et de leurs ressources, des lacs, des rivières et des forêts qui nous assuraient notre subsistance dans une interdépendance totale avec la nature. Nous ne pensons pas que la venue d'étrangers européens sur nos terres, même si ceux-ci furent acceptés jusqu'à un certain point par nos ancêtres, a modifié notre situation de peuple souverain sur nos territoires. Pourquoi les gouvernements blancs auraient-ils seuls tous les droits sur les terres et leurs ressources ainsi que le contrôle économique et politique? Si nous, peuples amérindiens, sommes aussi égaux que vous devant le Créateur de toutes choses, nous devons pouvoir jouir des mêmes droits que vous.

refouler repousser
confiner enfermer
immémorial,e dont personne ne garde un souvenir

Depuis que les Européens ont mis les pieds sur nos terres, nos droits les plus fondamentaux ont été constamment bafoués par eux. L'expression même de «découverte des terres neuves» représente une insulte à tous les peuples aborigènes d'Amérique qui connaissaient à fond et exploitaient ces terres depuis des millénaires. Dans cette perspective ethnocentrique, nos terres étaient à conquérir, nos peuples à civiliser selon votre système de valeurs. Malgré tous vos efforts pour nous assimiler à votre civilisation, nous avons pu y résister victorieusement tant que votre occupation de nos terres s'est limitée à la seule vallée du St-Laurent.

bafouer traiter sans respect
l'insulte (f) *Beleidigung*

Mais déjà les pêcheries sédentaires et les comptoirs de traite constituaient les avant-postes qui vous ont permis de pénétrer de plus en plus profondément à l'intérieur de nos terres pour vous en accaparer les ressources à mesure que vos besoins et votre technologie se développaient. L'industrie forestière fut la première à ouvrir ces régions et l'agriculture ne tarda pas à suivre ses traces. Le développement agricole et industriel du Saguenay Lac St-jean nous a repoussés toujours plus loin à l'intérieur de nos terres, de Tadoussac à Chicoutimi, et de là à Métabetchouan, puis à Pointe-Bleue. Nous avons été à la fois forcés d'aller de plus en plus loin pour pratiquer nos activités ancestrales et resserrés sur des territoires plus restreints.

sédentaire durable, permanent
accaparer prendre, voler
ancestral,e traditionnel

À partir des années 1920, des centrales hydroélectriques de plus en plus puissantes et des réservoirs de capacités de plus

aménager installer

en plus considérables sont aménagés sur nos terres, toujours sans se soucier de nos droits et de nos activités traditionnelles. Ils nous ont affectés profondément dans notre mode de vie et dans notre identité de peuples de chasseurs. De nombreux territoires de chasse familiaux, autrefois des plus productifs, sont ainsi devenus à peu près inutilisables. Le bien-être des hydro-québécois repose donc en fait sur notre dépossession et notre misère.

envahir entrer en attaquant

le gibier animaux chassés dans la forêt

le rouleau-compresseur *Dampfwalze*

À chaque année, pendant la belle saison et les périodes légales pour la chasse et la pêche sportive, des dizaines de milliers de «sportifs» envahissent nos terres pour pratiquer l'un ou l'autre de leurs passe-temps favoris. Nous sommes souvent obligés d'attendre leur départ à l'automne pour pouvoir réintégrer nos terres ancestrales et pratiquer nos activités traditionnelles là où ils nous ont laissé un peu de gibier et de poisson. Le bilan des effets combinés de toutes ces activités industrielles, agricoles et sportives des membres de la société dominante sur nos droits territoriaux, notre économie et notre culture reste à faire de façon approfondie, mais d'ores et déjà il apparaît évident que nous sommes les victimes de ce que vous appelez avec fierté votre «développement». Vous nous avez écrasés sous le rouleau-compresseur de votre progrès technologique.

la vexation humiliation, oppression

Après avoir accueilli amicalement les Blancs sur nos terres et subi en retour toutes les vexations que nous venons de décrire, le temps est maintenant venu pour nous de réclamer justice et d'exiger la reconnaissance de nos droits fondamentaux en tant que peuples distincts de la société blanche dominante, en tant que peuples indiens et premiers occupants de ce pays. L'essentiel de nos revendications porte sur la reconnaissance de nos droits territoriaux en tant que peuples souverains, de notre droit à prendre en mains notre propre développement économique, social et culturel.

textes à l'appui avec des preuves écrites

la revendication la demande *(Forderung)*

faire la sourde oreille refuser d'écouter

Nous pourrons facilement démontrer, textes à l'appui, que l'histoire de nos revendications territoriales n'est pas récente. Elle date de plusieurs siècles. Jusqu'à maintenant, les agents politiques et économiques de la société dominante ont toujours fait la sourde oreille. Nous exigeons maintenant qu'ils nous écoutent attentivement et étudient sérieusement nos revendications.

Nous ne voulons pas devenir des citoyens canadiens ou québécois comme tous les autres, nous voulons demeurer Indiens et conserver notre langue, notre culture, nos institutions propres. Nous croyons que nos droits de premiers occupants d'une grande partie du territoire du Québec-Labrador nous autorisent à faire ce choix. Nous pensons aussi que les membres de la société dominante doivent accepter ce choix.

Extrait de *Recherches amérindiennes,* 9:3, 1979, pp. 171–182

Un conflit à Oka, près de Montréal, en 1990, a mis l'huile sur le feu.

La crise d'Oka

Ce qui deviendra «la Crise d'Oka» prend ses origines dans les relations entre les habitants et la réserve amérindienne de Kanesatake et ceux du village d'Oka, et elle éclate le 11 mars 1990. Un barrage routier bloque l'entrée d'un certain terrain que l'administration municipale entend utiliser pour agrandir le terrain de golf d'Oka. La décision a été prise sans consulter les Mohawks, qui s'y opposent en interdisant l'accès à la route 344. Après quatre mois de crise, le 11 juillet, le problème n'étant toujours pas résolu, la Sûreté du Québec déploie près de deux cents policiers sur les lieux; l'un des leurs, le caporal Marcel Lemay, perd la vie au cours de l'affrontement. C'est l'escalade, tant sur ce front que sur celui de la réserve de Kanawake, située sur la rive sud de Montréal où, par solidarité, la route 132 est bloquée par les Mohawks. L'armée canadienne prend le relais de la Sûreté du Québec et ce n'est qu'après de longues négociations que la crise prend fin le 26 septembre 1990.

En 2002, le gouvernement québécois a signé avec les Cris de la Baie James un important accord, appelé «la paix des braves».

Samian et Loco Locass: La paix des braves DVD

Dans une ville appelée Kapak, lieu de débarquement, mes ancêtres ont fait leur pack sac pacifiquement,
Sur l'Anikana, en route au nord du Canada, (Canada, Canada, Canada)
Samian, Loco Locass, il était temps que l'union se fasse, qu'on remonte la vraie histoire pour qu'on puisse y faire face,
On veut mettre un pont entre les nations, confondre la culture, ignorer les préjugés, laisser parler la nature

le pack sac ici: baggage

faire face à prendre conscience de

La barrière entre les peuples, on veut plus la casser, on en a plus qu'assez, on est placés pour parler,
On remonte le temps dans le pantalon de Christophe Colomb qui découvre l'Amérique et tous ces peuples qui y habitent
On était pacifiques et encore, même aujourd'hui, un homme blanc sur l'Atlantique qui rêvait de faire son pays,
On fume le calumet de paix, sans rancune, on est capables de rester vrais même si on porte plus de plumes

la rancune envie de se venger

L'union de deux nations freine l'ignorance,
Pousse les connaissances avec un peu de reconnaissance
Mon histoire et la tienne, ça fait deux,
Je fais partie de deux peuples, donc je finirai comme l'un d'eux

Refrain
Hochelaga, Stadaconé, on débarque en rabaska cette année, on a décidé de se métisser,
Parce qu'on a retissé l'alliance en Nouvelle-France, entre autochtones et francophones
Mamawintiwin mi iima eiji mackawisiak, mackawisiak, eawiakowiak, etitentakosiak,
C'est en mêlant le son qu'on scelle le pacte

le rabaska grand canot d'écorce algonkien
se métisser se mélanger
sceller un pacte fixer, confirmer un contrat

De l'Europe à l'Amérique, j'ai traversé l'Atlantique à cette époque épique, au pays du porc-épic,
La maladie du scorbut scorait droit au but et c'est aux premières nations que je dois ma guérison
Raquette, canot, boucane, tisane et toboggan, l'authentique Autochtone enseigna au profane
La science de la savane, sans se douter qu'en filigrane, la soutane mégalomane allait lui casser le crâne

le porc-épic *Stachelschwein*
scorer au but *(FQ)* marquer un but (sport)
la raquette chaussures pour marcher dans la neige
la boucane viande séchée et fumée
le toboggan traîneau, luge
la soutane vêtement d'un prêtre catholique
mégalomane qui se croit le plus grand de tous
le crâne *Schädel*

Pour les Amérindindiens, en Amérique, il y a deux choix: soit on les abat comme aux États,
Ou bien soit on les réserve comme au Canada, mais réserve ou abat, le problème demeure le même
Car tombent une à une les quilles de leurs emblèmes, les visages pâles peuvent ben devenir blêmes,
Désolé pour le passé, à présent, qu'est-ce qu'on fait? allume le calumet, qu'on fume pour la grande paix

abattre tuer
la quille *Kegel*
le visage pâle *Bleichgesicht*
blême pâle
le calumet pipe qu'on fume en signe de paix

Refrain

Je m'excuse si je t'excise, tu meurs pas, ou si oui, ta mort est exquise,
Pas de taxe, on te plume pas, on te préserve dans l'alcool, on te fume dans le tabac,

exciser blesser

J'appelle ça de la taxidermie – de la quoi ? – Parles-en à Renée Dupuis-Morency,
Christ! L'ignorance crasse me laisse un goût ranci, vite, faut que je me rince sous les chutes Montmorency
Oui maman, oui, j'me souviens que nous fumes les premiers touristes en ce pays,
Qui paya sa survie à rendre ses esprits qui ont le souffle court, et nous, les cœurs épris,
Trop pris, tellement pris qu'ils sont Pharmaprix, ah ha, le karma crie
Algonquins, Innus, Attikameks du Québec, si on allumait le calumet qu'on fumait pour la grande paix?

Refrain

Samian et Loco Locass: La paix des braves, de l'album: Face à soi-même • Musique: Chafiik et Black bears singers (Manawan) • Paroles: Samian, Biz et Batlam • Avec l'aimable autorisation de Disques 7ème Ciel

la taxidermie transformation d'animaux morts pour les conserver comme s'ils étaient encore vivants
ranci,e *ranzig*
les chutes Montmorency chutes d'eau près de la ville de Québec
épris,e amoureux
Pharmaprix une chaîne de magasins au Québec

Monique Proulx: Rouge et blanc

Je ne me suiciderai plus. Je te le dis à toi, Aataentsic, mère de l'humanité qui as fait la terre et qui prends soin des âmes, je vivrai dorénavant aussi longtemps que la vie acceptera de rester en moi, j'apprendrai à caresser ma haine et ma rage jusqu'à ce qu'elles s'assoupissent comme des souris inoffensives.

Déjà, moi qui ne parlais pas, j'ai trouvé les mots pour convaincre le médecin de me laisser sortir. Il suffisait de peu de mots, mais il fallait les choisir rapidement parmi ceux qu'ils savent entendre ici. J'ai dit que je retournais à Kanahwake où m'attendent les miens, j'ai dit qu'il existait chez moi des cercles guérisseurs bien plus puissants que tous les antidépresseurs de sa médecine. Et après, je me suis excusée de mon indélicatesse, en le regardant dans les yeux comme ils le font ici avec tant d'impudeur. Quand ce médecin aux cheveux blanchis par autre chose que la sagesse m'a demandé finalement pourquoi j'avais voulu mourir, j'ai dit sans rire que j'avais eu un chagrin d'amour. C'était la réponse et l'image qu'il espérait obtenir, l'image d'une jeune femme universelle malmenée par l'amour plutôt que celle d'une sauvagesse sans âge ravagée par la haine.

Il a été si facilement vaincu que j'en ai éprouvé plus de gêne que de fierté, moi qui croyais exaltantes les victoires pour n'en avoir connu aucune. En sortant de l'hôpital, j'ai regardé le soleil qui brillait calmement, chaud et vivant malgré tout ce

se suicider se tuer soi même
dorénavant à partir de maintenant
s'assoupir s'endormir
le guérisseur médecin traditionnel chez les autochtones
l'antidépresseur (m) médicament contre la dépression
l'indélicatesse (f) manque de politesse
l'impudeur (f) manque de pudeur, de réserve
le chagrin d'amour *Liebeskummer*
exaltant,e passionnant

qu'il a vu. J'ai su pour la première fois que j'avais vingt-cinq ans et que la haine ne fait pas survivre.

se blottir se serrer

Je ne retourne pas à Kanahwake. Je reste ici à Montréal, dans cette vieille Hochelaga où vivaient mes ancêtres blottis aux flancs de la montagne. Je choisis d'infiltrer ceux qui n'en finissent plus de nous conquérir.

ciller *mit der Wimper zucken*

Je veux nous voir comme ils nous voient. Je veux mettre leurs yeux froids dans mes yeux pour regarder ce que nous sommes devenus, sans ciller et sans m'effondrer.

la contrebande *Schmuggel, Schwarzhandel*

mater combattre

Nous sommes devenus des clochards, ô Aataentsic notre mère. Nous sommes sans abri dans nos réserves humiliantes, et l'esprit qui faisait notre force s'écoule goutte à goutte hors de nous, épuisé. Nous sommes pauvres parmi les pauvres, attachés comme du bétail mal aimé à des morceaux de roches où il fait si soif que nous ne pouvons que boire. Nous mendions en rougissant des casinos, des droits de contrebande, de l'argent, des matières desséchantes qui tarissent l'âme. Nos guerriers sont devenus si faibles qu'ils battent leurs femmes au lieu de mater leurs peurs. Nous regardons la télévision pour voir souffrir nos frères éloignés à Davis Inlet, à Goose Bay, à Calgary, nous regardons la télévision pour rêver maintenant d'être des cow-boys plutôt que des Indiens. Nous donnons partout le spectacle de l'humiliation dont on finit par mourir, mais si lentement que personne ne voit plus qu'il s'agit de mort.

Je veux voir avec leurs yeux comment ils arrivent à nous condamner au lieu de nous plaindre.

Il est vrai qu'ils sont les vainqueurs et que nous sommes ennemis. Nos voies parallèles ont été forcées de se rencontrer, et ni eux ni nous n'en serons jamais heureux. Nous sommes ennemis, comme l'eau versée sur le feu qui brûle: c'est une pensée qui ne me quittera jamais, même quand je m'assoirai à leurs côtés dans leurs autobus et leur métro, quand j'achèterai leur viande et que je sourirai aux moins endurcis parmi eux.

échoir arriver

Je veux goûter le salé de leurs larmes, lorsqu'ils pleurent l'injustice qui leur échoit depuis cent ans et oublient la nôtre qui dure depuis des siècles. Je veux écouter leurs tribunes téléphoniques à la radio et lire leurs journaux. Je veux absorber tous leurs discours pour mesurer leur animosité et leurs faiblesses. Je veux apprendre à parler vite et fort comme eux, en écrasant d'avance les arguments de l'autre. Je veux les contempler, prisonniers du mirage de leurs corps et de leurs biens périssables, en train de planer au-dessus du vide qui remplace leur âme.

Je veux comprendre pourquoi ils nous ont vaincus.

Quand je retournerai parmi les miens, j'aurai leur force en plus de la mienne, et je saurai peut-être cette fois-là regarder les enfants de Davis Inlet inhaler de la colle sans me suicider. Le temps est venu de revêtir un cœur de guerrier, endurci par la pureté et la vigilance, armé de forces naturelles au lieu de choses qui tuent. Nous ne survivrons pas dans leurs sillons qui défigurent la terre, où chaque graine semée devient violence et égoïsme, nous ne survivrons pas sans retrouver notre voie. Ils font partie du plus grand combat de notre existence. Le plus grand combat de notre existence se tient à leurs côtés, dressé comme un mur de granit contre lequel nos mains saignent et se désespèrent. Jamais le danger n'a été aussi considérable, jamais dans notre longue survie disputée au carcajou, à la famine, au froid intense, à des ennemis aux armes plus directes et sanguinaires. Le temps est venu d'affronter le temps lui-même, de nous adapter à la vie qui a changé de visage. Il n'y a pas d'autre endroit où fuir. Cette terre bruyante peuplée de créatures bavardes et ces forêts sans arbres sont tout ce qui nous reste: il faut apprendre à y enfouir de nouvelles racines ou accepter de disparaître.

C'est pourquoi je te prie ce soir, Aataentsic notre mère sans visage en qui j'ai cessé longtemps de croire. Ce soir, ma prière te fait exister, et les larmes qui coulent de mes yeux ne sont pas: larmes de faiblesse mais de recommencement. J'ai suspendu au-dessus de mon lit l'attrape-rêve mohawk légué par mon père, fait de crânes d'ours et de plumes d'aigles plus puissants que les somnifères. Toutes les magies ne seront pas superflues pour traverser sans cauchemar les nuits qui viennent. Mais il y a tant de jours entre les nuits, tant de jours à me tenir debout dans, leur Montréal, à apprivoiser la colère et à contourner les obstacles.

Aide-moi, ô Aataentsic, à demeurer un être humain.

Dans: Monique Proulx: Les Aurores montréales, Éditions du Boréal, Montréal 1996, pp. 193–196

Davis Inlet communauté autochtone de Terre Neuve, tristement célèbre pour ses problèmes sociaux

le carcajou animal connu pour son grand appétit *(Vielfraß)*

sanguinaire violent, qui fait couler le sang

le crâne *Schädel*
l'ours (m) *Bär*
l'aigle (m) *Adler*
le somnifère médicament qui fait dormir
le cauchemar mauvais rêve
apprivoiser maîtriser, dominer

Fresque murale au centre-ville de Montréal, un peu délabrée. La nature, les animaux, les oiseaux et la civilisation autochtone sont menacés par l'agressivité des activités des Blancs: coupe des arbres, constructions de barrages, avions.

6.2 Les «Anglos»

Formant autrefois la couche dominante de la société québécoise, les anglophones ont vécu la perte de leurs privilèges pendant la Révolution tranquille et avec les lois linguistiques des années 1970. Cependant, ils ont conservé leurs écoles, hôpitaux, et deux universités importantes. Et une partie de la vie culturelle à Montréal, où habitent la plupart d'entre eux, fonctionne en anglais. Les jeunes anglophones sont d'ailleurs le groupe le plus bilingue de tout le Canada: 80% déclarent parler les deux langues. Aujourd'hui le nombre des anglophones augmente de nouveau légèrement.

Dans le quartier Snowdon à Montréal

Les anglophones ne se considèrent souvent pas comme une minorité au Québec, mais plutôt comme des Canadiens anglophones, appartenant à la très grande majorité de leur pays, le Canada.

Les Québécois cités en exemple

Les francophones des environs de Bruxelles rêvent des droits des anglophones du Québec

Paris — Alors que les tensions linguistiques montent en Belgique, les francophones des communes entourant la ville de Bruxelles réclament d'êtres traités à l'image des anglophones du Québec. Ils ne réclament rien de moins que les droits dont jouissent depuis toujours les anglophones du Québec. «Je pense que si les francophones de la périphérie bruxelloise bénéficiaient des droits qui sont reconnus aux anglophones du Québec, nous serions largement preneurs!» déclarait Olivier Maingain dans l'édition de mardi du quotidien La Libre Belgique. Pour le président des Fédéralistes démocrates fran-

réclamer demander

jouir de avoir, posséder

être preneur être d'accord

cophones (FDF) membres du Mouvement réformateur, le premier parti politique francophone belge, il ne semble pas faire de doute que «les Québécois sont de grands démocrates» et qu'ils «accordent un grand respect à leurs minorités».
Maingain en veut pour preuve que «sur tout le territoire du Québec, la minorité anglophone a le droit d'être traitée dans sa langue lors de ses démarches administratives. Cette minorité anglophone a droit à un enseignement du primaire à l'université en anglais. Ils ont également droit à un réseau de santé publique en anglais, ils ont ce que devraient avoir les francophones de Flandre.»

le réseau *Netz*

Christian Rioux, Les francophones des environs de Bruxelles rêvent des droits des anglophones du Québec, dans: *Le Devoir*, 15 avril 2010

6.3 Les communautés culturelles

Le Québec est une société avec une longue et importante tradition d'immigration. Celle-ci est favorisée puisqu'elle assure l'avenir économique et démographique.
La société québécoise accueille beaucoup d'immigrants et ils comptent pour 50% de la croissance démographique de la province. 90% s'installent dans la grande région de Montréal, qui est déjà une mosaïque des cultures du monde. En 2006, la population immigrée représentait 31% de la population montréalaise. Les immigrants viennent d'Afrique (30%), d'Asie (30%), d'Europe (20%) et des Amériques (20%). Parmi les nouveaux arrivants, 83% n'ont ni l'anglais ni le français comme langue maternelle – l'avenir du français au Québec dépend donc de leur intégration dans une société francophone.
Contrairement au début du 20ième siècle, où les écoles francophones admettaient seuls les enfants catholiques – c'est pourquoi certaines communautés traditionnelles, comme celle des Juifs, sont majoritairement anglophones – la loi 101 oblige aujourd'hui les enfants immigrés à fréquenter les écoles en français (cf. p. 78). De grands efforts sont faits pour leur intégration et des études récentes ont montré que les enfants de parents immigrants réussissent mieux à l'école que la moyenne des enfants québécois.

Merci au Québec

Nous avons fait ce que la plupart des Européens n'osent pas faire: nous avons émigré, nous avons tout laissé tomber en Europe et nous sommes venus. Non pas à cause de la guerre, de la misère ou de la politique; mais nous sommes tous venus pour une raison particulière, fiscale, sentimentale, financière. Peu importe: tous les émigrés ont une histoire secrète et elle leur appartient. Beaucoup d'entre nous, quand on leur a demandé à la douane ce qu'ils avaient à déclarer, auraient pu dire: j'ai à déclarer que la vie est injuste et que je viens en faire une nouvelle.

On l'a fait. À midi, il est déjà six heures en Europe, nous vivons quand ils dorment. Et toujours, ici, c'est cette luminosité de ce ciel immense qui nous fait dire à tous, je l'ai fait et j'avais raison. Ça n'a pas été facile. Ceux qui nous jugent nous envient. Ils trouvent que, pour nous, c'était facile. C'est toujours facile pour les autres. Mais nous, on l'a fait. On a pris larmes et bagages et on est partis.

Qui d'entre nous regrette d'être ici? Personne. Alors merci à tous ces gens du Québec que nous venons envahir et qui n'ont rien demandé, merci à leur gentillesse peut-être unique au monde. Merci à la neige pour les Noëls blancs, merci aux écureuils de nous émerveiller, merci aux dépanneurs, aux taxis, aux parcs et aux fontaines. Du fond du cœur, merci. Mais comment fait-on pour mémoriser son code postal?

Hubert Mansion, dans: Guide de survie des Européens à Montréal, Ulysse, Montréal 2010, pp. 184/185

Rater son immigration

Quelques conseils pour rater votre immigration:

- rester avec des compatriotes;
- rappeler aux Québécois qu'en Europe c'est comme ça;
- se plaindre de la nourriture;
- ne pas tolérer le féminisme;
- oublier le politiquement correct.

Ludovic Hirtzmann: Premiers contacts avec le Québec, Eds. Multimondes, Sainte-Foy, Québec, p. 79

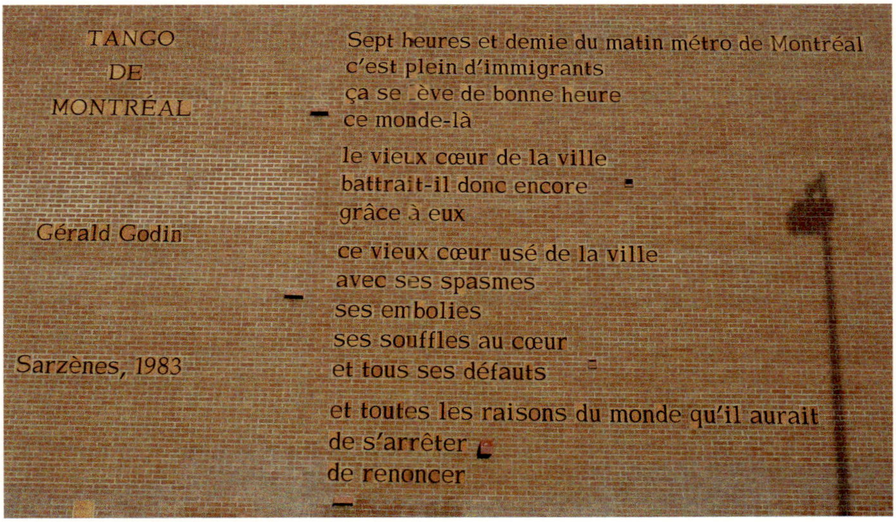

Mur près du métro Mont-Royal à Montréal

Quelle ville en Europe rendrait hommage à leurs immigrés?

Monique Proulx: Gris et blanc

Je t'écris, Manu, même si tu ne sais pas lire. J'espère que ta vie se porte à merveille et que les rochers de Puerto Quepos se dressent fièrement quand tu nages dans la mer. Nous sommes installés, maintenant. Nous avons un sofa, un matelas neuf, deux tables, quatre chaises droites presque de la même couleur et un réfrigérateur merveilleux qui pourrait contenir des tortillas en grand nombre. Je dors sur le sofa, à côté du réfrigérateur merveilleux. Tout va bien, je me réveille souvent parce que le réfrigérateur ronfle, mais le chemin vers la richesse est rempli de bruits qui n'effraient pas l'oreille du brave. De l'autre côté de la fenêtre, il y a beaucoup d'asphalte et de maisons grises. On voit des autos qui passent sans arrêt et ce ne sont jamais les mêmes, Manu, je te le dis sans me vanter.

effrayer faire peur

Ça s'appelle Montréal. C'est un endroit nordique et extrêmement civilisé. Toutes les autos s'arrêtent à tous les feux rouges et les rires sont interdits passé certaines heures. Il y a très peu de guardias et très peu de chiens. Le mot «nordique» veut dire qu'il fait froid comme tu ne peux pas imaginer même si c'est seulement novembre. En ce moment, j'ai trois chandails en laine de Montréal sur le dos, et mamá se réchauffe devant la porte ouverte du four qui appartient au poêle qui est grand et merveilleux, lui aussi. Mais on s'habituera, c'est sûr, le chemin vers la richesse est un chemin froid.

le chandail *(FQ)* pullover

Ce ne sera pas encore ce mois-ci que tu pourras venir, mais ne désespère pas. Je fais tous les soirs le geste de te caresser la tête avant de m'endormir, ça m'aide à rêver de toi. Je rêve qu'on attrape des lézards ensemble et que tu cours plus vite que moi sur la grève de Tarmentas et que la mer fait un grondement terrible qui me réveille, mais c'est le réfrigérateur.

Il y a une mer ici aussi, j'y suis allé une fois en compagnie de mon ami Jorge et c'est très différent. La mer de Montréal est grise et tellement moderne qu'elle ne sent pas les choses vivantes. J'ai parlé de toi à Jorge, je t'ai grossi d'une dizaine de kilos pour qu'il se montre plus admiratif.

Voici comment se passent mes journées ordinaires. Il y a des moments comme se lever, manger et dormir, qui reviennent, souvent et qui partent vite. Il y a les deux épiceries de la rue Mont-Royal, M. Dromann et M. Paloz, qui m'engagent pour faire des livraisons. Je sais déjà plein de mots anglais, comme *fast, fast*. Le reste du temps, je suis à l'école, c'est une grande école grise avec une cour en asphalte grise et un seul arbre que j'ai à moitié cassé quand j'ai grimpé dessus. Les moments d'école sont les pires, bien entendu, j'essaie de retenir seulement les choses qui peuvent servir plus tard.

Le dimanche, avec Jorge, on fume des cigarettes et on marche, on marche. On peut marcher extrêmement longtemps, à Montréal, sans jamais voir d'horizon. Une fois, comme ça, en cherchant l'horizon, on s'est perdus et la *guardia civile* nous a ramenés très gentiment à la maison dans une auto neuve et j'ai pensé à toi, mon vieux Manu, qui aime tellement courir après les autos neuves pour faire peur aux touristes.

Je ne veux pas que tu croies que la vie n'est pas bonne ici, ce ne serait pas vrai complètement, il y a des tas de choses que je vois pour la première fois, et l'odeur de la richesse commence même à s'infiltrer dans notre pièce et demie. Hier, nous avons mangé des morceaux de bœuf énormes, Manu, et d'une tendreté comme il n'y en a pas à Puerto Quepos, je t'en envoie un échantillon bien enveloppé. Ce qui me dérange le plus, car je ne veux pas te mentir, c'est le côté nordique de la ville, et le gris, qui est la couleur nationale. Mamá, elle, est surtout dérangée par les toilettes des magasins, c'est là qu'elle travaille et qu'on la paie pour nettoyer. Si tu voyais ces magasins, Manu, ils ont des magasins que tu dirais des villages en plus civilisé et en plus garni, tu peux marcher des heures dedans sans avoir le temps de regarder tous les objets merveilleux que nous nous achèterons une fois rendus plus loin dans le chemin vers la richesse.

Mais la chose de ce soir, la chose dont il faut que je te parle. Mamá nettoyait le réfrigérateur et par hasard elle s'est tournée vers la fenêtre. C'est elle qui l'a aperçue la première. Elle a

le lézard *Eidechse*

s'infiltrer entrer secrètement

l'échantillon (m) *Kostprobe*

poussé un cri qui m'a fait approcher tout de suite. Nous sommes restés tous les deux longtemps à regarder dehors en riant comme des êtres sans cervelle.
La beauté, Manu. La beauté blanche qui tombait à plein ciel, absolument blanche partout où c'était gris. Ah, dure assez longtemps, Manu, fais durer ta vie de chien jusqu'à ce que je puisse te faire venir ici, avec moi, pour jouer dans la neige.

Dans: Monique Proulx: Les Aurores montréales, Éditions du Boréal, Montréal 1996, pp. 7–9

Monique Proulx: Jaune et blanc

à Ying Chen

Tu avais raison, grand-mère, les lieux sont des miroirs poreux qui gardent les traces de tout ce que nous sommes. Lorsque nous regardions ensemble les jardins de l'autre côté du Huangpu, à Shanghai, je ne voyais de mes yeux trop jeunes que des paysans et des platanes agités par le vent, alors que tes yeux à toi plongeaient sous les arbres et les humains affairés et ramenaient à la surface des images invisibles.
Je sais maintenant que tous les lieux parlent, grand-mère, les jardins et les rues de Shanghai, les tramways et les autobus, les maisons et les montagnes, et même les magasins.
C'est un magasin qui m'a révélé ce que serait ma vie à Montréal, un magasin semblable à un archipel aux îlots surpeuplés, dont les foules denses sont formées d'objets plutôt que d'êtres vivants, un magasin au nom étrange qui ne fournit aucun indice sur son contenu: Canadian Tire.
Je plantais des dahlias dans le jardin de mon nouveau propriétaire, et je voulais les soutenir avec un tuteur. Je suis entrée dans ce Canadian Tire pour acheter rapidement un morceau de broche ou de bois, et je n'en suis sortie que trois heures plus tard, l'esprit ployant sous l'encombrement et les mains vides.
Les choses de ce magasin, grand-mère, courent à perte de vue dans des allées plus larges que des ruelles et grimperaient jusqu'au ciel si le plafond ne venait interrompre leur escalade. Elles sont rouges, grises, jaunes, vertes, grandes, petites, allongées, rondes ou rectangulaires, et pourtant on dirait qu'elles se ressemblent toutes, et plus le regard cherche à les distinguer les unes des autres, plus elles se multiplient et se dérobent et se fondent à l'infini en un seul objet monstrueux, aux parties innombrables et à l'usage mystérieux.
J'ai tenté d'avancer dans ce magasin comme je l'aurais fait dans la rue Nanjing au milieu d'une cohue. Mais comment

l'îlot (m) petite île
la broche *Spieß*
ployer faiblir, se pencher, céder
l'encombrement (m) le fait qu'il y a trop de choses
rectangulaire *rechteckig*

avancer lorsqu'il n'y a aucun repère, comment savoir dans quelle direction porter ses pas? Alors je suis restée immobile, le cœur serré par l'effroi, pendant que les clients affluaient à l'intérieur, me contournaient sans me voir, fonçaient avec détermination là où il leur fallait aller, là où les attendaient une destination et un objet précis. Je n'ai jamais connu d'angoisse plus grande qu'à ce moment-là, grand-mère, à ce moment où Montréal m'est apparu comme une énigme indéchiffrable dont les clés et les codes pour survivre m'échapperaient à jamais.

Ma détresse n'est pas demeurée inaperçue, puisqu'un homme s'est approché de moi et m'a demandé en anglais, avec un accent français, s'il pouvait m'aider. Je lui ai répondu en français, qui est la seule langue d'Amérique du Nord que je connaisse, mais aucune langue à cet instant n'avait d'utilité pour décrire un objet dont j'ignorais le nom, et lorsque je lui ai dit avec affolement «non merci», il a interprété malheureusement ces mots comme une invitation à m'abandonner sur-le-champ, au lieu d'y voir une formule préliminaire de politesse et un appel au secours.

Le secours ne viendrait plus de nulle part. J'ai fait quelques pas dans n'importe quelle direction, et moi qui ne sais pas nager, grand-mère, je me suis enfoncée dans cette mer solide et insondable jusqu'à ce qu'elle se referme complètement sur moi. J'ai affronté minutieusement chacun de ces objets sophistiqués, ouvragés par des mains d'artistes ou de robots, j'ai interrogé un à un les morceaux de métal et de substance colorée pour tenter de déceler à quelle partie de la maison ou de l'existence ils pouvaient se rattacher. A un certain moment, j'ai reconnu des couteaux. Il y en avait cent vingt-neuf, de formes et de dimensions différentes, et j'ai pensé avec terreur qu'il existait dans ce fabuleux pays cent vingt-neuf façons de découper, et que je n'en connaissais qu'une. Un peu plus loin, j'ai rencontré soixante-trois plats aux profondeurs variables dans lesquels je n'aurais su s'il fallait mettre du riz ou des clous. Soudain, encore plus loin, j'ai vu des pelles. Des pelles, grand-mère, des sœurs familières de celles que nos paysans enfonçaient dans la terre de l'autre côté du Huangpu, et je me suis précipitée vers elles, car où il y avait des pelles il y aurait peut-être de la broche ou du bois pour mes fleurs, pour mes pauvres dahlias que le flot des choses sans nom commençait à entraîner dans l'oubli.

Je n'ai pas trouvé de broche ou de bois, mais j'ai trouvé quarante-neuf sortes de pelles, et dix-huit sortes d'un gros outil appelé *Weed Eater*, une chose démesurée enveloppée dans du

l'effroi (m) peur, panique
affluer arriver nombreux
foncer aller rapidement

l'enigme (f) *Rätsel*

la pelle *Schaufel*

se précipiter aller très vite

plastique et perchée au-dessus des allées comme un roi aux pouvoirs obscurs.

C'est ainsi, grand-mère, que s'est déroulée mon initiation à la vie montréalaise, cet automne presque lointain où j'étais encore un arbuste chinois fraîchement transplanté en Amérique du Nord.

l'arbuste (m) *Strauch, Busch*

Depuis, le Saint-Laurent m'est devenu aussi familier que le Huangpu et mes promenades dans la rue Saint-Denis ont l'aisance de celles qui m'entraînaient dans le Bund avec toi. Depuis, j'ai aussi compris à quel point Montréal était contenu dans ce magasin qui m'a tant effrayée, ce magasin aux utilités et au superflu confondus.

le foisonnement abondance

Le foisonnement, grand-mère, fait maintenant partie de mon environnement quotidien. Il existe ici tant de vêtements aux lignes et aux couleurs disparates, tant de lieux possibles où les acheter, tant de façons complexes de revêtir une seconde peau qui transforme l'apparence, que j'ai cru longtemps que je n'arriverais jamais à choisir une jupe. Il existe tant de spectacles et de restaurants, tant de saveurs de glace – mais pas de glace aux haricots –, tant de voitures et d'objets à vendre et à regarder. Le foisonnement, maintenant, ne me fait plus peur, et le trop-plein et le vide fatalement se rejoignent. Il naît et il meurt constamment tant d'informations dans les journaux et à la télévision que je me sens parfois comme en Chine où aucune information ne circulait, ramenée à une disette qui m'empêche de comprendre le monde.

la disette fait de manquer de nourriture

Je ne dis plus: «non merci» pour signifier: «oui s'il vous plaît». Tout doit être exprimé avec force et clarté, ici, et les gestes et les mots suivent une ligne droite rapide qui exclut la poésie du non-dit. J'arrive maintenant à embrasser les amis québécois qui m'embrassent, puisqu'il n'y a que cette étreinte excessive pour les convaincre de ma réelle affection.

l'étreinte (f) ici: fait de toucher le corps de l'autre

Dans ce magasin où un francophone s'est adressé à moi en anglais, il y avait aussi le reflet de ce terrain mouvant où se côtoient les langues d'ici, le reflet de ce combat très courtois que les francophones de Montréal rêvent de remporter sans combattre. Je parle mieux français chaque jour, mais chaque jour, je sens leur méfiance. Je reste une ombre légère en retrait. Ils sont les seuls à pouvoir se libérer de leur méfiance, les seuls à pouvoir conquérir le sol qui leur appartient déjà.

Je suis maintenant seule, grand-mère, comme un vrai être humain. Personne ne me dit où me diriger dans les allées des magasins et les sentiers de la vie, personne ne pose sa main protectrice sur mon épaule pour approuver ou nier mes choix. Je vais, comme les clients de Canadian Tire, directement où

je crois qu'il me faut aller, sans attendre de soutien, j'ai le pouvoir de traverser les étalages surabondants sans rien acheter. Ce n'est pas facile de comprendre tout à coup ce qu'est la liberté, la douloureuse et magnifique liberté.
Depuis, la Chine a changé elle aussi, je le lis parmi toutes les informations qui m'encerclent ici. Je sais que les Chinois boivent de plus en plus de bière, ont de moins en moins de chiens, je sais que le désir d'argent a répandu partout sa frénésie, jusque dans les couches les plus irréductibles du parti. Je sais que Shanghai s'agite sous les grues des constructeurs, dans le sillon des périphériques modernes, et que Pudong, avec ses tours et ses gratte-ciel financiers, a effacé les platanes et les paysans enfonçant dans les jardins leurs pelles millénaires, a effacé de l'autre côté du Huangpu les images qui naissaient sous tes yeux. Peut-être qu'un jour il n'y aura plus de différence entre être un Chinois et être un Nord-Américain.
Depuis, surtout, la vie s'est retirée lentement de toi, grand-mère, et tu ne vois ni n'entends plus les mots que l'on projette autour de toi. Les mots entre nous n'ont jamais été nécessaires, et ceux-ci trouveront leur chemin pour t'atteindre.
Je veux te rassurer sur le sort de ta petite, avant que Seigneur Nilou ne t'attire tout à fait dans son royaume. J'ai trouvé mon lieu, grand-mère, celui au centre de moi qui donne la solidité pour avancer, j'ai trouvé mon milieu.

Dans: Monique Proulx: Les Aurores montréales, Éditions du Boréal, Montréal 1996, pp. 53–57

La communauté italienne est une des plus anciennes. L'écrivain Antonio D'Alfonso est né de parents italiens, à Montréal. Il nous lit et commente son poème «Babel».

Interview avec Antonio D'Alfonso

DVD

Nativo di Montréal
Élevé comme Québécois
Forced to learn the tongue of power
Vivi en Mexico como alternativa
Figlio del sole e della campagna
Par les franc-parleurs aimé[1]

---

[1] Antonio D'Alfonso: L'autre rivage, Editions du Noroît, 1999, p. 47

rebondir sur saisir une occasion pour parler de

Ce poème parle de votre vie, j'imagine, des différentes périodes de votre vie, et aussi de votre rapport avec différentes langues, puisqu'il est écrit en quatre langues. Est-ce que vous voulez rebondir sur ces périodes de votre vie qui sont exprimées dans ce poème?

approprié,e qui correspond bien
respectif,ve *jeweilig*

Oui, alors, la chose qu'il faut comprendre, c'est: je l'avais écrit entièrement au Mexique, entièrement en espagnol. Et je ne sais pas pourquoi, je trouvais que ça faisait faux. Et je me suis dit, tiens, laisse-moi revoir ma vie en divisant les étapes, avec des langues appropriées, les langues respectives.
Donc: *Nativo di Montréal,* pour moi, c'était clairement l'idée de: bon, je suis né à Montréal, mais je le dis en italien, mais avec l'accent, donc c'est MONTréal. Donc je suis un italien, un enfant italien, d'origine italienne, né dans une ville francophone.
Je suis *élevé comme québécois*. Donc, évidemment, je suis un jeune homme qui vit dans le côté est de la ville. C'est très important, parce que Montréal est divisé en est-ouest, et je ne suis pas un enfant de l'ouest qui sont, eux, anglophones. Et ça, c'est très important à comprendre. À l'époque c'était la rue Amherst et non pas Saint-Laurent, la division, parce qu'il y avait un tram qui descendait Amherst. Puis, tous les gens à l'est devenaient francophones, et tous les gens à la droite, c'est-à-dire, à l'ouest devenaient anglophones.
Mon père par contre, m'a envoyé à l'école anglaise: *Forced to learn the tongue of power.* Donc je suis obligé d'aller à l'école anglaise, parce que mon père croit – et il avait raison: il faut parler la langue des patrons. Et, voilà, j'apprends la langue des patrons. Mais je décide d'aller ailleurs, parce que ni l'anglais, ni le français, ni l'italien, en quelque sorte, n'arrivent à germer

La Petite Italie – un quartier de Montréal

mon être. Je me marie et vais vivre au Mexique en 1978, et cela devient pour moi une façon très intéressante de redécouvrir qui je suis. Donc: *Vivi en Mexico como alternativa.* C'est très important dans le sens que c'est au Mexique, donc ailleurs, que je vais découvrir qui je suis. Et je suis tous les trois: je suis à la fois *figlio del sole e della campagna,* je suis le fils du soleil et de la campagne, parce que mes parents viennent de la terre italienne, de la terre vraiment paysanne, des jardiniers. Et je dis: *Aimé par les franc-parleurs.* Les *franc-parleurs* est un jeu de mots: il y a le mot *franc* = être candide, être direct – ce que les Québécois sont – mais aussi: *franc* = français, c'est l'idée de: je suis aimé par les francophones.

Interview réalisée par Helga Bories-Sawala

Les Allemands du Québec

Qui étaient-ils, à quelles périodes sont-ils venus et quels étaient leurs motifs? Nous l'avons demandé à Manuel Meune, professeur d'études allemandes à l'université de Montréal.

Ils sont venus à différentes périodes, surtout au 19ième siècle et dans les années 1950 et 1960, mais ce qui est intéressant, c'est qu'on trouve leur trace dès 1664, lorsqu'un certain Hans Bernhard a acheté un terrain sur l'Île d'Orléans, en face de Québec. En plus, beaucoup d'Allemands sont arrivés au Canada comme «mercenaires»: il s'agit de soldats achetés par la Grande-Bretagne à partir de 1776 pour venir combattre les rebelles américains. Après l'indépendance des États-Unis, beaucoup se sont installés dans la vallée du Saint-Laurent; leurs noms ont été francisés: les Bauer sont devenus Payeur (un nom considéré comme «typiquement québécois»), les Schumpf sont devenus Jomphe, etc.

Comment se fait-il qu'ils sont si peu visibles comme communauté, qu'ils ont laissé si peu de traces, comparés à d'autres – Italiens, Grecs, Chinois, Portugais –, qui ont même «leurs» quartiers à Montréal?

Il y a eu un quartier allemand à Montréal dans les années 1920, près du quartier juif, mais effectivement, les Allemands n'ont pas laissé beaucoup de traces en dehors de deux églises qui existent toujours. La raison principale est le poids des deux guerres mondiales, en particulier de la Première. Dès 1914, les associations germanophones et les journaux en allemand ont été interdits. Les Allemands, qui étaient une minorité assez privilégiée, ont été considérés comme des ennemis

de l'Angleterre, et donc du Canada. Certains ont perdu leur nationalité canadienne et ont été internés dans des camps. La vie associative, qui était très riche à Montréal, a disparu peu à peu. Elle a pu reprendre dans les années 1920, mais seule la Société allemande de Montréal (Deutsche Gesellschaft zu Montréal), fondée en 1835, a traversé les décennies jusqu'à aujourd'hui. Pendant la Seconde Guerre mondiale, les Germano-Canadiens ont été moins discriminés. Toutefois, les Allemands qui sont arrivés dans les années 1950 et 1960 sont restés discrets et ont cherché à faire oublier leur origine allemande. Ils se sont intégrés le plus vite possible; au Québec, ils ont plus souvent choisi de s'intégrer à la minorité anglophone qu'à la majorité francophone.
Par ailleurs, il ne faut pas oublier que les Allemands du Québec sont une population très variée. Bien que germanophones, ces «Allemands» (au sens ethnolinguistique, mais pas toujours au sens politique) ont eu des destins très différents en Europe, ce qui n'a pas contribué à leur unité. On trouve des immigrants venus à différentes époques, mais aussi de régions ou de pays très variés (des «Allemands d'Allemagne», des Allemands de Roumanie, de Pologne, etc.), et de confessions différentes: au Québec, il y a plus d'Allemands catholiques qu'au Canada anglais, mais on y trouve aussi des protestants et quelques juifs.

Pierre tombale au cimetière du Mont-Royal – preuve que les jeunes générations de cette famille ne parlent plus correctement l'allemand?

Et quelle a été l'attitude de la communauté vis-à-vis du passé nazi?

Dans les journaux germano-canadiens ou dans certaines associations, on trouvait encore, dans les années 1990, des témoignages de personnes qui semblaient nostalgiques de l'époque nazie; mais globalement, c'est plutôt le silence ou le malaise qui dominait. Il n'y a pas eu le même genre de discussion sur le passé nazi qu'en Allemagne. Les Allemands du Canada ont cherché à oublier cette période, d'autant que leurs enfants se sentaient d'abord Canadiens ou Québécois. Ce qui est sûr, c'est que beaucoup d'immigrants de l'après-guerre étaient très marqués par cette période, qu'ils aient été sympathisants du nazisme ou opposants.

Les Allemands du Québec continuent-ils à parler allemand?

Certains le font, mais en règle générale, les Allemands se sont assimilés plus vite que d'autres groupes et ils n'ont jamais cherché à former une communauté très organisée. A l'heure actuelle, il y a encore quelques écoles allemandes (Sonntagsschulen) pour les enfants. Il existe aussi quelques associations, mais la moyenne d'âge de leurs membres est assez élevée. Les jeunes ne sont pas très motivés pour continuer à parler allemand. S'ils sont encore attachés à certaines coutumes allemandes, surtout au moment de Noël, tous savent que dans quelques années, parmi les 100 000 personnes d'origine allemande au Québec, très peu parleront encore allemand.

Interview réalisée par Helga Bories-Sawala

L'écrivain Dany Laferrière, qui a fui la dictature en Haïti, est parmi les nombreux Haïtiens qui vivent à Montréal. Il a accepté de lire un extrait de son roman, de le commenter et de parler de sa façon de voir les Québécois.

Interview avec Dany Laferrière

DVD

Je suis maintenant à Radio-Canada, dans la salle d'enregistrement de l'émission *Noir sur Blanc*. Miz Bombardier, faisant face à la caméra, commence l'émission: «Le roman que vous lirez cette saison s'appelle: PARADIS DU DRAGUEUR NÈGRE. Il a été écrit par un jeune écrivain noir de Montréal. C' est son premier roman.»

draguer flirter pour séduire

Miz Bombardier se tourne maintenant vers moi: «J' ai lu votre roman. Ça se passe au Carré Saint-Louis. C'est, brièvement, l'histoire de deux jeunes Noirs qui passent un été chaud à draguer les filles et à se plaindre. L'un est amoureux de jazz et l'autre de littérature. L'un dort à longueur de journée ou écoute du jazz en récitant le Coran, l'autre écrit un roman sur ce qu'ils vivent ensemble.

– C'est exact.

– Je voudrais vous demander quelque chose ...

– Allez-y.

– Est-ce vrai?

– Quoi?

– Est-ce que tout cela vous est vraiment arrivé? Je vous demande ça parce que dans la réalité, vous habitez encore au même endroit, au Carré Saint-Louis, vous avez un ami chez vous et vous êtes écrivain comme votre narrateur.

– Ce n'est que pure coïncidence.

– Soit. Votre roman est le premier véritable portrait de Montréal venant d'un écrivain noir, avouez tout de même que vous avez eu la dent dure ...

Dany Laferrière au carré Saint-Louis, après l'interview. Son T-shirt affiche le titre du roman où figure l'extrait cité.

noircir donner une impression négative

la brousse *Busch*

le sorcier *Hexer*

hocher bouger

l'ivoire (m) *Elfenbein*

– C'est la réalité, vous savez, dans une rencontre entre un Noir et une Blanche, ce qui prédomine c'est le mensonge.

– Vous n'êtes pas en train, disons-le, de trop noircir ça?

– Écoutez. Hier soir, j'étais dans un bar du centre-ville. Il y avait, à côté de moi, un Noir et une Blanche. Je connaissais le type. C' est tout juste s'il ne disait pas à la fille qu'il était un amateur de chair humaine, qu'il venait de la brousse, que son père était le grand sorcier de son village. Bon, on connaît la musique. Et moi, je voyais la fille hocher la tête, en extase devant un vrai de vrai, l'homme primitif, le Nègre selon *National Geographic*, Rousseau et Cie. Je connais très bien ce type et je sais qu'il vient, non pas de la brousse mais d'Abidjan, l'une des grandes villes d'Afrique, qu'il a longtemps vécu au Danemark et en Hollande avant de venir s'établir à Montréal. C'est un urbain et un occidental. Mais cela, il ne l'admettra devant aucune Blanche pour tout l'ivoire du monde.

– Et la fille?

– En extase, je vous dis. Elle avait trouvé son Afrique. Son primitif.

– Vous avez l'œil dur.

– C'est l'époque qui est dure. Ce type aussi a été blessé. Savez-vous ce qu'il m'a dit aux toilettes? Il m'a dit: «Tu ne sais pas pourquoi les Blancs ne disent jamais d'un Noir qu'il est laid?» Je ne connaissais pas la réponse à sa question. Alors, il a lui-même répondu: «C'est parce que, jusqu'à présent, ils ne sont pas encore sûrs de notre véritable nature.»

– Soyez plus clair.

– Bon, on ne dit pas d'un chat qu' il est laid. On ne peut qu'en dire du bien ou alors on se tait. D'ailleurs, on n'est pas très sûr à propos des animaux. On dit que le tigre est un très bel animal, mais on ne connaît pas l'avis des autres animaux de la jungle. De plus, on ne parle jamais de tel tigre. On dit le tigre. C'est pareil pour les Noirs. On dit les Noirs. C'est une espèce. Il n'y a pas d'individu.[1]

Alors là, Dany, nous sommes assis justement au carré Saint-Louis, dans un café … et je voudrais vous demander quelque chose …
Oui …

Est-ce vrai?
Cette question!!! J'ai écrit ce livre il y a à peu près une trentaine d'années et je l'ai publié il y a 25 ans. A l'époque je tentais de créer quelque chose de neuf, de Montréal. Je tentais

---

[1] Dany Laferrière: Comment faire l'amour avec un nègre sans se fatiguer, vlb éditeur, 1985, pp. 144–146

d'écrire une histoire à propos de ce qui m'est arrivé, de ce qui est arrivé à des amis, de ce que je pense qui peut arriver. Mais maintenant, aujourd'hui, quand je le relis, je ne peux pas savoir ce qui est vrai, ce qui est faux, ce qui a été inventé, ce qui ne l'a pas été, c'est le poids des années.

Le carré Saint-Louis à Montréal

Bien sur. Mais les Montréalaises voient-elles vraiment les Noirs comme ça, et les Noirs, pourraient-ils se servir de ce regard, justement, pour les draguer?
Oh, vous savez, je suis trop vaniteux pour écrire un livre local. Quand je l'écrivais, ce qui m'intéressait d'abord, c'était le style, l'écriture, et puis c'étaient pas les Montréalais ou les Montréalaises ou même les Noirs. C'est un livre, en fait, sur la solitude, sur le fait que quelqu'un soit nouveau dans une ville, et ensuite, emprisonné dans une couleur, ce qui restreint un peu son territoire.

vaniteux,se fier

Parlons justement de ce style. Le petit texte, même le petit extrait, c'est un texte dans le texte, n'est-ce pas? Donc, dans le texte lui-même, on parle du roman dont le texte fait parti …
Oui …

Où il est en quelque sorte emboîté. D'où est venu cette idée-là, de faire les choses de la sorte – et qu'est-ce que cela apporte?
Oh, c'est une très très très vieille idée, Shakespeare en a fait plein, des mises en abyme comme ça. C'est une vielle technique des dramaturges que de faire une histoire à l'intérieur de l'histoire.

emboîté,e comme dans une boîte

la mise en abyme le récit dans le récit, le film dans le film, la peinture dans une peinture

Oui, pour le cadre, ça c'est vrai, mais de parler du livre qui n'est pas paru, comme s'il était déjà paru, ça c'est quelque chose de nouveau.
C'est de la fiction à l'intérieur de la fiction, moi j'aime bien, c'est-à-dire, comme je crois à la fiction, je crois que la fiction est réelle, donc je peux introduire une autre fiction à l'intérieur. Moi, je suis un enfant, hein? Vous savez quand un enfant ment et que vous vous apercevez qu'il ment, il vous invente encore une autre histoire à l'intérieur et puis ça n'a pas de suite, puisque son imagination n'a pas de fin et il essaie de se sortir du piège. Et c'est un peu ça l'écriture.

le piège appareil pour attraper un animal

Vous aviez quel âge quand vous êtes arrivé?
J'avais 23 ans, je suis né en 1953, je suis arrivé en 1976 ici, c'était l'été même des Jeux olympiques et l'automne suivant

ce sera l'arrivée du Parti québécois au pouvoir, donc deux événements majeurs de la modernité québécoise, l'été de mon arrivée.

Et comment avez-vous vécu ces évènements-là, justement?
Dans la naïveté, dans l'insouciance, je viens d'arriver, je pensais qu'il y avait les Jeux olympiques chaque année et que le Parti québécois arrivait au pouvoir chaque six mois. C'est comme ça quand on arrive dans un nouveau pays, on n'a pas encore … le temps n'a pas encore passé assez pour qu'on puisse avoir une perspective historique. Tout est au premier plan, la ville était animée, les gens étaient extrêmement gais, et je n'avais pas encore vu l'hiver …

Bien, j'ai lu quelque part cette belle citation où vous dites que le Québec a tout sauf l'indépendance et que Haïti n'a rien sauf l'indépendance: est-ce que vous pourriez commenter ça un peu?
Ça m'a l'air clair! Ça ma l'air très clair!
J'ai essayé de voir un peu, au tout début de mon arrivée, un peu comment cela se passe dans cette société et j'avais vu que les gens disaient sans arrêt «nous sommes nés pour un petit pain», mais dans le même souffle, ils disent aussi «je suis le roi du hot dog, le roi de la patate», donc c'est des rois nés pour un petit pain … donc il y a là toute cette ambiguïté de la société québécoise, qui m'avait plu, moi! Contrairement aux gens qui disaient que c'était complexe, que c'était hypocrite, ce n'était pas clair … Moi je trouvais ça ambigu, complexe… et intéressant!! Une société qui n'arrive pas à savoir … les Québécois disaient, nous on n'arrive pas à savoir qui on est, on a un problème identitaire, mais il faut avoir un problème d'identité! Moi j'aimerais pas vivre avec des gens qui n'ont pas de problème d'identité, tu imagines, ils vont vous écraser. C'est ce qui arrive avec toute société dominatrice que ce soit chez vous en Allemagne, que ce soit aux États-Unis. Les fois où ils deviennent le plus dangereux, c'est quand ils n'ont pas de problème d'identité …

être né pour un petit pain
être modeste, sans grandes ambitions ou attentes

Interview réalisée par Helga Bories-Sawala

Immigrer au Canada – immigrer au Québec

Dans les années soixante, le Canada s'est engagé sur la voie du changement social. Cette tendance s'est accentuée dans les années soixante-dix et au Canada anglais, le vieux fonds colonial a été balayé par des vagues successives d'immigrants «non traditionnels». Le nouveau Canada a dû se redéfinir comme «mosaïque culturelle». Par contre, le Québec a connu durant ces mêmes années des changements d'une nature entièrement différente. En rejetant les contraintes à la fois internes et externes, la vieille société rurale dominée par l'Église s'est restructurée et modernisée. Le Québec se donnait une nouvelle identité et les moyens pour la défendre. C'est ainsi qu'ont été instaurées les mesures qui devaient assurer l'avenir économique d'un peuple à qui, dans son ensemble, la prospérité avait été refusée. C'est dans ce contexte qu'on a adopté les lois destinées à protéger la langue et la culture. En somme, le visage essentiellement britannique du Canada anglais s'est décomposé pendant que s'affirmait le caractère français du Québec.

Pour un nouvel arrivant, la différence était frappante. Au Canada anglais, l'attitude dominante semblait dire: «Venez comme vous êtes – faites comme bon vous semble.» La société avait peu d'attentes autres que celle du respect élémentaire des lois. Le Québec, lui, exigeait davantage. L'attitude dominante disait: «Venez comme vous êtes, mais sachez que vous devrez vous intégrer à une société francophone.» Cela signifiait que vos possibilités d'avancement dépendaient de votre aptitude à travailler en français; que vos enfants iraient à l'école française et que, si vous vouliez ouvrir un dépanneur, vos affiches devraient se lire LAIT, PAIN ou BIÈRE et non MILK, BREAD et BEER. Ces nouvelles règles du jeu ont peut-être déplu à certains, elles ont pu paraître oppressives à d'autres, mais elles avaient au moins l'avantage d'être claires. Quand on y pense, on se rend compte que le Québec avait créé par voie juridique ce qui existait de fait ailleurs au pays: si un hispanophone arrive à Toronto, il aura l'obligation de vivre une bonne partie de sa vie – de s'intégrer à la vie sociale – en anglais. Le Québec affirmait simplement que, sur son territoire, la même chose devait être faite en français.

Neil Bissoondath: Le marché aux illusions, Éditions du Boréal, Montréal 1995, pp. 207/208

Boulangerie traditionnelle juive à Outremont. Montréal rivalise avec New York et Jérusalem pour être la capitale mondiale du bagel.

Au cimetière juif de Montréal

Un restaurant juif à Montréal connu dans le monde entier

6.4 Laïcité et religions

Suite aux nombreuses vagues d'immigration au Québec, et à Montréal en particulier, un très grand nombre de religions sont pratiquées, tandis que l'Église catholique a perdu beaucoup de son influence (cf. pp. 56/57). Depuis 2002, un débat important a eu lieu au Québec pour savoir dans quelle mesure la société doit accepter des exceptions à ses règles, pour des motifs religieux, appelées «accommodements raisonnables». Contrairement à la France, les musulmanes ont le droit de porter leur foulard à l'école. Mais peuvent-elles exiger d'être soignées seulement par un médecin-femme? Un jeune sikh peut-il apporter un kirpan (un petit poignard traditionnel) à l'école, où les armes sont stricte-

ment interdites? Le Québec l'avait interdit, mais la cour suprême du Canada l'avait permis dans certaines conditions précises. Qu'est-ce qui est plus important: la liberté religieuse ou l'égalité entre hommes et femmes? La société risque-t-elle d'être dominée de nouveau par la religion si elle se montre trop tolérante envers les fanatiques religieux? Est-il nécessaire de défendre la tradition catholique du Québec? Vaut-il mieux être patients et donner à toutes les communautés le temps de s'adapter et de s'intégrer? Le débat est ouvert, au Québec comme ailleurs.

Le niqab des solitudes

Comment expliquer les réactions si différentes au Québec et dans le reste du pays à propos du voile de Naema Ahmed?

Ottawa — Le niqab révèle autant qu'il cache. Ce voile islamique intégral, dont le port par une femme égyptienne dans son cours de francisation a provoqué une tempête, a mis en lumière une divergence profonde dans la gestion de la diversité au Canada. Et il a donné lieu à un autre de ces épisodes de comparaison – et d'incompréhension – entre le Québec et le ROC (rest of Canada).

En deux semaines, le public a eu droit à deux déclarations politiques diamétralement opposées. À Québec, la ministre de l'Immigration et des Communautés culturelles, Yolande James, a soutenu qu'«il n'y a pas de flou. Au Québec, on reçoit les services à visage découvert et on donne le service à visage découvert». Et pas question non plus d'exiger de faire affaire avec une femme. Si on insiste, il faudra refaire la queue et espérer avoir plus de chance la deuxième fois.

Le ministre fédéral de la Citoyenneté et de l'Immigration, Jason Kenney, a au contraire affirmé qu'il n'était pas question de dicter aux gens leur habillement, sauf lorsqu'il en va d'un besoin d'identification. «À mon ministère, quand une femme arrive avec le visage voilé pour faire une entrevue dans le cadre d'une demande d'immigration ou de visa, nous l'obligeons à montrer son visage. En général, dans ces cas-là, les fonctionnaires fourniront une fonctionnaire femme, aussi souvent que possible.»

«C'est de la fausse tolérance», dit Linda Cardinal, professeure à l'École d'études politiques de l'Université d'Ottawa, à propos d'une certaine élite intellectuelle canadienne-anglaise. «La grande différence, c'est qu'au Québec il y a un espace public pour tenir ce genre de débats et qu'il n'y en a pas dans le ROC. On nomme les choses au Québec alors qu'au Canada anglais on attend que ça pourrisse avant d'agir.»

pourrir ici: devenir vraiment problématique
juger à l'aune de prendre comme critère

Linda Cardinal croit que les Canadiens anglais jugent l'approche québécoise à l'aune de leurs valeurs, qu'ils ont tendance à considérer comme moralement supérieures. Et la langue y serait pour quelque chose. L'anglais est de plus en plus présenté comme une langue de communication plutôt que comme un vecteur culturel, ce qui permet de l'imposer dans les forums internationaux. «Depuis très longtemps, on dit aux francophones: ‹Votre langue est culturelle alors que l'anglais est un instrument de communication.› C'est parce qu'ils déterminent la norme qu'ils sont capables de dire cela. C'est eux qui disent comment se représenter. Ils disent: «Notre angle est neutre; vous, vous êtes l'autre, vous êtes partial, vous n'êtes pas neutres, vous êtes culturels, vous êtes ethniques. Nous, nous sommes civiques.» Au XVIIIe siècle, les grandes nations faisaient cela aux petites nations. C'est un procédé idéologique, politique, qui sert à remettre des groupes à leur place.»

méprisant,e *verächtlich*

Cette hiérarchisation des approches à la diversité expliquerait, selon Mme Cardinal, certains commentaires méprisants entendus dans la presse anglophone à l'endroit de la décision de Québec d'expulser la dame au niqab de ses cours de francisation.

Hélène Buzzetti, dans: *Le Devoir*, 20 mars 2010

7. Être jeunes

7.1 L'école au Québec

Le système éducatif au Québec est reconnu comme un des meilleurs au monde, pour ses résultats en général (PISA), et pour les enfants d'origine immigrée en particulier (cf. p. 142). L'école est obligatoire de 6 à16 ans, mais presque tous les enfants vont déjà à l'école maternelle à partir de 5 ans. L'école primaire comprend 6 années scolaires. Puis tous les élèves vont à l'école secondaire pendant 5 ans. Dès le début, il y a classe toute la journée, 5 jours par semaine. L'emploi du temps n'est pas organisé du lundi au vendredi, mais par cycles de jours: jour 1, jour 2, etc. jusqu'à 10. La vie scolaire est très dense et très organisée; chaque élève a un gros agenda personnel qui contient toutes sortes d'informations: calendrier des activités, règles à respecter, conseils pour bien travailler, suggestions pour mener des recherches pour un exposé, etc. Toutes les écoles ont une plate-forme sur Internet qui permet la communication entre les enseignants, les élèves et les parents, mais aussi la consultation en ligne de revues et d'autres documents, l'utilisation de la bibliothèque etc. Après la scolarité obligatoire, une institution spécifiquement québécoise est proposé à celles et ceux qui veulent continuer: le collège d'enseignement général et professionnel (Cégep) qui offre une formation pré-universitaire en 2 ans ou une éducation technique en 3 ans. 42% des filles et 29% des garçons y vont. Les Cégeps fonctionnent déjà un peu comme une université: les élèves peuvent choisir leur profil et aussi le nombre de cours – ainsi, ils en prennent moins s'ils travaillent à côté – l'essentiel, c'est de réunir le nombre de «crédits» nécessaires à leur qualification.

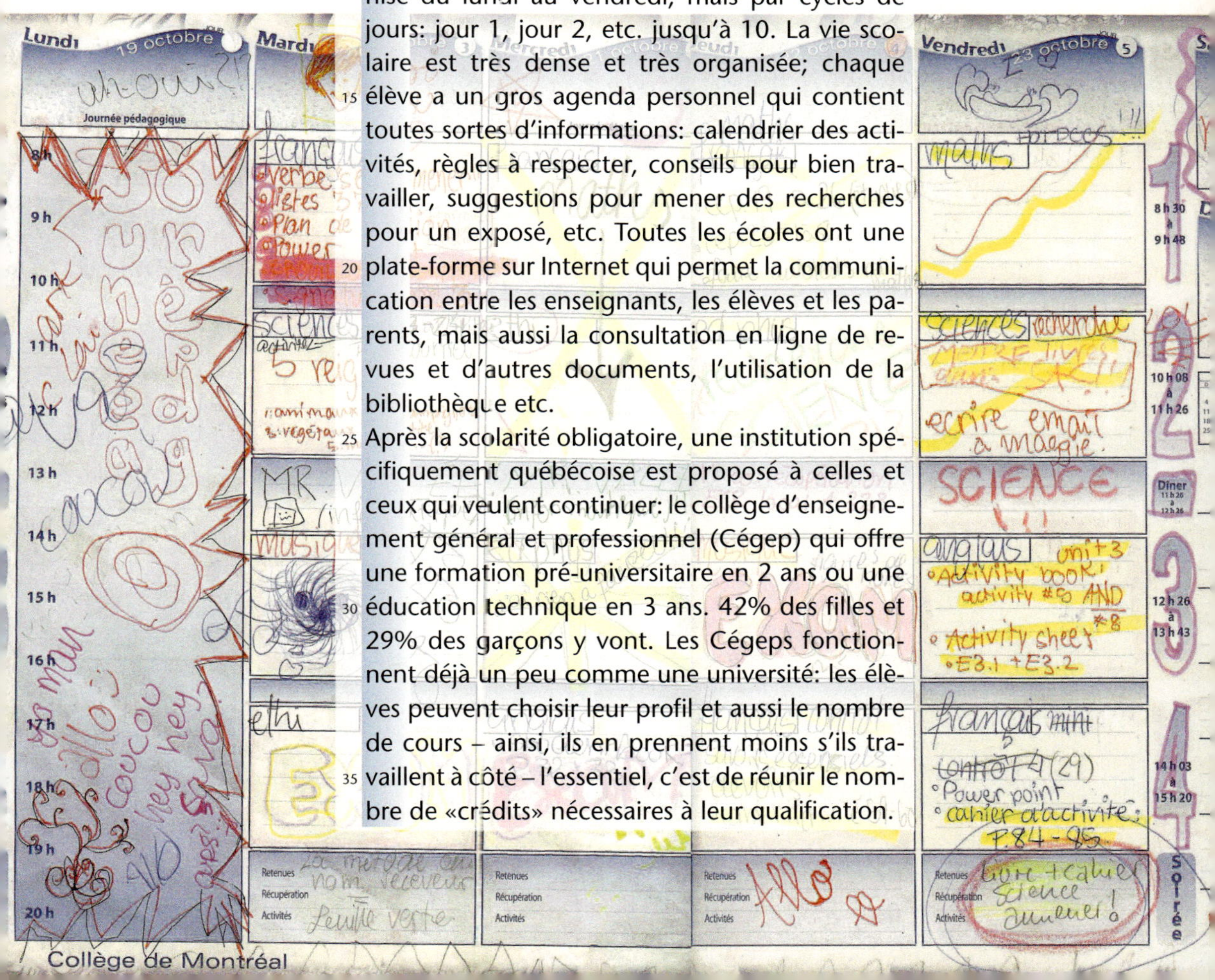

La très grande majorité des élèves (90%) va à l'école publique gratuite, mais cela ne veut pas dire qu'ils suivent tous exactement le même programme de cours. Gérées par des commissions scolaires élues, les écoles peuvent offrir, à côté des cours obligatoires, des profils spécifiques en arts, sports, musique, langues, sciences … Il y a aussi des écoles des communautés, comme l'école grecque (trilingue) ou l'Alexander-von-Humboldt-Schule, près de Montréal, la seule école allemande au Canada. Il existe aussi des écoles très spécialisées pour de futurs artistes de haut niveau, comme l'École nationale du cirque à Montréal.
Pour avoir une idée plus concrète, consultez les pages de différentes écoles sur Internet.

La cour d'une école primaire à Montréal

7.2 Au Cégep Bois-de-Boulogne

Les élèves viennent du monde entier.

Sept élèves d'un cours d'allemand ont répondu, spécialement pour vous, à nos questions:

Interview DVD

Elisabeth: Moi j'suis Elisabeth, j'suis née ici, j'ai 20 ans, et puis mes parents sont d'origine portugaise. Je vais peut-être vouloir devenir designer. En fait, je me dirige vers le design d'intérieur à l'Université de Montréal.

Didier: Moi, je viens de Montréal. Mes parents viennent du Québec aussi, ils viennent de Québec en fait, de la ville. J'ai 18 ans et présentement je suis en sciences et j'aimerais devenir ingénieur ou sinon aller en physique.

Maxime: Moi c'est Maxime, j'ai 18 ans, et puis, je suis originaire de Montréal, du Québec, puis comme Didier j'suis en sciences et j'aimerais aller en physique, aussi.

Paul-Michel: Bonjour, je m'appelle Paul-Michel. J'ai 18 ans, je suis né à Montréal, mes parents sont d'origine libanaise. Je pense faire des études en sciences, peut-être aller en physique médicale.

Robin: Bonjour, je m'appelle Robin. J'ai 18 ans et je suis originaire de Montréal. Mes parents viennent de d'autres régions du Québec: de la Gaspésie et des cantons de l'Est. J'ai comme projet de devenir enseignant en sciences au secondaire.

Sergio: Bonjour, bien moi c'est Sergio. J'suis péruvien, donc mes deux parents ainsi que moi, nous sommes nés au Pérou. J'ai 18 ans, puis mon projet d'avenir c'est de m'en aller en dentisterie, mais en ce moment, l'année prochaine je m'en vais à l'université de Québec en biochimie.

Mais vous avez grandi au Québec?

Sergio: Oui.

Ça s'entend ...

Sinead: Bonjour, mois c'est Sinead. J'ai 18 ans. Et je suis née à Laval, comme mes parents aussi. Et je ne sais pas trop ce que veux faire plus tard. Je vais continuer en sciences.

Et votre nom, il est d'origine irland ...

Sinead: Irlandaise.

Ma première question à tout le monde serait: pourquoi avez-vous choisi l'allemand?

Paul-Michel: J'adore apprendre des langues différentes. J'ai beaucoup été intéressé par l'œuvre de Faust de Goethe. Donc, ça m'a vraiment poussé à apprendre l'allemand.

Maxime, Élisabeth, Didier

présentement *(FQ)* en ce moment
les sciences ici: sciences naturelles: physique, chimie, biologie

Paul-Michel, Sinead

la dentisterie études pour devenir dentiste
je m'en vais *(FQ)* je vais

Sergio, Robin

Sergio: Ben moi, c'est simplement un défi – étant donnée que je parle déjà français et espagnol tout petit, j'ai appris l'anglais assez rapidement avant le secondaire, puis j'ai eu la chance d'apprendre l'allemand …

Didier: Moi en fait j'aimerais prochainement aller étudier, peut-être vivre en Europe. Puis, je parle déjà français et anglais – je me suis dit que l'allemand, ça pourrait être un bon complément.

Elizabeth: Moi, c'est comme Sergio, c'est un défi pour moi, un défi pour apprendre une langue. Je ne voulais pas prendre espagnol, parce que l'espagnol, ça ressemble beaucoup au portugais.

Qu'est-ce que vous faites de votre temps libre, par exemple, comment est-ce que vous passez les fins-de-semaine?

Elizabeth: Moi j'aime beaucoup la photographie. Donc, je me promène parfois dans la ville, je trouve ça très intéressant de prendre des photos dans la ville.

Sergio: Moi je travaille, puis, je vais jouer aux jeux vidéo, pour relaxer, après ça, faire les devoirs et après ça faire mes cours d'arts martiaux, le Taekwondo en particulier.

les arts martiaux (m) *Kampfsport*

Paul-Michel: J'aime aussi beaucoup les jeux vidéo et l'informatique. Et je dessine beaucoup de bandes dessinées. Je m'inspire du style manga.

Sinead: Moi, je fais du ski toutes les fins-de-semaine en hiver. Samedi et dimanche, ski de compétition au Mont-Tremblant.

Robin: Cela peut paraître étrange, mais mes passe-temps, j'aime les passer à l'école en fait. Il y a des comités d'étudiants, la politique étudiante est assez active à Bois-de-Boulogne. On peut organiser toutes sortes de fêtes, on visionne des films, on va faire de la musique aussi, toutes sortes de choses comme ça.

visionner regarder

Didier: Moi j'aime bien faire du sport, je fais du ski, du ski de fond, l'hiver. Je fais aussi de la voile quand je peux, j'en ai fait à Québec, sur le Saint-Laurent et au chalet de mes grands-parents, qui est un peu à l'est de Québec.

le chalet petite maison à la campagne (cf. p. 130)

Maxime: Ben, moi j'aime beaucoup la science-fiction, tout ce qui est jeux vidéo, j'aime beaucoup les livres, j'aime les films de science-fiction.

Là ça va être la fin de l'école. Qu'est-ce que vous allez faire de votre été?

Sinead: Ben, moi je fais deux voyages cet été – un dans le nord de l'Europe, je vais peut-être visiter Russie, l'Angleterre et le Nord, puis le deuxième en Hongrie voir ma «sœur» que j'avais pendant une année, chez moi. Je vais aller la voir pendant trois semaines.

Sergio: Moi c'est pas mal moins intéressant. Je vais travailler pour payer ma voiture. Puis je vais retourner chez mes parents – parce que là, j'étais en appartement – pour pouvoir accumuler de l'argent, pour pouvoir payer mes études universitaires.

accumuler gagner et mettre de côté

Robin: Je vais probablement faire un voyage dans l'Ouest canadien, en Colombie-Britannique et en Alberta, pendant deux semaines. Mais sinon je vais travailler tout l'été pour amasser l'argent pour pouvoir voyager plus tard, aussi. Mon projet en fait ce serait de partir de Mexico jusqu'au Panama, en vélo pendant quelques mois, c'est un projet que j'ai avec des amis et je voudrais réaliser dans un an environ.

Sergio: Moi je voudrais aller en Suisse, à Zurich voir mon oncle. Ca fait longtemps qu'il me dit d'y aller.

Est-ce qu'il y a pour vous des causes pour lesquelles vous pensez que cela vaut la peine de s'engager?

Robin: Au Québec, une cause qui me tient à cœur, c'est la cause du français au Québec. Montréal s'anglicise, Montréal est anglicisé. Je crois que dernièrement on a dépassé les 50% des Montréalais qui parlent anglais. Moi je travaille au centre-ville, on entend parler seulement anglais. Éventuellement le français pourrait disparaître d'Amérique du Nord. Dans les autres provinces canadiennes, il y a encore quelques foyers où on parle le français mais, c'est assez rare. Donc, il reste juste le Québec où c'est encore une majorité des gens qui le parlent, c'est important de le préserver.

s'angliciser devenir de plus en plus anglais

préserver garder, protéger

Didier: Moi je voudrais bien être ingénieur donc il faut que je parle anglais si je veux devenir ingénieur. C'est en allant à l'université en anglais que je vais m'améliorer parce qu'on peut pas juste rester au Québec, il faut s'ouvrir un peu.

Robin: Pour des gens qui arriveraient, mettons à l'age de 16, 17 ans, au Québec, et qui parlent seulement anglais, ben, d'aller au Cégep en français, c'est un bon départ pour pouvoir s'intégrer à la communauté, pour pouvoir communiquer avec tout le monde. C'est certain qu'à l'université, il faut avoir le choix, mais je crois qu'au Cégep, ce serait important de pouvoir apprendre le français au plus de gens possible.

Sergio: Moi je suis contre. Je suis arrivé ici, à deux ans. Puis mes parents voulaient m'envoyer à l'école anglaise, ils se sont heurtés à un refus du gouvernement. Moi j'aurais aimé ça apprendre l'anglais au primaire. Puis, après ça, continuer en français le reste. Je trouve que ça brime un peu la liberté. Si

brimer réduire, limiter

j'avais pu apprendre l'anglais pour avoir une meilleure connaissance des trois langues, j'aurais trouvé ça bon.

Enfin un point où vous n'êtes pas tous d'accord …
Croyez-vous qu'un jour le Québec sera indépendant?

Didier: Moi, je sais pas vraiment, je ne suis pas complètement pour la souveraineté, mais je suis pas complètement contre non plus. Je vois simplement pas d'avantages concrets à devenir souverains. Et certainement pas pour le moment.

Paul-Michel: Je n'aimerais pas que le Québec se sépare du Canada parce que le Québec a été une des quatre provinces fondatrices du Canada. Pour un côté plutôt historique je voudrais plutôt que le Canada reste uni, donc un Québec fort dans un Canada uni.

Robin: Ben, je vais être en désaccord avec ce qui a été dit à date. Moi je pense que, il y a beaucoup d'avantages à avoir un Québec libre, ne serait-ce qu'au niveau de la langue et de la culture. A part de ça, on voit souvent que la population québécoise est à l'encontre de tout ce que peut penser la population canadienne. Dans les sondages, au Canada anglais, on est souvent un peu moins porté à protéger l'environnement. Au Québec, on a plus la fibre verte, si on veut. Aussi, tout ce qui est des guerres, la guerre qui se passe en ce moment en Afghanistan, on sait que la majorité des Québécois sont contre, alors que la majorité des Canadiens anglais sont pour, et c'est pour ça que ça se fait. Je crois qu'il y a beaucoup d'aspects sur lesquels la culture québécoise et la culture canadienne anglaise ne s'entendent pas. Je pense que c'est une raison suffisante pour avoir un pays à part, pour pouvoir se gérer nous mêmes puis avoir notre liberté sur ce point-là. Maintenant si je crois que c'est possible, ben, je crois que c'est une idée qui s'est un peu perdue. La mondialisation a fait son œuvre, maintenant les combats sont plus d'ordre environnemental, on s'occupe plus de ce qui se passe à l'international, que dans notre pays, dans notre province.

Sergio: Je ne suis pas du tout aussi impliqué que Robin en politique. Je vais avoir l'air niaiseux si je me mets, alors je vais dire que je suis canadien et je vais en rester là.

Sinead: Moi je suis pas pour la séparation du Québec du Canada, je trouve qu'on est bien comme ça et j'aimerais ça que le Québec reste avec le Canada.

Quelles sont les grandes questions qui vous semblent importantes?

Didier: Ben, je dirai, principalement la scolarisation. Même

à l'encontre de opposé à
le sondage étude sur ce que pensent les gens
la mondialisation *Globalisierung*
niaiseux,se *(FQ)* naïf, bête

au Québec, il y a beaucoup de personnes qui lâchent l'école, ils se détruisent un peu leur avenir. Mais surtout dans les pays moins développés, dans le monde islamique, l'excès de zèle religieux, ça se fait à cause des personnes qui ne sont pas assez éduquées, puis qui ne sont peut-être pas assez ouvertes sur le monde.

l'excès de zèle (m) importance exagérée

Paul-Michel: Pour la cause écologique, l'environnement, c'est toujours très important. Il ne faut jamais l'oublier.

Robin: Moi j'ai l'impression aussi que c'est l'environnement qui est la principale cause, la cause internationale qui va faire vibrer les Québécois. L'environnement, on en parle beaucoup ici, mais les actions qui sont prises sont assez modestes.

Si vous voulez ajouter quelque chose – un message aux élèves allemands?

Paul-Michel: Je les encourage beaucoup à apprendre la langue française. Même si c'est difficile à apprendre, ça en vaut la peine. Toutes les beautés que la littérature française nous a amenées. Ne lâchez pas, et continuez!

Interview réalisée par Helga Bories-Sawala

De gauche à droite: Sergio, Robin, Paul-Michel, Sinead, Élisabeth, Maxime, Didier

7.3 Être jeunes hier et aujourd'hui

Jeune pendant la Grande noirceur

J'ai vécu des années extrêmement difficiles. On appelait ça la «Grande noirceur», c'était l'époque de Maurice Duplessis. J'étais étudiant au Séminaire de Québec, et le clergé était omniprésent dans ma vie. Tous les éducateurs étaient des religieux. J'avais l'impression, à certains moments, de vivre dans une sorte de prison, une espèce de carcan dont je ne pouvais pas me sortir parce qu'on me disait: «Pose-toi pas de questions, crois, tout simplement.» C'est ce qui a fait de moi un athée avant même la Révolution tranquille. Un anticlérical, en plus, et ce que je reprochais aux curés ce n'était pas vraiment de leur faute. Ils avaient eu la même éducation que moi.

la Grande noirceur (cf. p. 52)

Maurice Duplessis ancien Premier ministre du Québec (cf. p. 52)

le clergé les prêtres

omniprésent partout présent

le carcan *Halseisen, fig.* ce qui interdit de vivre libre

pose-toi pas de questions *(FQ)* ne te pose pas de questions

le cours classique *etwa : Humanistisches Gymnasium*
encadré,e orienté, conseillé
la rigueur sérieux, discipline

Une chose, par contre, que je ne regrette pas est d'avoir fait le bon vieux cours classique. Il faut quand même reconnaître que, contrairement à aujourd'hui, on y était encadrés, il y avait de la rigueur, une discipline qui me semble plus exister dans les cégeps. Je me rebellais un peu contre ce système d'éducation mais je me rends maintenant compte que ça m'a donné une bonne base.

servir la messe assister le prêtre pendant la messe

qc qui cloche qc de bizarre

Par contre, on nous obligeait à aller à la messe presque tous les matins, même à la colonie de vacances du Séminaire de Québec, et il y avait deux messes le dimanche. En plus, on avait droit à une orange si on servait la messe! Alors, finalement, quand j'ai commencé à m'interroger, je me suis dit: «Il y a quelque chose qui cloche dans cette histoire. Pourquoi ne pourrais-je pas choisir moi-même? Pourquoi m'oblige-t-on à croire sans me poser de questions?» Et c'est là que j'ai commencé à me sortir de ce carcan; je me suis mis à évoluer à partir de ce moment-là, d'une certaine façon.

René Lévesque homme politique québécois, cf. pp. 58 et 98/99
André Laurendeau homme politique et journaliste québécois
Le Devoir quotidien le plus important au Québec
l'avènement (m) l'arrivée

J'en suis arrivé au point où je ne croyais à presque plus rien. Mais la Révolution tranquille a constitué un déblocage absolument inouï. Elle avait commencé à se préparer avant même la mort de Duplessis. Il y avait quand même une intelligentsia au Québec, je pense à René Lévesque, à André Laurendeau, à un tas de gens. Ils avaient beaucoup d'influence, Lévesque avec son émission Point de mire, Laurendeau dans Le Devoir. Enfin, il y en avait plusieurs comme ça: Ces gens avaient évolué, ils étaient évidemment anti-duplessistes. Puis la mort de Duplessis a permis la Révolution tranquille, l'avènement de Jean Lesage et là, ce fut le déblocage total.

la rancœur amertume, regret

C'est vers cette époque que je me suis dit que mon anticléricalisme était peut-être un peu ridicule parce que les curés étaient des êtres humains, après tout. Il me fallait dépasser ce stade. J'ai réussi à le faire, mais il m'en est toujours resté une certaine rancœur, même si je rends hommage aux religieux pour ce qu'ils m'ont appris dans le vieux cours classique.

Richard Garneau interviewé par Mathias Brunet, dans: Paroles d'honneur, Editions Québec Amérique, Montréal 2002, pp. 115/116

Michel Tremblay: Le vrai monde?

«Le vrai monde?» est une pièce de théâtre de Michel Tremblay (1987) sur une pièce de théâtre qui s'appelle ... «Le vrai monde?». L'action se déroule dans les années 1960. Les personnages sont: Claude (23 ans), sa mère Madeleine (45 ans) et son père Alex (45 ans), ainsi que sa sœur Mariette (25 ans). Dans la pièce

que Claude a écrite, il met en scène Madeleine 2, Alex 2 et Mariette 2 et nous découvrons des secrets de famille que les personnages Madeleine 1, Alex 1 et Mariette 1 ont soin de passer sous silence depuis toujours: les infidélités d'Alex lors de ses voyages, l'existence d'un enfant illégitime, et même une tentative de viol, dont Claude a sauvé sa sœur au dernier moment il y a quelques années.
Dans les extraits choisis, Madeleine (qui a lu le manuscrit) et Alex (qui l'a jeté par terre) réagissent chacun à sa manière à la pièce écrite par leur fils.

Madeleine 1

Moi j'me disais ... Un artiste dans' famille un écrivain, surtout, ça va faire changement de ce qu'on a toujours connu ... J'avais jamais rencontré personne dans toute ma vie qui voulait devenir un artiste! Pis tout d'un coup y'en avait un dans ma maison! Y'a pas si longtemps j'te trouvais endormi dans ton lit quand tu restais encore ici, avec un papier pis un crayon dans les mains ... tu revenais de tes boîtes de beatnicks, tu te garrochais sur du papier pis tu t'enfermais pendant des heures dans ta chambre. Ça me faisait peur parce que j'avais l'impression que le monde que tu fréquentais était dangereux ... mais quequ'part j'étais flattée ... qu'ici, dans ma maison, y'aye quelqu'un qui s'intéressait à d'autre chose que le hockey l'hiver pis le maudit baseball l'été! J'avais trouvé un allié pour m'insurger quand arrivait le samedi soir à huit heures. Tu t'en rappelles, quand ton père était ici, le samedi soir, quand t'étais petit, les discussions qu'on avait parce que nous autres on aimait mieux regarder la vue au 6, même si c'était en anglais. Pis que ton père pis Mariette voulaient regarder leur hockey? C'est toujours eux autres qui gagnaient, ça fait que tu claquais la porte de ta chambre ... pis j'savais c'que tu faisais ... Tu me faisais pas lire c'que t'écrivais pis je demandais pas de le lire non plus ... J'attendais ... J'attendais c'qui est arrivé cette semaine, j'suppose ... que t'arrives un bon jour pis que tu me dises ... «Tiens, lis ça, pis dis-moi c'que t'en penses» J'étais tellement fière, l'autre jour! Enfin, un gros paquet de papier à lire ... J'avais jamais vu ça, un manuscrit. Ça ressemblait pas à un livre mais ça avait des chances d'en devenir un ... pis ... j'étais probablement une des premières personnes à le lire ... avant l'éditeur ... avant l'imprimeur ... Aussitôt que t'as été parti, chus venue m'installer ici ... J'tremblais, c'est pas mêlant ... J'me disais ... j'vas enfin savoir ... tout ce qu'y préparait tout ce temps-là ... J'ai lu le titre ... J'ai pas trop compris c'que ça voulait dire mais c'est pas

pis *(FQ)* et
les beatnicks style musical des années 60
se garrocher *(FQ)* se lancer
le monde *(FQ)* les gens
s'insurger protester
la vue au 6 émission de télé des années 60
eux autres *(FQ)* eux
ça fait que *(FQ)* donc
chus *(FQ)* je suis
mêlant,e *(FQ)* ici: étonnant

cute *(FQ)* chic, beau
avoir de la misère *(FQ)* trouver difficile
défigurer changer à point de ne plus pouvoir reconnaître
a *(FQ)* elle
-tu *(FQ) sert à former une question*
toute *(FQ)* tout
se livrer se découvrir, dire qui on est
faite *(FQ)* fait
voyons donc *(FQ)* ça alors!
pus *(FQ)* plus
endurer être l'objet de

grave ... J'ai lu les noms des personnages ... J'ai trouvé ça cute que t'aye donné nos noms à des personnages de théâtre ... T'sais ... j'avais jamais lu ça, une pièce de théâtre, moi, pis j'ai eu de la misère au début à comprendre comment ça marchait ... Mais ... au bout de queque'pages ... la déception ... non, pire que la déception, j'sais pas si y'a un mot pour décrire c'que j'ai ressenti ... C'tait comme une brûlure dans mon ventre ... comme le vertige quand on apprend une mauvaise nouvelle tout d'un coup ... La trahison! C'est ça, j'ai eu l'impression d'être trahie par mon propre enfant ... Je r'trouvais toute ma vie ... défigurée ... J'entendais Mariette quand t'étais petit nous crier qu'a' venait encore de te retrouver dans quequ'coin en train de l'espionner ... pis j'me sus dit ... tout ce temps-là, c'est-tu elle qui avait raison? J'ai-tu élevé un espion qui enregistrait toute c'qu'on faisait pour pouvoir rire de nous autres plus tard ... Surtout que ... tu t'es pas livré, toi, là-dedans, en fin de compte. C'est surtout de ça que je voulais te parler. T'as parlé de tout le monde, dans'famille, sauf de toi. C'est-à-dire que les personnages parlent de toi, mais t'es pas là. Jamais. Comment ça se fait, ça? Moi, j'ai toujours pensé que les écrivains écrivaient pour parler d'eux autres ... pour essayer de s'expliquer eux autres ... Mais toi, t'as même pas eu le courage de te mettre dans ta propre pièce. Quand on a fini de lire ça, on le sait pas qui c'que t'es! T'as faite de nous autres des portraits effrayants, t'as arrangé la réalité comme tu voulais, comme ça faisait ton affaire, t'as même gardé nos noms, Claude, mais tu t'es caché, toi. Tu t'es mis en arrière de nous autres en disant au monde: r'gardez comme y sont laids, comme y sont ridicules ...

Claude

J'ai jamais dit que vous étiez laids pis ridicules. Pis si j'ai pas parlé de moi, c'est peut-être parce que j'me trouve pas assez intéressant.

Madeleine 1

Voyons donc! T'as toujours tout fait, ici-dedans, pour attirer l'attention, comment ça se fait que tu te trouves pus intéressant, tout d'un coup! Moi, j'penserais plutôt que c'est de la lâcheté ... Tu reproches à ton père tout le long de la pièce d'être un lâche pis tu vaux pas tellement mieux toi-même ... C'est pas un acte de courage, tu sais, d'écrire une pièce sur du monde qui peuvent pas se défendre ... comment tu veux qu'on te réponde? Tout ce qu'on peut faire, c'est de rester là, à subir tes affronts, à endurer tes mensonges, parce que c'est toutes des mensonges, ça, Claude ...

Claude
C'est pas des mensonges, maman. C'est ma façon à moi de voir les choses ... C'est une ... version de la réalité.
Madeleine 1
C'est une version que tu veux emmener sur la place publique tandis que notre version, à nous autres, on est obligés d'la garder pour nous autres!
Claude
Tu dis que t'aimes mieux le silence ... Moi j'ai décidé de prendre la parole ...

....

Alex 1
Ah! là on arrive à quequ'chose d'important! Parlons-en de la façon que ça sort! Tu disais tout à l'heure que quand t'étais petit tu faisais de moi un portrait idyllique ... J'me doute un peu que «ça», comme tu dis, c'est pas idyllique pantoute! Ton portrait de moé a changé, en dix ans, hein? J'me doute un peu que c'est pus pantoute «popa je t'aime, mon beau popa»!
Claude
La conscience vient avec l'âge, imagine-toi donc!
Alex 1
La conscience! De quoi! Chus pas devenu un monstre entre 1955 pis 1965!
Claude
Non, c'est vrai, t'as pas beaucoup changé. J'dirais même que ça doit pas être normal pour un être humain de pas évoluer plus que ça sur une période de dix ans.
Alex 1
Tiens ... encore le mépris.
Claude
Ah! oui ... le mépris. Le v'là, le vrai mot. Chus passé de l'admiration béate au plus profond des mépris ... petit à petit, étape par étape, je dirais ... Quand t'es un enfant pis que *tu veux* admirer quelqu'un, y'a pas un défaut, y'a pas une tare, y'a pas un vice qui peut obscurcir ton entêtement à admirer. Un héros est un héros une fois pour toutes! C'est irrémédiable pis tellement enthousiasmant! Pis tellement nourrissant! Pis en vieillissant ... tu changes, c'est sûr ... Tu voulais changer, aussi, mais pour y ressembler, à lui, ton héros parfait qui t'avait aidé à passer à travers les difficultés de l'enfance, pis les incertitudes du début de l'adolescence ... mais le héros, lui, y reste pareil sur son piédestal ... quelle tristesse! Ton enfance pis ton héros s'effritent en même temps. Tu découvres au même moment les faiblesses de ton héros et la grande naï-

pas pantoute *(FQ)* plus du tout

béat,e naïf

la tare le défaut

le vice *Laster*

l'entêtement (m) détermination, volonté très forte

s'effriter se décomposer, se défaire

sombrer couler, glisser, tomber

le mépris *Verachtung*
la veulerie lâcheté, faiblesse de caractère

inatteignable qu'on ne peut toucher
grafigner *ankratzen*

nous autres *(FQ)* nous

la complicité le fait de se taire sur un crime

la poupoune *(FQ)* femme très maquillée
la petite mort le fait de coucher avec qn
la joke *(FQ)* la blague

cochon,ne sale

sillonner suivre

veté de ton enfance ... Tu veux mourir de honte ... d'avoir·été trompé. *(Silence.)* T'évolues en regardant grossir les défauts de fabrication de ton héros qui finit par sombrer dans le grotesque, pis tu te dis: c'est ça que j'admirais? Pis en plus on dit qu'on a les héros qu'on mérite? *(Silence.)* J'espère que personne t'a jamais mérité. *(Il ramasse encore quelques feuillets.)* J'ai vraiment mis là-dedans tout le mépris que je ressens pour toi. Tout ... le mépris. Y'a pas d'autre mot. Toute ta veulerie est là. Toute ta paresse intellectuelle. Ton épouvantable paresse intellectuelle. J'pense que tu sais même pas que l'intelligence existe pis qu'on peut s'en servir. Tu t'es jamais intéressé à rien dans toute ta vie! Pis à personne. T'as été parfaitement égoïste pis égocentrique. C'est même pas de la méchanceté ... c'est de l'inconscience égoïste ... On peut pas t'en vouloir d'être méchant, tu l'es même pas! Pour être méchant, faut être conscient, faut se servir de son intelligence! C'est pour ça que t'es inatteignable! On peut pas te grafigner, les ongles des autres existent pas pour toi! Tu fais tout en fonction de toi, pis que les autres se débrouillent avec leurs problèmes ... pis les tiens par la même occasion! Quand j'ai compris, par exemple, que madame Cantin de Sorel était pas plus importante que nous autres pis que nous autres non plus on n'était pas plus importants qu'elle pis son enfant, toute ma jalousie a disparu ... Dieu sait que j'avais été jaloux malgré mon âge ... Aie, une deuxième famille, des rivales! Des voleuses! Même si t'étais jamais là j'étais quand même jaloux qu'on te vole! R'garde-moi pas comme ça, on connaît tous l'existence de madame Cantin, dans'maison, même si on n'en a jamais parlé ... C'est ça la belle complicité des familles ... Ben j'ai compris à ce moment-là à quel point les êtres humains sont pas importants pour toi ... T'es totalement irresponsable ... Tout ce qui compte, c'est la bière du samedi soir, les poupounes, la petite mort sur un lit de motel mal entretenu, les jokes, les jokes, papa, tout ce qui est important pour toi, c'est les jokes! Pis ça c'est méprisable! T'as évolué juste dans tes jokes! T'es devenu un grand, un très grand conteur de jokes cochonnes, un point c'est tout, parce que rien d'autre t'intéressait dans la vie, c'est-tu assez triste à ton goût! Aucune curiosité! Aucun questionnement! Rien! T'as sillonné les routes du Québec pendant toute ta vie en te bâtissant un invraisemblable répertoire d'histoires cochonnes sans jamais te poser une seule question! T'as soulevé des tonnes de poussière avec des générations de voitures sur des routes qui étaient pas encore asphaltées, c'est tout c'que t'as fait de ta vie! Comment veux-tu que j'te crucifie pas avec mon mépris? Pis dans ma pièce, j'ai mis tout ce mépris-là dans le personnage de maman ... C'est maman qui te dit tout c'que j'pense de toi parce que c'est elle qui a probablement le plus souffert de ce que t'étais. *(Ironique)* J'ai fait ce qu on appelle ... un transfert. C'est ça mon rôle ... j'pense. De faire dire aux autres c'qu'y sont pas capables de dire pis ce que chus pas capable de dire moi non plus. Mais chus pus sûr. Après ce soir chus pus sûr. Chus pus sûr d'avoir le droit de devenir écrivain. Maintenant, j'ai peur de devenir aussi manipulateur que toi. J'ai peur de devenir un conteur de jokes, moi aussi. De donner naissance à un répertoire de jokes de plus en plus plates pis, surtout, de plus en plus insignifiantes. Déchire-la, ma pièce, si tu veux, papa, mets le feu dedans, c'est plein de ... *(Silence.)* Mensonges. J'ai essayé, à travers des mensonges, de dire ce qui était vrai. Pis j'pense que j'ai réussi jusqu'à un certain point parce que j'pense que c'que j'ai écrit est bon. Mais à quoi ça sert. A quoi ça sert, papa, si j'peux pas me rendre jusqu'à ton cœur? A quoi ça sert si tu refuses d'admettre que t'en as un? R'garde, le mien est éparpillé partout, pis tu peux le piétiner tant que tu voudras.

plate *(FQ)* ennuyeux

éparpiller jeter ça et là, disperser
piétiner marcher dessus avec les pieds

Il se dirige vers la porte. Il se retourne avant de sortir.

Claude
Si j'étais pas arrivé, ce soir-là, papa, je le sais que tu l'aurais violée, Mariette, pis que ça serait devenu un sujet tabou dans'maison, comme madame Cantin. On aurait tous été ... complices, une fois de plus. Si personne te dénonce, que c'est qu'on va devenir, tout le monde?

Il sort.

Alex 1 *(ironique)*
R'mercie-moé avant de partir! Si c'est vrai que c'est à moé que tu le dois, ton beau talent d'écrivain! Calvaire de p'tit intellectuel! C'est toujours ça que vous avez pensé de nous autres, hein, toé pis ta gang!

le calvaire *(FQ) Schimpfwort*

la gang *(FQ)* groupe d'amis

Alex prend quelques feuillets et commence à les brûler un à un.

FIN

Michel Tremblay: Le vrai monde?, Leméac Éditeur, Montréal, 1989

DVD Une glace à la vanille, c'est bon pour les filles – une glace au citron, aiment les garçons?

Le film CRAZY (2005) met en scène une famille québécoise de quatre garçons des années 1970. La famille, l'adolescence et l'homosexualité sont des thèmes importants du cinéma québécois du début du 21ème siècle. Voici une scène du début du film.

sa fête son anniversaire

Le seul avantage d'avoir sa fête en même temps que Noël, c'est d'avoir un plus gros cadeau que les autres.

Zac déchire le papier d'emballage de son cadeau: c'est un jeu de hockey sur table. Les autres enfants l'admirent, mais Zac est moins enthousiaste. Son père le remarque.

Quelques jours plus tard, Zac est revenu au centre commercial et a échangé le cadeau ... Il y a une discussion entre ses parents:

pis *(FQ)* et alors
la fifi petite fille, ici: garçon qui ressemble à une fille

La mère: Ben oui, mais c'est ça qu'il voulait.
Le père: Pis! C'est pas lui qui décide. Tu m'en feras pas une fifi.
La mère: Il a juste cinq ans, voyons donc!
Le père: Il va avoir six. Pis, y'a d'l'air de sept. Y'a pas de voyons donc, là, tu vas me retourner ça, ces affaires-là.

Et à Zac: Tu ferais rire de toi avec ça, mon loup. Papa veut pas ça.

le landau *Kinderwagen*

Sa mère ramène le cadeau qu'il avait choisi et qu'il n'a pas le droit de garder: c'est un landau pour poupées.

Une scène du début du film C.R.A.Z.Y. de Jean-Marc Vallée, 04:20–05:28;
C.R.A.Z.Y – Un film de Jean-Marc Vallée, 2005 Productions ZAC Inc.

DVD Les Colocs: Dédé

le bécique *(FQ)* le vélo
a *(FQ)* elle

Juste en bas d'chez moi
Sur la rue Mont-Royal
Y a un p'tit gars, y a pas d'bécique
Y a une mère mais c'est pas sa mère
Pis son père, c't un alcoolique
C'est classique

Des fois y a l'aut'mère
Qui est pas plus sa mère
À vient l'chercher, ça fait du bruit
D'ailleurs, le bruit c'est toute sa vie
À part la folie

Refrain:
Wo! Wo! Wo! Dédé
Dédé, Dédé, Dédé!
Dis-moi comment tu fais pour endurer tout ça!
Dis-moi qu'est-ce que j'peux faire pour te venir en aide
Chasser les démons qui rentrent dans ta tête!

Tous les jours
À sept heures du matin
J'entends des cris: Dédé viens icitte!
J'pense que Dédé c't un fils de putain
On l'traite comme un chien!

Et pis y a l'autre soûlon
Qui gueule après lui
Une chance qu'y est pas là l'après-midi
Ça fait qu'Dédé va jouer dans ruelle
Avec les poubelles

Refrain

Ah le soir venu, quand Dédé est couché
Le bruit est parti, y vit sa vie
Ent' deux couvertes pis son vieux toutou
Enfin l'monde est doux!

Ah d'un rêve à l'autre
Y patine, y s'amuse
Y danse, y rit avec ses chums
Y vole au-dessus d'la ville avec les éléphants
Enfin y a du fun!

Refrain

endurer subir, supporter

icitte *(FQ)* ici
la putain prostituée

le soûlon l'alcoolique
gueuler crier

la ruelle chemin qui passe derrière les maisons

y *(FQ)* il
le toutou petit chien

patiner *Schlittschuh laufen*
le chum *(FQ)* ami

le fun *(FQ)* plaisir

8. Vivre au Québec

DVD Lynda Lemay: Bleu

Dans mon pays, y a un printemps plus beau que n'importe quel autre
Dans mon pays, cordes au vent, il y a tout plein d'enfants qui sautent
Y a des hivers plus longs que les étés sont verts
Dans mon pays, les étés meurent dans des montagnes de couleurs
Dans mon pays, y a du soleil qui se regarde dans la glace
Dans mon pays, y a des merveilles de patinoires sur les lacs
Y a de l'espace, assez pour s'y perdre toujours
Dans mon pays, au bout de chaque appel à l'aide, y a du secours
Dans mon pays, y a des familles qui éclatent par-ci par-là
Dans mon pays, quand les yeux brillent, ça veut pas dire que c'est de joie
Dans mon pays, y a pas de guerre et puis y a pas d' bombardements
Mais mon pays, c'quand même sur Terre, pis bon, la Terre, c'pas l' firmament
Dans mon pays, y a l'horizon qui est juste un peu plus long qu'ailleurs
Dans mon pays, y a d' la passion et plein d'chanteuses et plein d'chanteurs
On est tous riches de ne pas se prendre au sérieux
Dans mon pays, sur un qui triche, y a mille bons cœurs respectueux
Dans mon pays, y a un drapeau qui ne s'arrête pas de fleurir
On est si bleus, on est si beaux que nul ne peut nous faire rougir
On voit si grand que l'Univers est notre Dieu
Dans mon pays, c'est important qu' le bout du monde soit heureux
Dans mon pays, y a des maisons où, comme ailleurs, y a d' la chamaille
Dans mon pays, y a des poupons nés dans la peur et sur la paille

la corde fil pour faire sécher le linge ou pour jouer
la patinoire *Eislaufstadion*
tricher ne pas respecter les règles du jeu
la chamaille dispute
le poupon bébé

Dans mon pays, y a d'l'injustice mais faut s'rappeler qu'y en a bien peu
Parce que mon pays, sur la liste des pays, c'est le plus bleu, le plus bleu
Dans mon pays, on parle français avec des perles d'anglicismes
Dans mon pays, c'est vrai, l'anglais déferle en nous avec délice
Y a qu'à s' parler pour se comprendre, c'est logique
De mon pays, on peut voler jusqu'en Irlande ou en Afrique
De mon pays, j'ai dû sortir pour réaliser à quel point
Ben, mon pays, c'est mon avenir, c'est mon début et c'est ma fin
Dans mon pays, on a des rêves parfois trop gros, jamais trop bleus
Dans mon pays, bien sûr, on crève parfois trop tôt, jamais trop vieux
Dans mon pays, l'érable pleure un petit sirop savoureux
Y a des valeurs bien implantées par nos aïeux
Les noms qu'on signe dans mon pays, on les souligne de trois bisous
Un peu comme aux États-Unis, mais les p'tites croix sont bien d' chez nous
Si vous venez dans mon pays
Vous en ressortirez tout bleu
Et puis malgré c' que Madame dit
Nous, d' la visite, ben on en veut!

Chœurs:
Pour un instant, j'ai oublié mon nom
Moi, mes souliers ont beaucoup voyagé
Moi, mes souliers ont beaucoup voyagé
Je reviendrai à Montréal
Je reviendrai à Montréal
Chanter comme une bête pour me garder vivante
C'est toi que j'aime
Chanter à tue-tête c' que j'avais dans l' ventre
Et les crapauds chantent la liberté
Mon pays, ce n'est pas un pays c'est l'hiver
Mon pays, ce n'est pas un pays
Pour un instant, j'ai oublié mon nom
C't' à mon tour d'ouvrir la maison chez nous
Liberté
Aimons-nous quand même
Gens du pays, c'est votre tour de vous laisser parler d'amour

déferler couler

crever mourir

l'érable (m) *Ahorn*
l'aïeul, les aïeux (m) ancêtre, *Vorfahr*

chanter à tue-tête chanter très fort
le crapaud *Kröte*

Gens du pays, c'est votre tour de vous laisser parler d'amour
J'aurais voulu être un artiste
C'est toi que j'aime
La vie en rose, je n'ai pas besoin de grand-chose
Aimons-nous quand même
J'aurais voulu être un artiste
Chanter à tue-tête c' que j'avais dans l' ventre
Chanter comme une bête pour me garder vivante

Title	**Authors**	**Publishers**
Je reviendrai à Montréal	Thibon Daniel Charlebois Robert	Les éditions Conception
La vie en rose	Valiquette Gilles	Les éditions de la Marge
Moi mes souliers	LECLERC Félix	Editions Raoul BRETON
Aimons-nous quand même	Deschamps Yvon Perron Jacques	Intermède Tiger Music Les Editions YD
Starmania: le blues du Businessman	Plamondon Luc Berger Michel	Universal MBM
Mon Pays	Vigneault Gilles	Les Editions du vent qui vire
Gens du Pays	Rochon Gaston Vigneault Gilles	Les Editions du vent qui vire
C'est toi que j'aime	Plante Sébastien Laramée Yves	Editions Word Speed Les Editions Sphère Inc
Chez nous	Boucher Daniel Maurice	Le 08-08-88 à 8h08 inc. Les éditions Boucane bleue
Vivante	D'Amour France Lamarre Louise Dufour Stéphane Victor	Bloc-Note Éditions Les éditions France d'Amour Tacca Musique inc.
Hymne au printemps	LECLERC Félix	Editions Raoul BRETON
Pour un instant	Normandeau Michel Fiori Serge	Prime Quality Music

8.1 S'engager

Au Québec, comme dans toute l'Amérique du Nord, il est bien vu de s'engager, de faire partie d'une association, d'aider à un événement sportif, d'être bénévole dans un musée, dans une activité communautaire.

bénévole qui travaille sans être payé
communautaire se dit au Québec d'une association, d'une maison de quartier ou de tout autre organisme qui s'occupe d'une cause sociale ou humanitaire

Réussir son intégration

Il existe trois façons de s'intégrer plus facilement: le cinq à sept, le sport et le bénévolat.
Le cinq à sept est une institution parmi les salariés. Une ou deux fois par semaine, des collègues se retrouvent entre 17 et 19 heures dans un bar autour d'un gros pichet de bière. On y «jase» des événements de la journée et des petites ou des grandes choses de la vie. Le cinq à sept est agréable et il vous permettra de mieux comprendre la vie de la cité. Organisée entre amis, cette petite réunion dure alors beaucoup plus longtemps et s'agrémente parfois de jeux de société.
Le sport est un passage obligé et joue un rôle très important au Québec. Il ne s'agit pas que de maintenir sa forme physique. Le sport est un relais social dans la vie des Québécois. On fait du sport pour créer des liens sociaux, éventuellement et rencontrer des gens qui serviront pour une recherche d'emploi mais aussi pour trouver un «chum» (petit ami) ou une «blonde» (petite amie). En Amérique du Nord, faire du sport n'est pas une question d'âge. Les gymnases sont remplis de jeunes de 20 ans, mais également de personne âgées de 30 à 60 ans. Souvent dans une soirée on vous demandera quel sport vous pratiquez. C'est souvent une invitation à partager une passion commune.
Le bénévolat est très bien vu au Québec. Essayez le centre communautaire de votre quartier ou les associations. En général, on ne vous demandera que quelques heures par semaine, voire par mois. L'ambiance est souvent sympa et permet de rencontrer un tas de monde. Un autre réseau pour trouver du travail.
Enfin, et ce conseil n'est pas des moindres: oubliez vos compatriotes français, belges ou suisses pour quelques mois. Il n'y a rien de pire pour rater son intégration que de rester avec des amis de sa nationalité d'origine. Les premiers moments enchanteurs passés, les critiques fuseront et vos vis-à-vis se mettront à comparer et à dire «Oui, mais en France ...» Réussir

le bénévolat le fait de travailler sans être payé
le salarié qui travaille pour un salaire
le pichet un litre de bière partagé par plusieurs
jaser *(FQ)* se parler, discuter

s'agrémenter s'accompagner agréablement

le gymnase salle pour faire du sport

enchanteur,se miraculeux

le bras de fer combat

votre intégration sera alors une véritable partie de bras de fer.

Ludovic Hirtzmann: Premiers contacts avec le Québec, Éditions Multimondes, Sainte-Foy, Québec, pp. 78/79

Les jeunes refont le monde

les accommodements (m) **raisonnables** cf. p. 158
dévasté,e détruit, en ruine
le séisme tremblement de terre
syndical,e *gewerkschaftlich*
incarner jouer le rôle de
la clôture la fin
rétorquer opposer une remarque
germer naître, sortir
l'entrepreneuriat (m) *(FQ)* le fait de diriger une entreprise
la toile *(FQ)* internet

Charte du vivre-ensemble pour régler les accommodements raisonnables, accord international sur le climat, plan de développement du nord du Québec, plan de reconstruction d'un pays dévasté par un séisme ou négociations syndicales: en trois jours, les participants de l'École d'été de l'Institut du Nouveau Monde (INM) ont proposé des solutions à des problèmes des plus actuels.
Pendant quatre jours, quelques centaines de jeunes ont créé un microclimat où ils incarnaient tant des politiciens, des travailleurs, des représentants syndicaux, des journalistes, des gens d'affaires que des artistes. La simulation a permis aux participants du parcours «changements climatiques», qui ont reproduit les négociations de Copenhague, de constater que le cadre de négociation international actuel «laisse peu de place à la solidarité et l'innovation».
«On devrait vous confier le pouvoir, ça irait mieux dans le monde», leur a lancé le directeur général de l'INM, Michel Venne, lors de l'événement de clôture. Il les a d'ailleurs invités à présenter leurs projets «aux décideurs de la société». Il rétorque à ceux qui «disent que [ces jeunes] sont dans les nuages parce qu'ils ne parlent pas d'économie, et qui demandent avec quoi ils vont payer leurs bons sentiments», qu'au contraire, «partout dans [leurs] propositions l'économie est présente».
De la septième édition de l'école d'été ont germé de nombreuses idées, dont 40 projets d'entrepreneuriat social. Les jeunes gens d'affaires engagés proposent par exemple un programme de francisation des immigrants centré sur l'écologie et une vitrine Web pour permettre aux artistes de financer leurs projets. L'École d'été a par ailleurs connu un grand succès sur la toile, générant le troisième flux francophone d'informations en importance sur Twitter, hier. Certains participants ont même écrit plus de 200 micromessages pendant l'événement.

Amélie Daoust-Boisvert, L'école d'été de l'INM présente ses conclusions, dans: *Le Devoir,* 16 août 2010

Parmi les causes qui mobilisent le plus les jeunes, il y a l'écologie, au niveau de la planète et chez soi, par exemple contre l'exploitation des richesses naturelles: la forêt du Nord, l'eau, le pétrole dans la mer. Il y a à Montréal un grand quartier, «le Plateau», où plus de la moitié des personnes n'ont pas de voiture, mais se déplacent en métro, autobus, vélo ou «communauto». Mais ce sont des exceptions. Dans leur ensemble, les Québécois ne sont pas très différents des autres Nord-Américains: on ne renonce pas à la voiture, à l'avion, à l'air climatisé et aux dépenses en énergie très importantes.

Un char? C'est ainsi qu'on appelle une voiture en français québécois (cf. p. 112).

Comme le «vélib» à Paris, il existe un réseau de vélos en service libre à Montréal, le «bixi».

communauto organisme qui propose le *carsharing* au Québec

8.2 Mon pays c'est l'hiver … mais pas seulement

Selon un cliché courant, le Canada, c'est l'hiver. Et c'est vrai que les hivers sont spectaculaires. Et il est étonnant de voir comment une métropole comme Montréal continue à vivre normalement même avec des tempêtes de neige importantes.

la tempête de neige *(FQ)* importante chute de neige

Gilles Vigneault: Mon pays

Mon pays ce n'est pas un pays, c'est l'hiver
Mon jardin ce n'est pas un jardin, c'est la plaine
Mon chemin ce n'est pas un chemin, c'est la neige
Mon pays ce n'est pas un pays, c'est l'hiver.

> L'hiver a fait de nous ce que nous sommes: un peuple heureux de dégeler au printemps.
>
> Benoit Aubin

La neige

La neige est aussi une œuvre d'art. Pas uniquement grâce au cristal hexagonal du flocon parfait, mais d'abord parce qu'elle nous a offert notre premier contact avec l'art, notamment notre première expérience des arts plastiques: la fabrication de la balle de neige impeccable, la construction du bonhomme de neige totalement sympathique ou du fort ab-

impeccable parfait
le bonhomme de neige *Schneemann*

D'énormes machines enlèvent assez de neige dans les rues pour permettre la circulation.

À qui est cette voiture?

À la campagne, on se déplace en motoneige.

On peut faire du ski en pleine ville.

solument imprenable. Aussi, parce qu'elle nous a permis une première approche de la poésie puisque, dans nos écoles, aucun enfant n'échappe encore au motif émouvant du grand manteau d'hermine de l'hiver qui arrive.

l'hermine (f) *Hermelin*

Il est donc particulièrement triste de devoir avouer plus tard à ces mêmes enfants que tout cela n'était que mensonge. Et de leur montrer que, pour devenir adultes, il leur faudra apprendre que la neige est surtout faite pour être ramassée et enlevée par des camions qui iront ensuite la jeter dans le fleuve ou la déposer dans un cimetière dépotoir. La neige est une saleté, on la balaie, on l'écarte et il ne faut pas qu'elle nous touche. On traite la neige comme une ordure et on s'étonnera ensuite que les artistes se plaignent d'être incompris et maltraités.

le dépotoir *Halde*

l'ordure (f) *Müll*

Bernard Arcand, dans: Bernard Arcand/Serge Bouchard: Les meilleurs lieux communs, peut-être, Éditions du Boréal, Montréal 2003, p. 224

Le froid

Il nous a fait qui nous sommes. Merci. Le froid, c'est le défi, l'obstacle qui fait l'homme plus intelligent, plus créatif, plus fort. Il fait les meilleurs ingénieurs, car l'appareil qui fonctionne à –20 fonctionnera partout. Il nous fait solidaires (il faut au moins deux personnes pour libérer une voiture prise dans une ornière de glace ...). Il donne l'alternance qui influence la culture, l'architecture, la cuisine, l'alternance qui rythme nos vies, qui nous fait troquer le short contre l'anorak, le vélo contre la raquette, le barbecue contre la raclette, la terrasse contre le coin du feu. C'est aussi l'ami qui nous enseigne l'humilité. L'homme peut détourner la plus grande rivière, couper la plus grande forêt, mais il n'éliminera pas le froid. On aura beau le repousser et le pelleter, toujours il reviendra.

Bernard Voyer, dans: 101 mots pour comprendre le Québec, Édition spéciale *L'Actualité* mars 2006, Montréal, p. 70

l'ornière (f) trace laissé par des voitures
l'alternance (f) changement
troquer échanger
la raquette chaussure pour marcher dans la neige

pelleter enlever avec une pelle, *wegschaufeln*

Plume Latraverse: Lit vert DVD

Y fait pas chaud
Même si l'hiver est beau
J'aurais ben l' goût d' sacrer mon camp
Jusqu'au printemps
L'hiver pour moé
C'est pour se g'ler les pieds
Pis c'est bon pour se g'ler la tête
Dans l' temps des Fêtes
J'ai pas d' skidoo, j'ai pas d' garage
Dans l' sud c't'un maudit beau voyage
Le grand soleil à cinquante cennes par jour
Ça vaut la peine d'aller faire son p'tit tour

Plume Latraverse: *Lit vert*, de l'album *Le lour passé de Plume Latraverse,* Vol. II; © Disques Dragon Inc.

y *(FQ)* il
sacrer son camp *(FQ)* partir
pis *(FQ)* et
se geler la tête *(FQ)* trop boire, se saouler
le skidoo *(FQ)* motoneige (*Motorschlitten)*
la cenne *(FQ)* le cent

La ville connaît deux saisons: avant et après le gel.

Moyenne mensuelle des températures de Montréal

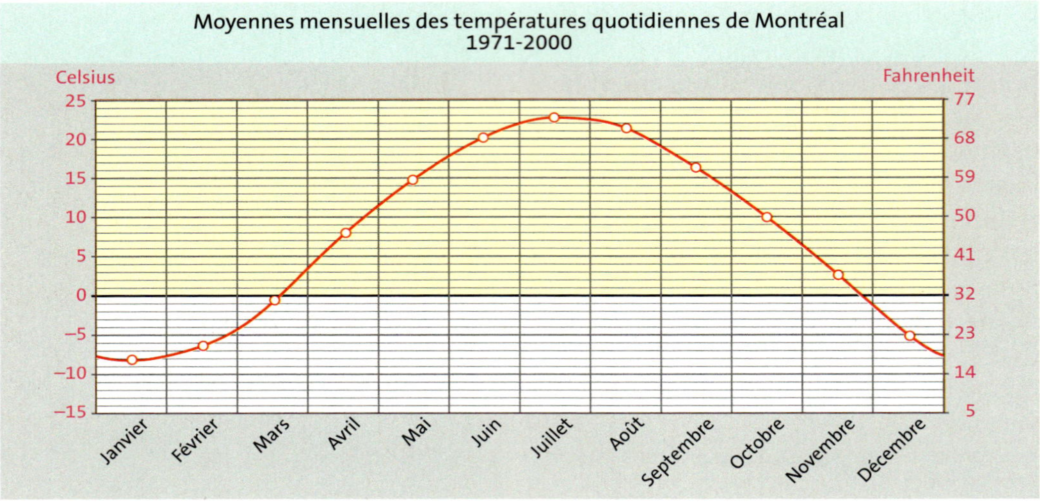

Source: Environnement Canada, «Normales climatiques au Canada 1971 – 2000», Montréal, station McGill, Québec

Ce qui est moins connu, ce sont les étés très chauds.

Le parc Lafontaine à Montréal, en janvier et en juillet.

Le lac Saint-Jean en juillet

Le printemps est arrivé au marché Jean-Talon à Montréal.

La période la plus colorée, c'est le fameux été indien, un mélange de chaudes journées ensoleillées et de nuits fraîches qui, avant l'arrivée de l'hiver, colore des feuilles d'érable d'orange ou de rouge vif.

L'été indien et l'arrivée de la première neige près du fleuve Saint-Laurent

8.3 Fêtes et festivals

En dehors de Noël, Pâques et le Jour de l'an (1er janvier), sont jours fériés au Québec: la Journée des Patriotes le 3ième lundi de mai (cf. p. 45), la Fête nationale du Québec le 24 juin et la Fête du Canada le 1er juillet (cf. pp. 19/20), l'Action de grâces le 2nd lundi d'octobre et le Jour du Souvenir le 11 novembre (date de l'armistice mettant fin à la Première guerre mondiale).

Action de grâces *Erntedankfest*

l'armistice (m) *Waffenstillstand*

Une maison décorée pour Halloween

Halloween dans une école primaire

Halloween est une bonne occasion de s'amuser avant l'arrivée de l'hiver. Et si l'on inclut tous les festivals, foires et bals, il est difficile de trouver un moment où il ne se passe rien. (Essayez www.festivals.qc.ca)

Le Cirque du Soleil dans le port de Montréal

Festival «Tous sur la Main» à Montréal (cf. p. 125)

«Nuit blanche sur tableau noir», un festival artistique sur la rue Mont-Royal à Montréal

8.4 Sports

Au Québec, le hockey sur glace n'est pas un sport, mais une chose sacrée. Le club «les Canadiens de Montréal» crée l'une des rares occasions de passion vécue en commun par les anglophones et les francophones de la ville.
Quelques joueurs très connus, comme Guy Lafleur dans les années 1970, et surtout Maurice Richard dans les années 1940 et 1950, étaient les idoles des Canadiens français. Sa suspension lors d'un match, avait conduit à une vague de vandalisme sur la rue Sainte-Catherine en 1955.

Maurice Richard comme un des géants dans le cortège de la Fête nationale du Québec.

Hockey – sport national

Nous sommes en 1954. La foule est en délire. Je viens d'inscrire mon 50ième but en 50 parties. Je suis Maurice «Rocket» Richard, le plus grand, le plus spectaculaire joueur de hockey au monde. J'ai 6 ans. Nous sommes en 1961. La foule est en délire. Je viens d'inscrire mon $50^{\text{ième}}$ but en une saison. Je suis Bernard «Boum Boum» Geoffrion. J'ai 13 ans. Entre-temps, j'ai été, pas nécessairement dans l'ordre, Émile «Butch» Bouchard (1955), Maurice Richard, une deuxième fois, Jacques Plante (1959), Henri Richard (1960) et Jean Béliveau (1957 et 1958).

attendri,e pris par l'émotion, *gerührt*

Nous sommes environ un million de petits garçons à «avoir été» ces grands athlètes, sous l'œil attendri de nos parents qui auraient bien aimé que cela soit vrai. Et qui n'ont rien ménagé pour que cela le devienne.

le patin *Schlittschuh*
la rondelle *Puck*
le chandail *(FQ)* pullover

Car, comme la très grande majorité des Québécois, j'ai reçu de mes parents (je ne leur pardonnerai jamais) en cadeau de Noël, entre 4 et 16 ans, 12 paires de patins, 12 bâtons de hockey, 12 rondelles et 12 chandails du Canadien avec, chaque année, un numéro et un nom différents dans le dos. Le numéro et le nom du hockeyeur canadien français qui s'illustrait le plus cette année-là. Pendant toute cette période, je ne me suis jamais demandé qui j'étais. C'était écrit sur mon chandail. Et Gilles Vigneault n'avait pas encore commencé à chanter.

Le drapeau des Canadiens. «H» signifie «habitant» (cf. p. 36).

acquiescer dire oui
le nichon sein

J'avais 12 ans. Il y avait dans le journal la photo de Maurice Richard, en compagnie d'un garçon de mon âge. La légende expliquait que le jeune garçon, atteint de leucémie, devait mourir dans trois ou quatre mois et qu'il avait exprimé le désir de rencontrer le Rocket avant de quitter ce monde. Et le Rocket avait, bien entendu, acquiescé à sa demande. Ce jeune garçon n'avait pas demandé à voir les nichons de son infirmière. Il n'avait pas demandé à faire un voyage outre-Atlantique. Non. Son univers c'était le hockey. Et je me souviens parfaitement avoir envié sa leucémie.

suspendre interdire de jouer
priver qn de qc enlever qc à qn
briser *(FQ)* casser
être débordé,e avoir trop de travail
bouter jeter

En 1955, à trois parties de la fin de la saison, Clarence Campbell, le président de la Ligue nationale de hockey, suspend Maurice Richard pour le reste de la saison, le privant ainsi du championnat des compteurs et privant virtuellement le Canadien de la coupe Stanley, l'emblème de la suprématie «mondiale» du hockey. Le samedi soir suivant, lorsque Clarence se présente au forum de Montréal, c'est l'émeute. Les partisans veulent le lyncher. Ils brisent les sièges, se répandent sur la rue Sainte-Catherine et cassent des vitrines de magasins. Les forces de l'ordre sont débordées. Maurice doit intervenir. Il lance un appel au calme et demande à tous de rentrer chez eux. Ce soir-là, si Maurice Richard avait dit: «Boutez les Anglais hors du Québec!», il serait vraisemblablement devenu président de la République.

piller voler

Car si nous laissons piller nos ressources naturelles sans élever la voix, si nous nous laissons enfermer dans une situation de colonisés sans grandes velléités de résistance, si nous nous laissons obnubiler par la religion («L'argent est une invention du diable, disaient les curés, laissons-le aux Anglais.»), si, bref, nous acceptons sans rechigner de n'être que des porteurs d'eau, nous sommes néanmoins prêts à nous battre pour garder la coupe Stanley. Le sport est un nombril. Le nôtre. Et notre planche de salut. La seule.

Il n'y a qu'un seul sport au Québec le hockey. Il n'y a qu'une seule équipe: le Canadien de Montréal. Nous sommes les plus forts du monde au hockey. Plus forts que les Américains, évidemment. Et plus forts, surtout, que le reste du Canada, qui nous domine dans tous les autres domaines. Nous mettons toutes nos aspirations dans ce club qui nous ressemble, dans ces joueurs qui portent l'uniforme (suivez mon regard) BLEU-BLANC-ROUGE. Ce sont nos résistants. Nos patriotes. Et lorsque, le samedi, les Maple Leafs (yearch!) de Toronto (double yearch!) sont les visiteurs, personne n'oublie le vendredi soir de prier. («Mon Dieu, faites que le Canadien gagne demain.») Et le Canadien gagne, en effet. Et chaque but compté, c'est Montcalm, vengé encore une fois. Et peut-être même Louis Riel, là-bas, enterré au fin fond du Manitoba, qui triomphe un peu. On n'a vraiment jamais su s'il était de notre bord. Mais il était contre Ottawa. Alors!

Michel Lessart, dans: *Autrement* N° 60, 1984, pp. 217–220

la velléité petit effort
obnubiler rendre l'esprit moins clair, *einlullen*
rechigner protester, refuser
le nombril *Bauchnabel*
la planche de salut *etwa: der Rettungsring*
l'aspiration (f) désir, espoir
Montcalm cf. p. 40
Louis Riel cf. pp. 46/47
de notre bord avec nous

Les Canadiens en 1929

Loco Locass: Le But

DVD

Icitte au Québec y fait pas froid, y fait frette
C'est de même parce que c'est de même pis c'est ben correct
On a de la place en masse
Et nos face-à-face on les fait sur la glace
Alors, on lace nos patins pis nos casques
Et comme Maurice, on glisse dans l'arène avec la haine de la défaite

icitte *(FQ)* ici
de même *(FQ)* comme ça
correct *(FQ)* normal
le patin *Schlittschuh*
pis *(FQ)* et

Et le feu dans les yeux
Quand on veut, on peut …
Gagner!

En des temps si lointains qu'les franco s'appellaient Canadiens
À une époque où les pucks étaient faites de crottin
On a réuni des hommes dont le destin commun est comme un film sans fin
En Technicolor, et tricolore:
Bleu comme le St-Laurent
Blanc comme l'hiver
Rouge comme le sang qui nous coule à travers
Le corps de l'équipe c'est le coeur de la nation
Et chaque année, faut clore avec une célébration

Ils diront jamais tel quel aux nouvelles
Mais le tissu social de Montréal
C'est de la Sainte-Flanelle
Quand y est question de hockey
Nous on fait pas dans la dentelle, OK?
C'est plus qu'un sport:
c't' une métaphore de notre sort
C'est ça qui nous ressemble
C'est ça qui nous rassemble
Anglo, franco peu importe ta couleur de ta peau
Si tu détestes Toronto le sang qui bouge dans tes artères
Est aussi rouge, mon frère, que le chandail de nos

Vingt cœurs de vainqueurs qui luttent avec honneur
Les Canadiens pour une fois rallient tous les Québécois
Vingt cœurs de vainqueurs pour le pire et le meilleur
Les Canadiens de Montréal: notre équipe nationale

Un plan de match qu'on respecte à la lettre
Un gardien alerte
Des bonnes mises en échec
Des passes drettes sur la palette
Pis des lancers précis et secs
C'est comme ça qu'on va gagner nos épaulettes !

Mais quand ça va mal, quand on cale ou on dévire
Que j'voie pas un sale quitter le pont du navire
C'pas à matin -non!- qu'on accroche nos patins
Un Flying Frenchman, franchement!, ça franchit sans flancher

Allez-y les Habitants, quand vous la mettez dedans

le crottin *Pferdeäpfel*
clore terminer
ne pas faire dans la dentelle agir sans raffinement, aller directement à l'essentiel
à la lettre très exactement
alerte attentif
drette *(FQ)* droit
la palette *hier: Schläger*
l'épaulette (f) ici: signe de gloire
caler être bloqué
dévirer tourner en sens contraire
à matin *(FQ)* ce matin
flancher céder, devenir faible
l'habitant (m) celui qui vit au Canada et plus en France (cf. p. 36)

Y a un petit peu de nous autres là d'dans
On est debout avec vous on ira jusqu'au bout
Pendant la saison c'est toute la nation qui vibre au même diapason

le diapason niveau, ton

Comme quand le gens criaient «Guy Guy Guy»
C'tait en dépit du combat constant de la vie
Ça leur donnait des forces
Ils pouvaient bomber le torse
Voilà l'amorce d'un ralliement réussi

en dépit de malgré
bomber le torse être fier
l'amorce (f) début

On peut Gagner! On veut plus que participer nous on veut
Gagner! À soir on fonce sur la patinoire pour
Gagner! Si on se défonce pour la victoire, on va
Gagner! On va gagner !

à soir *(FQ)* ce soir
la patinoire *Eislaufstadion*

Enfin on fait les séries, fini les folies
Là c'est baston et rififi
Boston, Philadelphie
Avec les fantômes du forum
On n'a pas peur de personne
Chaque homme donne le maximum
Pour que cette année soit la bonne

le baston, le rififi bagarre

Au printemps la fièvre est universelle
Pis y'a juste une place où la glace il faut pas qu'elle dégèle
Ici le sang c'est de la sève qui monte jusqu'à nos lèvres
Le cri se change en un chant de ralliement qui s'élève
(... Allez Montréal ...)

la sève jus qui coule dans un arbre

Nos chevaliers sont en cavale pour ramener le graal à Montréal
Le tournoi est un chemin de croix parsemé d'émoi
Mais la coupe on y croit,
Comme autrefois, on a la foi
Pis si c'est pas c't'année,
ben comme dirait René «à la prochaine fois»
Québécois! On va
Gagner! On veut plus que participer nous on veut
Gagner! À soir on fonce sur la patinoire pour
Gagner! Si on se défonce pour la victoire, on va
Gagner! On va gagner!

le chevalier *Ritter*
en cavale sur le chemin
le chemin de croix *Kreuzweg*
parsemé de plein de
l'émoi (m) émotion, excitation
René René Lévesque, cf. pp. 58 et 98
se défoncer tout faire

Allez Montréal!

Du sang neuf depuis 1909 avec
Jack Laviolette, Lach
Pitre et Pit Lépine en passant par

Newsy Lalonde et Joe Malone
Aurèle et Morenz
Hains', Plante, Gump et le Concombre,
Pocket Rocket, Boum Boum, Cournoyer, Coco, Carbo, Casseau, Naslund
(Oublie pas les anglos, yo)
Toe, Dickie, Doug et Scotty
Shutt, Larry, Ken et Bobby
L'arrêt de Roy, rebond, Butch Bouchard à Savard,
vers Béliveau qui esquive un joueur
Passe à Lafleur, Lafleur accélère remet au Rocket Richard,
deux hommes sur le dos, rien de trop gros
ET LE BUUUUUT!

On a GAGNÉ, on a gagné!
Allez Montréal!
On veut gagner!
On peut gagner!
On va gagner!

Allez Montréal!
On veut gagner!
On peut gagner!
On va gagner!

esquiver donner un coup par un mouvement du corps

La chanson «Le But» peinte sur le mur d'une maison à Montréal. Halak est le nom d'un joueur des Canadiens – on proteste contre son transfert vers un autre club.

De nombreux Québécois de tous les âges pratiquent un sport pour être en forme.

8.5 À table

La cuisine québécoise n'est pas très célèbre sur le plan international et les Québécois aiment plutôt goûter à toutes les bonnes choses qui leur viennent du monde entier. Il y a des restaurants européens (grecs, portugais, italiens et bien sûr français), asiatiques et latino-américains, pour tous les goûts.

Le marché Jean-Talon, rendez-vous de fines bouches

Cortège de la Fête nationale du Québec 2010 à Montréal

Le «plat national» québécois. Selon la légende, un client aurait demandé à un vendeur de frites de les lui mettre dans un même sac en papier, avec du fromage. Ce dernier l'aurait prévenu: «cela va faire une méchante poutine.»

Plat de luxe en Europe, le homard est plus courant au Québec et s'achète au supermarché.

Entre ces deux extrêmes, il existe une variété de bon petits plats québécois – à vos tabliers:

le tablier *Küchenschürze*
à vos tabliers! *greift selbst zum Kochlöffel!*

Carrés aux dattes

Garniture
- 1 paquet de 500 g. de dattes
- 1 tasse d'eau chaude
- 1 tasse de cassonade

Croûte
- 1½ tasse de farine
- 1½ tasse de faine d'avoine
- 1 tasse de cassonade
- ½ c. thé de soda à pâte
- ½ c. thé de sel
- ½ tasse de beurre

Mélanger les 3 premiers ingrédients et les cuire jusqu'à consistance lisse. Laisser refroidir.

Tamiser ensemble la farine, le soda et le sel. Y ajouter la faine d'avoine et la cassonade. Bien mélanger et y ajouter le beurre. Quand le tout ressemble à de grosses miettes, presser la moitié de la préparation dans un moule graissé de 8 po. X 12 po. Étendre la garniture aux dattes REFROIDIE et couvir avec l'autre moitié de la préparation pour la croûte. Presser légèrement et égaliser.
Cuire à 375°F pendant 25 minutes.
Tailler les carrés et servir.

Sucre à la crème au micro-ondes

Ingrédients
- 2 t. cassonade
- 1 t. crème 35%
- 1 c. soupe sirop d'érable
- 1/4 t. beurre

Préparation
- Brasser légèrement la cassonade, la crème et le sirop.
- Ne pas couvrir
- Cuire 11 minutes au micro-ondes
- Refroidir 5 minutes
- Ajouter le beurre et laisser refroidir 15 autres minutes
- Battre au malaxeur jusqu'à l'obtention de la texture désirée

Poutine maison

(Pour 2 personnes)

Ingrédients
- 5 pommes de terre moyennes
- 1 sachet ou boîte de sauce BBQ ou à poutine du commerce
- Quelques cuillerées de fromage en grains

Préparation
- Couper les pommes de terre pour faire les frites et les faire frire à la friteuse
- Faire chauffer la sauce en fonction des instructions sur le paquet ou la boîte
- Dans un bol, verser la sauce chaude sur les frites et rapper de fromage en grains.

(on peut aussi verser la sauce après avoir déposé le fromage pour qu'il soit plus fondu)

PÂTÉ CHINOIS

4 PERSONNES (GROSSES PORTIONS)

INGRÉDIENTS
- 6 POMMES DE TERRE
- 60 ML LAIT
- 1 C. SOUPE BEURRE
- 5 ML HUILE
- 1 OIGNON HACHÉ FINEMENT
- 500 g BOEUF HACHÉ MAIGRE
- SEL, AU GOÛT
- POIVRE, AU GOÛT
- 1 BOÎTE MAÏS CRÉMEUX
- PAPRIKA

PRÉPARATION
1. FAIRE CUIRE LES POMMES DE TERRE DANS L'EAU BOUILLANTE.
2. PENDANT CE TEMPS, CHAUFFER L'HUILE ET FAIRE REVENIR L'OIGNON JUSQU'À CE QU'IL SOIT TENDRE.
3. AJOUTER LE BOEUF HACHÉ ET CUIRE JUSQU'À CE QU'IL N'Y AIT PLUS AUCUNE CHAIR ROSE.
4. SALER ET POIVRER, PUIS DÉPOSER DANS UN PLAT ALLANT AU FOUR.
5. ÉTENDRE LE MAÏS CRÉMEUX SUR LA VIANDE.
6. PRÉCHAUFFER LE FOUR À 350°F.
7. ÉGOUTER LES POMMES DE TERRE UNE FOIS CUITES. PILER LES POMMES DE TERRE AVER UN PILON POUR OBTENIR UNE PURÉE. AJOUTER LE LAIT ET LE BEURRE ET RECTIFIER L'ASSAISONNEMENT EN COURS DE ROUTE.
8. DÉPOSER LA PURÉE DE POMMES DE TERRE SUR LA VIANDE ET LE MAÏS ET L'ÉTENDRE À L'AIDE D'UNE SPATULE.
9. SAUPOUDRER LES POMMES DE TERRE DE PAPRIKA.
10. CUIRE AU FOUR ENVIRON 20 MIN, JUSQU'À CE QUE LE DESSUS SOIT DORÉ. (POUR UNE COULEUR PLUS DORÉE, ON PEUT AJOUTER QUELQUES NOISETTES DE BEURRE AVANT DE METTRE AU FOUR)

Le pâté chinois – toute une histoire

Christophe Colomb eût sûrement apprécié le pâté chinois, pour le pâté et pour la Chine. Le pâté chinois pose le problème du temps. Et ce problème, il le pose à travers chacune de ses composantes.

La première composante du pâté chinois, la viande hachée, est en réalité une viande à saveur politique. Viande hachée et révolution sont deux mots qui vont bien ensemble. Chaque fois qu'un être humain mange un hamburger, il fait un bras d'honneur aux aristocrates. Somme toute, la viande hachée tient sa richesse de sa neutralité. C'est la vraie viande du citoyen du monde. On peut hacher le veau, le bœuf ou le chameau, le yak, le chien ou l'agneau, tout cela à la fin se ressemble. Chaque religion peut s' y adapter.

Le pâté chinois pose ensuite le problème de la patate pilée, la purée des purées. Cette grande trouvaille culinaire fut d'autant plus sous-estimée qu'elle avait pour origine la petite cuisine de la petite histoire. C'est qu'il est difficile d'avoir du génie et de la créativité durant les mercredis de novembre, quand il faut faire le souper.

Réunir la viande hachée et la purée de patates fut un grand et beau coup. L'Europe n'a su faire mieux: l'invention du hachis Parmentier. C'est en Amérique que le pâté chinois, finalement, allait prendre son essor. Déjà, le hachis Parmentier, viande hachée et patate pilée, constituait un repas solide. Dans nos assiettes, avant de tout manger, chacun des enfants que nous étions sculptait avec sa fourchette des châteaux et des cathédrales, des montagnes et des routes, des rêves en purée que nous ne tardions pas à dévorer.

Mais la clé du pâté chinois se trouve dans le blé d'Inde. Céréale méprisée, pour les raisons incompréhensibles, le maïs fut et demeure la marque alimentaire d'une Amérique profonde, temps et espace confondus. C'est le maïs des Indiens, l'ordinaire du métis, le plat du voyageur, du coureur du bois, de l'ouvrier.

Il y a donc beaucoup à dire sur la valeur historique du pâté chinois. Car, dans toute son humilité, le pâté chinois et le blé d'Inde, pourraient revendiquer le titre de plat international et culturel, d'assiette fondamentale sans laquelle l'Amérique serait pas ce qu'elle est. Chacun s'en est nourri parmi ceux qui ont fait ce pays. Aux Européens gelés et démunis, incompétents et désarmés, les anciens Indiens ont donné la recette de la viande séchée, hachée, fumée, mélangée à du maïs sucré, et voilà le repas complet, le biscuit, la galette, le truc nourris-

faire un bras d'honneur *etwa: den Stinkefinger zeigen*

le chameau *Kamel*

la patate pomme de terre
piler réduire en purée

prendre son essor commencer son succès

dévorer manger

le blé d'Inde *(FQ)* maïs
la céréale *Getreide*
mépriser ne pas estimer

temps et espace confondus de tous les temps et de toutes les régions
métis,e d'origine blanche et autochtone
l'humilité (f) modestie, *Bescheidenheit*
revendiquer *den Anspruch erheben*

démuni,e pauvre

sant qu'on peut emporter le long de ses interminables courses et de ses indéfinissables trajets. Réserves de protéines qui renforçaient les bras et les jambes de ceux qui ravaudaient à l'aventure d'un continent grand comme le monde.

Voilà donc la synthèse culturelle par excellence. L'Europe a mis un temps considérable avant de mettre au point le hachis Parmentier. La découverte de l'Amérique allait ouvrir encore plus de voies et repousser plus loin les frontières de la géographie culinaire. Car tandis que l'Europe concoctait sa recette populaire, ici, en Amérique, on mariait le pemmican (maïs et viande) au hachis des vieux pays. Cela donne le pâté chinois moderne. À ce titre, le pâté chinois devrait être classé, homologué, protégé par le ministère des Affaires culturelles.

Bernard Arcand, dans: Bernard Arcand/Serge Bouchard: Les meilleurs lieux communs, peut-être, Éditions du Boréal, Montréal 2003, pp. 232–235

ravauder ici: se débrouiller comme on peut

concocter mettre ensemble

homologuer fixer les normes

9. Hors Québec

9.1 Le Québec en Amérique du Nord

Population d'origine ethnique française en Amérique du Nord, 2000-2001

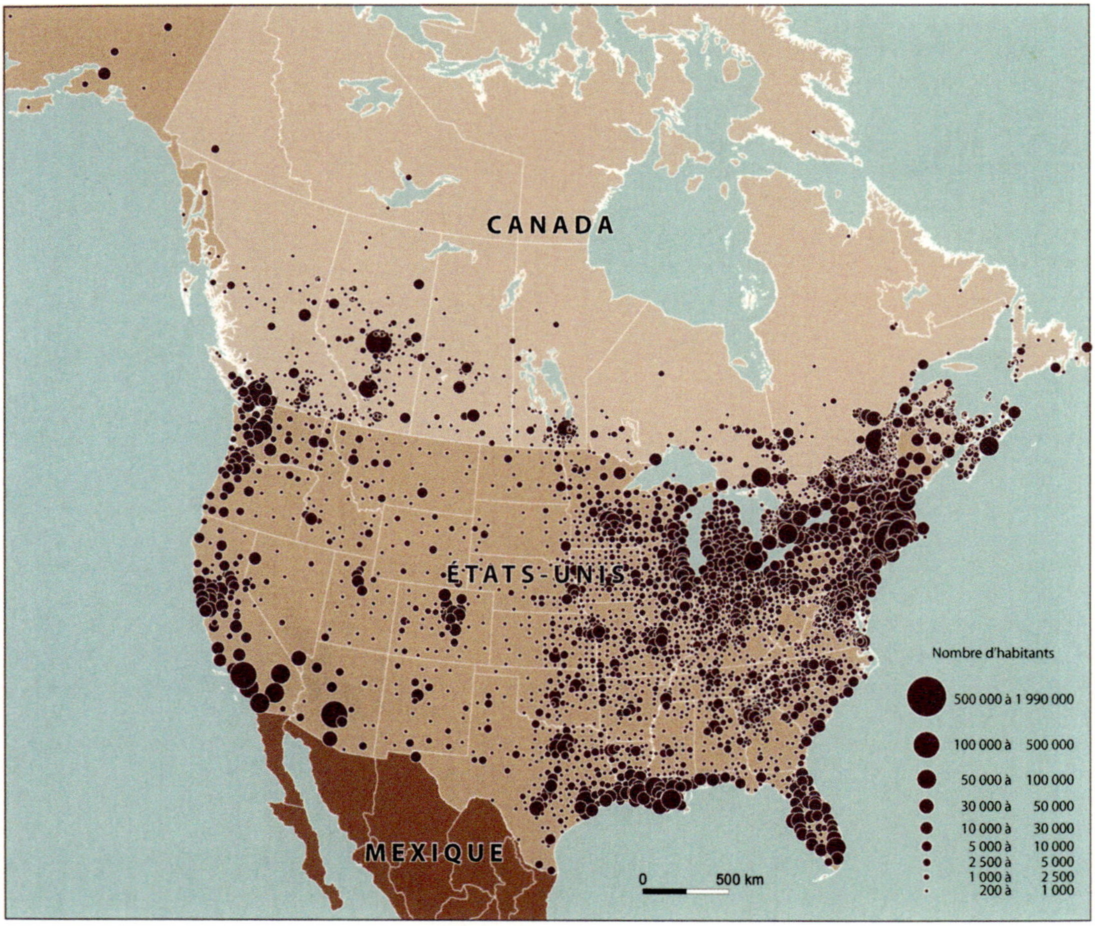

Le Québec n'est pas le seul lieu en Amérique du Nord où on parle le français, mais c'est la seule province où les francophones sont majoritaires et où ils ont, depuis les années 1970, pu mener une politique massive pour la défense du Français (cf. pp. 75–81).

Les autres francophonies nord-américaines sont dans une situation plus précaire. En Louisiane, aux Etats-Unis, la langue française a disparu de l'enseignement dans les années 1920, et, comme en Nouvelle-Angleterre, il n'est plus parlé dans la vie quotidienne. Au Canada, la politique du bilinguisme n'a guère freiné l'assimilation linguistique des francophonies vivant en situation minoritaire, à l'extérieur du Québec. Pourront-elles survivre?

Les experts nous disent que la «vitalité» d'une langue dépend de plusieurs facteurs: la distribution géographique, le prestige social, son utilité pour faire carrière, les lois scolaires et, bien sûr, le sentiment d'appartenance à une communauté qui possède des institutions culturelles ainsi qu'une forte présence dans les médias.

Dans l'Organisation internationale de la francophonie, que le Québec a contribué à créer dans le cadre de sa volonté d'affirmation sur la scène internationale dans les années 1970, il est représenté comme province francophone, tandis que le Canada y a un siège en tant que pays bilingue. Le Nouveau-Brunswick en fait également parti, en tant que province bilingue. Beaucoup de pays plus pauvres de cette organisation internationale ont une sympathie particulière pour le Québec et son modèle original, plus encore que pour l'ancienne «mère-patrie» coloniale, la France.

l'affirmation (f) *Behauptung, Präsenz*

la mère-patrie *Mutterland*

Interdit aux Blancs sauf ...

Dans l'aéroport de Port-au-Prince, l'employée de l'American Airlines sourit en lisant mon itinéraire: Port-au-Prince – Miami, Miami – Montréal.

– Ah! vous allez à Montréal.

– Oui. Montréal! dis-je.

– Quelle belle ville! me raconte-t-elle, avec voracité.

– Vous avez vécu là-bas?

– Non, me dit-elle avec un signe méditatif de la tête, mais je regarde Télé-Québec, et Radio-Canada. Je sais tous les jours quel temps il fait ... Toute ma famille vit à Montréal. J'attends mon visa de résidence pour aller les rejoindre. C'est mon rêve.

Elle me remet mon passeport et la carte d'embarquement, avec un regard complice comme pour me dire que Montréal est désormais un secret partagé entre nous. Dans sa tête, l'Amérique c'est Montréal ou rien. Je lui dis bonne chance, et on se croisera sur la rue Saint-Denis à Montréal, ou sur la Sainte-Catherine à l'occasion du Festival de jazz.

la voracité envie

la carte d'embarquement *Bordkarte*

désormais depuis maintenant

le hublot petite fenêtre ronde
le bidonville *Elendsquartier*
complaisant,e qui accepte sans agir

La chaleur est à couper au couteau. Les passagers sont impatients et se poussent entre les couloirs. Dans le hublot de l'avion se profilent les bidonvilles, ceux des pauvres et ceux des bourgeois de cette ville de Port-au-Prince trop complaisante à l'exclusion, à la violence et à l'injustice. Mon regard s'attarde sur un petit point noir, un bout de terre, je me dis que cela doit être un carrefour. Et je revois le graffiti placardé sur un mur en dessous d'une peinture murale: Interdit aux Blancs sauf aux Québécois. L'ennemi, c'est le Blanc. Les seuls Blancs épargnés, les Québécois! Ces véritables nègres blancs d'Amérique, pour reprendre la formule heureuse de Pierre Vallières. Port-au-Prince et Montréal sont, comme le dit si bien la langue créole, cousin et cousine.

Michel Bouchard, dans: Dean Louder/Eric Waddell: Franco-Amérique, Les Éditions du Septentrion, Sillery/Québec 2008, p. 343

9.2 L'Acadie

Antonine Maillet: Acadiens

je sons *(FA)* nous sommes
ils avont *(FA)* ils ont
du monde *(FA)* des gens
ils appelont *(FA)* ils appellent
coument *(FA)* comment
je pouvons *(FA)* nous pouvons
je vivons *(FA)* nous vivons
ça fait que *(FQ/FA)* donc
j'avons *(FA)* nous avons

Les Français, c'est les Français de France. Ah! pour ça, je sons encore moins des Français de France que des Américains. Je sons plutôt des Canadjens français, qu'ils nous avont dit. Ça se peut pas non plus, ça. Les Canadjens français, c'est du monde qui vit à Québec. Ils les appelont des Canayens, ou ben des Québecois. Ben coument c'est que je pouvons être des Québécois si je vivons point à Québec? ... Pour l'amour de Djeu, où c'est que je vivons, nous autres? ... En Acadie, qu'ils nous avont dit, et je sons des Acadjens. Ça fait que j'avons entrepris de répondre à leu question de nationalité coume ça: des Acadjens, que je leur avons dit. Ça, je sons sûr d'une chouse, c'est que je sons les seuls à porter ce nom-là.

Antonine Maillet: La Sagouine, Leméac Éditeur, Montréal, 1974

Les Acadiens

remonter ici: commencer
la poignée quelques-uns
le poste de traite cf. p. 29
la fourrure *Pelz*

L' histoire de l'Acadie remonte au tout début du XVIIe siècle, alors qu'une poignée d'entrepreneurs français installent un poste de traite à Port-Royal, en 1605. Le lucratif commerce des fourrures motive cet établissement qui sera à la base du peuplement français de l'Acadie. Tout au long du XVIIe siècle, la colonie acadienne va se développer en périphérie de l'espace principal de colonisation française en Nouvelle-France qu'est la vallée du Saint-Laurent. Cible privilégiée des attaques anglaises, l'Acadie devient officiellement possession britannique par le traité d'Utrecht de 1713. Les dirigeants acadiens proposent une politique de neutralité à l'endroit des puissances coloniales britannique et française, car ils sont bien conscients qu'ils vivent dans une colonie au potentiel militaire stratégique, à la croisée des chemins de la Nouvelle-Angleterre et de la Nouvelle-France.

Or, les autorités coloniales britanniques de l'Acadie, qui est déjà pour les Anglais la Nouvelle-Écosse, tolèrent mal la neutralité acadienne. À l' été 1755, une solution radicale est adoptée pour mettre fin au problème acadien. C'est le début de la déportation des Acadiens, qu'on accuse d' être restés trop fidèles aux Français, à leur langue, à leur religion. Leurs biens sont confisqués, leurs maisons brûlées et les familles acadiennes, baïonnettes anglaises au dos, sont forcées d'embarquer sur des navires insalubres qui les poussent vers les treize colonies américaines ou vers des camps de prisonniers en Angleterre. Près d'une dizaine de milliers d'Acadiens sont ainsi déportés, alors que des milliers d'autres prennent la fuite en forêt afin de se réfugier sur le territoire actuel du Québec. Dans les années 1780, près de 3000 Acadiens vont s'établir en Louisiane, où leurs descendants aujourd'hui sont au nombre d'environ 700000. Dix ans après leur déportation, les instructions royales autorisent les anciens habitants à rentrer en Acadie comme colons.

Maurice Basque, dans: Le français au Québec, © Conseil supérieur de la langue française, Québec 2000, p. 22

à l'endroit de vis-à-vis de

à la croisée des chemins entre

insalubre précaire, dangereux

le descendant *Nachfahre*

Le drapeau acadien a été adopté par la première Convention nationale acadienne en 1888. Il n'est pas «officiel», mais est très répandu en Acadie.

La fête nationale de l'Acadie est célébrée le 15 août, et c'est ce jour-là qu'a lieu le «Tintamarre».

DVD

Grand dérangement: C'est pas un pays

J'ai voyagé partout sur la terre
J'ai traversé milliers de frontières
Des pays chauds jusqu'au zones polaires
Du paradis jusqu'au fond de l'enfer

Partout on a voulu savoir mon nom
Savoir où j'avais bâti maison
J'ai répondu question sur question
Mon chez-nous je l'explique de cette façon:

Refrain
C'est pas un pays
Mais c'est la terre à mon père
C'est pas un pays
C'est comme le vent sur la mer
C'est pas un pays
C'est le fruit de la misère
Et comme le pays de Vigneault
C'est l'hiver

Vigneault cf. p. 20 et p. 181

Même si des fois je ne sais qui je suis
Que l'histoire a joué des tours sur ma vie
J'ai décidé de vivre comme celui
Qui vit à Montréal ou à Paris

jouer des tours faire des farces, *Streiche spielen*

Je reviens chez-nous pour le meilleur, pour le pire
Et je refuse de me taire et de souffrir
J'ai plus besoin de tout cacher, de mentir
Pour se libérer il suffit de se dire:

Refrain

De l'album: Tournons la page; paroles et musique: Michel Thibault; © 1998 Les Productions Grand dérangement

9.3 Franco-ontariens et Franco-albertains

Franco-ontarien francophone de l'Ontario
Franco-albertain francophone de l'Alberta

Le chemin de l'assimilation

Perdre la langue n'est que la dernière étape de l'assimilation. Premièrement, on perd la culture. Cela se voit dans la région de Rivière-la-Paix. Dans les années 1920 et 1930, il y avait une vie culturelle dynamique qui se passait en français. On organisait des soirées et on chantait et dansait en français. On fêtait la Saint-Jean-Baptiste et il y avait une fierté d'être francophone.

À un moment donné, on se rendit compte qu'on était minoritaire et que la langue et la culture freinaient notre ascension sociale. La langue française devient donc une langue qu'on chuchote à la maison, tandis que l'anglais est parlé tout fort sur la place publique. Tout se fait automatiquement en anglais. Parfois on pense à y ajouter un peu de français. Je me souviens de l'exemple qui m'a été donné par un jeune homme qui travaillait dans une épicerie. Son gérant lui a dit de toujours placer les boites de conserves le côté anglais face au public. Le gérant lui explique qu'il ne voulait pas recevoir de plaintes de ses clients anglophones.

Je me souviens encore du jour précis en 1975 où j'ai décidé de m'assimiler. J'étais dans la bibliothèque de l'école Routhier à Falher. C'était une école à double voie avec un programme francophone qui offrait l'enseignement en français ainsi qu'un programme en anglais. J'avais honte du fait que les autres enfants pouvaient lire et moi je ne pouvais pas. J'ai juré que j'allais leur montrer que moi aussi j'étais intelligent et que j'allais lire mieux que tous les autres. Mais j'avais un problème. Qu'est-ce que je devais faire avec cette langue de mon enfance? L'univers rural m'étouffait; je voulais fuir la vie de petit fermier du Nord albertain. Pour le faire, j'ai compris que je devais maîtriser l'anglais, maîtriser cette langue mieux que les autres. Je me suis mis à lire sans répit. J'adorais les comics en anglais et les revues populaires scientifiques. La télévision était en anglais, le canal français de Radio-Canada n'arrivant dans ma région natale que lorsque j'étais en 3C ou 4C année du primaire. C'était trop tard! Nous étions habitués à regarder la télévision en anglais et c'est difficile à changer une telle habitude. Le français devient donc la langue de mon passé tandis que je voyais l'anglais comme langue de mon avenir. La rébellion précoce de mon enfance entraînait nécessairement l'assimilation.

La communauté francophone que je connaissais jeune n'existe plus, en partie à cause des décisions que moi et mes amis avons prises quand nous étions des enfants.

Michel Bouchard, dans: Dean Louder/Eric Waddell: Franco-Amérique, Éditions du Septentrion, Sillery/Québec 2008, pp. 246–248

l'ascension (f) réussite, carrière

chuchoter parler tout bas

le gérant chef

étouffer enfermer, prendre sa liberté

maîtriser bien parler

sans répit sans s'arrêter

précoce qui arrive tôt

Daniel Poliquin: L'écureuil noir

admis,e permis
le souffre-douleur qui est tout le temps la victime des autres
métis,se d'origine autochtone et blanche
chercher querelle commencer un conflit
insulter beschimpfen
tapette, homo *Schimpfworte für homosexuell*
la pute prostituée
péter *furzen*
chier *scheißen*
la récré(ation) pause entre deux cours à l'école
bousculer *schubsen*
faire mine de sembler

Pierre Marquis. Dans sa famille, on l'appelait Pierrot; à l'école, où l'anglais était la seule langue admise, on l'appelait Pete tout court. Il était le souffre-douleur de la classe. Bien sûr, il était métis et d'origine française, et pour beaucoup c'étaient des motifs suffisants pour lui chercher querelle, ou à tout le moins pour l'insulter: «Maudit Français! Tapette! Homo! Enfant de chienne! Trou-du-cul! Ta mère est une pute! Ton père, c'est un Indien paresseux! Tu vaux rien, tu pètes, tu pues, t'as chié dans tes culottes!» Il n'y avait rien qu'on ne lui disait pas.

Il se faisait battre à peu près tous les jours. À la récréation, en classe, après l'école la fin de semaine aussi, même l'été lorsqu'il n'y avait pas d'école. À la récré, certains faisaient semblant d'avoir été bousculés par lui. «Hé, Marquis, tu m'as poussé! Cochon! Viens te battre, chien sale!» Si Marquis faisait mine de lever les poings, ça criait, ça hurlait autour de lui. Il perdait tout le temps. S'il affrontait un des grands de la classe, il se laissait tomber au premier coup. Parfois, la cloche le sauvait et d'autres fois, c'était le professeur qui surveillait la cour.

infliger faire subir
nul,le qui ne connaît rien
écossais,e *schottisch*

À l'école, Pierrot refusait de parler français lors des rares leçons que nous infligeait une vieille dame nulle: une Écossaise, Mme MacGregor, qui avait eu le bonheur d'aller en France une fois dans sa jeunesse et d'y manger des croissants au petit déjeuner. C'était d'ailleurs tout ce qu'elle savait de la civilisation française, plus une quarantaine de mots et une dizaine de phrases toutes faites qu'on apprend dans les manuels. *Mon chat est malade. Je dois aller chez le vétérinaire. Mon frère est comptable. Il travaille dans le bureau de mon oncle.* J'en oublie. Ses cours commençaient ainsi: «Quand j'étais en France.» Elle nous montrait ensuite deux ou trois phrases, et le reste du cours était consacré à l'étiquette qu'il faudrait observer le jour où nous irions là-bas. «Les Français pèlent les pommes avant de les manger.» «Ils tiennent le couteau dans la main droite et la fourchette dans la gauche. C'est comme cela, en France.» Étant donné qu'elle était la seule personne à pouvoir enseigner quelques mots de français à cinquante kilomètres à la ronde, son autorité était incontestée chez nous.

à la ronde autour
sévir *sein Unwesen treiben*
la Huronie région habitée par les Hurons (cf. p. 29)
pourri très mauvais, insupportable, sale
baragouiner parler en faisant beaucoup d'erreurs
le sabir langue bizarre

Évidemment, à son arrivée au Canada, étant parfaitement incapable de comprendre le français canadien, Mme MacGregor avait conclu, comme les milliers de professeurs qui sévissaient alors, que le français parlé en Huronie était pourri et que, bien sûr, ceux qui baragouinaient ce sabir n'étaient pas des gens bien. À preuve, ils ne mangeaient même pas de croissants au petit déjeuner et ne savaient pas où était le Louvre. Elle ne se privait d'ailleurs pas de le dire à tout le monde, surtout à Pierrot, qui ne comprenait pas à quoi rimaient ces remontrances. Le pauvre ne comprenait pas plus que nous ce qu'elle disait. Donc, il se faisait encore plus petit que d'habitude durant les leçons de Mme MacGregor.

Daniel Poliquin: L'écureuil noir, Éditions du Boréal, Montréal 1994, pp. 102–108

ne pas se priver le faire volontiers

la remontrance la critique, l'accusation

9.4 La Louisiane

Les noms des villes et des rues, ainsi que la musique, rappellent le passé français de la Louisiane (cf. p. 38).

À Lafayette, en Louisiane

Dans la ville de Natchitoche

Rue du «French Quarter» à la Nouvelle Orléans

Zachary Richard: No French, no more

My Papa was a hard working man,
Held a plow inside a calloused hand.
Up before the sun out on the land;
Try to give us everything he can.

He sent us off to school when a teacher came,
Said "My boy try hard, do the best you can."
But the teacher we could not understand,
Because she only talked *américain.*

Refrain
My Papa couldn't tell us and it didn't make no sense,
When the teacher told us that we couldn't talk no french no more.

Things were changing fast in *Louisiane,*
Cajun can't talk English feel ashamed.
But nowadays it's getting so you can't,
Tell the Cajuns from *Américains.*

Refrain
My Papa couldn't tell us and it didn't make no sense,
When the teacher told us that we couldn't talk no french no more.
Do you hear me calling, do you understand,
Once it is gone it ain't never coming back, no more

I got me a job just like my Papa planned,
I wear a suit and dirt never touch my hands.
But I still see the look in my Papa's eyes,
The pain and the shame that he just would not hide.

La plupart des Louisianais ne parlent plus la langue de leurs ancêtres, mais quelques-uns la ré-apprennent aujourd'hui.

Refrain
My Papa couldn't tell us and it didn't make no sense,
When the teacher told us that we couldn't talk no french no more.
Hé, mon cher garçon,
Est-ce que tu me comprends?
Do you hear me calling, do you understand,
Once it is gone it ain't never coming back, no more.
No more, no more.
Jamais, jamais.

De l'album Travailler c'est trop dur. Anthologie 1976–1999 NO FRENCH NO MORE, Zachary Richard/Tommy Shreve, Bayou des Mystères Music 1990; www.zacharyrichard.com

Amérique du Nord: la colonisation aux XVIIe et XVIIIe siècles

Le Canada

Légende
- Capitale nationale
- Capitale provinciale ou territoriale
- Autres lieux habités
- Frontière internationale
- Limite provinciale ou territoriale
- Zone économique exclusive (200 milles marins)

Population parlant français à la maison en Amérique du Nord

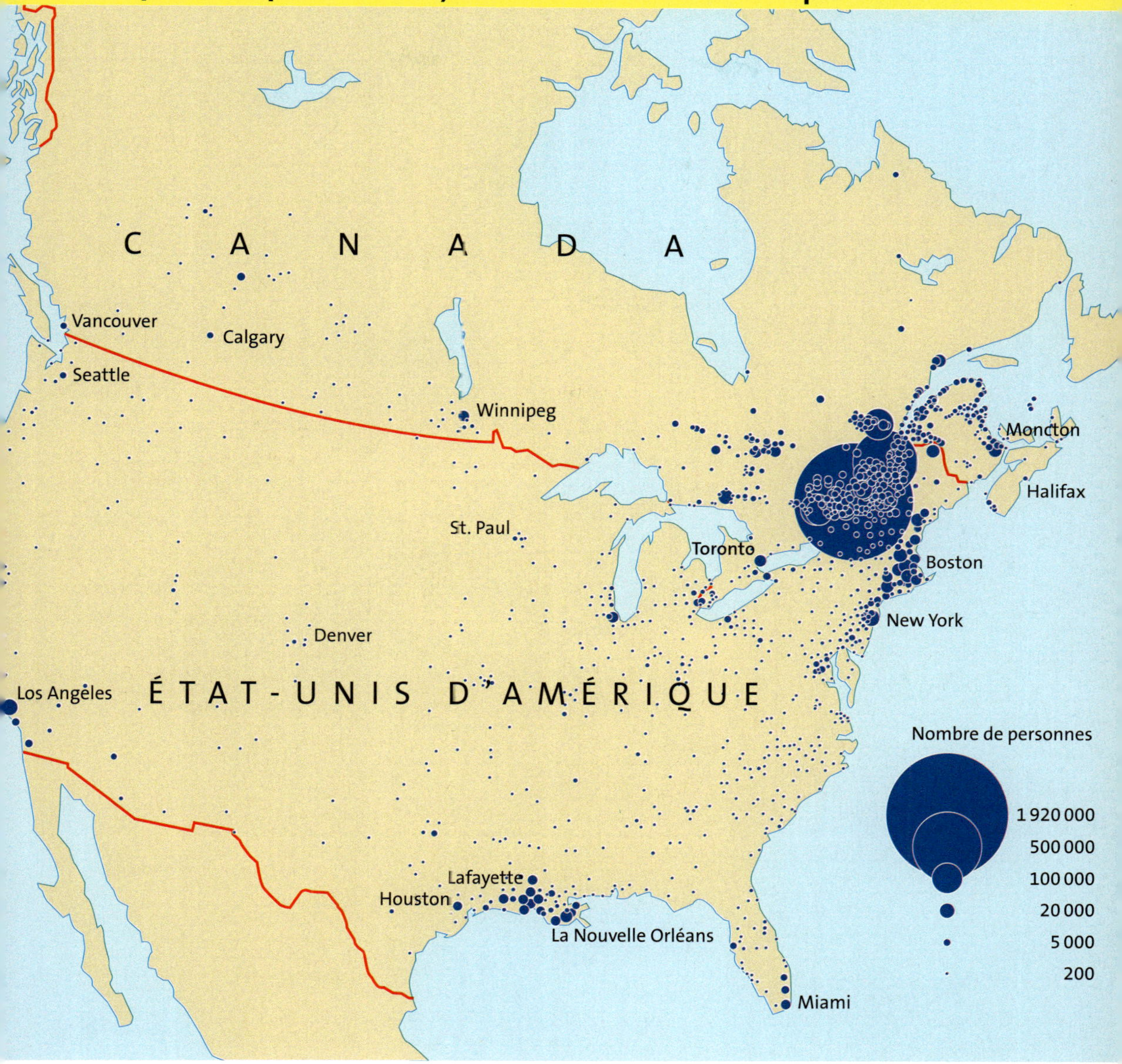

Le Québec

Salluit
Quaqtaq
Baie d'Ungava
Inukjuak
Nunavik
Kuujuaq
Mer du Labrador
Baie d'Hudson
Baie James
Terre-Neuve-et-Labrador
Québec
Ontario
Sept-Iles
Ile d'Anticosti
Terre-Neuve
Fleuve Saint-Laurent
Gaspé
Saint-Félicien
Val-d'Or
Tadoussac
Laurentides
Mont Raoul-Blanchard 1175 m
Rivière-du-Loup
Golfe du Saint-Laurent
Ile-du Prince-Edouard
Saint-Pierre-et-Miquelon (France)
Québec
Lévis
Trois-Rivières
Nouveau-Brunswick
Gatineau
Montréal
Ottawa
Sherbrooke
Cantons de l'est
Maine (États-Unis)
Océan Atlantique
Nouvelle-Écosse
1 Parc national du Mont-Tremblant
2 Parc national d'Oka
3 Parc national de la Mauricie
4 Parc national du Saguenay
5 Parc national de la Gaspésie
Baie-Comeau
Ile d'Anticosti
Fleuve Saint-Laurent
Saint-Félicien
Matane
Gaspé
Chicoutimi
Golfe du Saint-Laurent
Lac Saint-Jean
Saguenay
Rimouski
Tadoussac
Baie des Chaleurs
Rivière-du-Loup
Iles de la Madeleine
La Tuque
Miramichi
Lac Taureau
Ile d'Orleans
Saint-Michel-des-Saints
Québec
Lévis
Nouveau-Brunswick
Trois-Rivières
Thetford Mines
Charlottetown
Lac Meech
Gatineau
Repentigny
Laval
Asbestos
Moncton
Dieppe
Hull
Fredericton
Ottawa
Oka
Longueuil
Montréal
Sherbrooke
Maine
Nouvelle-Écosse
ÉTATS-UNIS
Lac Ontario
0 100 200 km
Baie de Fundy
Halifax

Montréal

Cégep de Bois-de-Boulogne
Marché Jean-Talon
Boulevard de l'Acadie
Petite-Italie
Plateau
Rue Saint-Denis
Boulevard Saint-Laurent (la Main)
Avenue du Parc
Avenue du Mont Royal
Rue Rachel
Parc La Fontaine
Rue Berri
Rue Sherbrooke Est
Pont Jacques-Cartier
Fleuve Saint-Laurent
Métro de Montréal
Beaudry
Village gai
Quartier Latin
Square Saint-Louis
Université du Québec à Montréal
Outremont
Cimetière du Mont Royal
Université McGill
Université de Montréal
Parc du Mont Royal
Vieux Montréal
Square Victoria
Rue Sainte-Catherine
Boulevard René Lévesque
Centre Ville
Rue Sherbrooke Ouest
Westmount
Saint-Henri
Repentigny
Ile de Montréal
Laval
Aéroport international de Dorval
Longueuil
Fleuve Saint-Laurent
0 1 2 km

Sources des illustrations

pp. 6/7: n°. 2 et 15: Rolf Sawala, n°. 6: Elke Laur, n°. 16: Manuel Meune, les autres: Helga Bories-Sawala; p. 10: à gauche: *Liberté* n°. 270, première de couverture; à droite: L'EXPRESS hors série n° 11, mai-juin 2005, première de couverture; p. 11: Carl Dubuc, Lettre à un Français qui veut émigrer au Québec, © Éditions du Boréal, Montréal 1999, première de couverture; p. 19: Rolf Sawala (2), Helga Bories-Sawala (3); p. 20: Helga Bories-Sawala; pp. 22 et 23: Helga Bories-Sawala; pp. 24/25: Dessin: Achdé, scénario: Laurent Gerra (d'après Morris): Les nouvelles aventures de Lucky Luke, tome 1: La belle province, pp. 4/5; © Lucky Comics/mediatoon 2004, Givrins; p. 26: Nos racines – L'histoire vivante des Québécois, Les Éditions TLM Inc. (1979–1983), n° 4, pp. 76/77; p. 27: en haut (2): Helga Bories-Sawala; en bas: Michel Tétrault: Il était une fois le Québec, Québec: Editions du Nouvel âge, 1979, p. 4 (extrait); p. 28: Michel Tétrault: Il était une fois le Québec, Québec: Editions du Nouvel âge, 1979, p. 4 (extraits); p. 29: en haut à gauche: Archives nationales du Québec au Québec, au milieu: Congress Library, Washington, à droite: Nos racines – L'histoire vivante des Québécois, Les Éditions TLM Inc. (1979–1983), n° 14, p. 263; en bas: Michel Tétrault: Il était une fois le Québec, Québec: Editions du Nouvel âge, 1979, p. 6 (extrait); p. 30: Archives nationale de France, fonds des Colonies; p. 34: en haut: Normand Cousineau, 101 mots pour comprendre le Québec, Édition spéciale *L'Actualité* mars 2006, Montréal, p. 76; au milieu (2): Helga Bories-Sawala; en bas: New York, Public Library; p. 35: en haut à gauche: Michel Tétrault: Il était une fois le Québec, Québec: Editions du Nouvel âge, 1979, p. 12 (extrait); à droite: Helga Bories-Sawala; en bas: Michel Tétrault: Il était une fois le Québec, Québec: Editions du Nouvel âge, 1979, p. 7 (extrait); p. 36: au milieu: Michel Tétrault: Il était une fois le Québec, Québec: Editions du Nouvel âge, 1979, p. 13 (extrait); en bas: Helga Bories-Sawala; p. 37: Michel Tétrault: Il était une fois le Québec, Québec: Editions du Nouvel âge, 1979, pp. 13 et 8 (extraits); p. 38: Michel Tétrault: Il était une fois le Québec, Québec: Editions du Nouvel âge, 1979, p. 14 (extrait); p. 39: en haut: Elke Laur, en bas: Michel Tétrault: Il était une fois le Québec, Québec: Editions du Nouvel âge, 1979, p. 16 (extraits); p. 40: en haut: Michel Tétrault: Il était une fois le Québec, Québec: Editions du Nouvel âge, 1979, p. 17 (extraits); au milieu: Rolf Sawala, en bas: Elke Laur; p. 41: Michel Tétrault: Il était une fois le Québec, Québec: Editions du Nouvel âge, 1979, p. 20 (extraits); p. 42: en haut: Rogers Communications, en bas: Michel Tétrault: Il était une fois le Québec, Québec: Editions du Nouvel âge, 1979, pp. 22/23 (extraits); p. 45: en haut: Nos racines –

L'histoire vivante des Québécois, Les Éditions TLM Inc. (1979–1983), n° 62, p. 1225; en bas: Helga Bories-Sawala; p. 46: Michel Tétrault: Il était une fois le Québec, Québec: Editions du Nouvel âge, 1979, p. 32 (extrait); p. 47, en haut: Michel Tétrault: Il était une fois le Québec, Québec: Editions du Nouvel âge, 1979, p. 33 (extrait); en bas: Archives photographiques Notman, Musée McCord d'histoire canadienne, Montréal; p. 49, au milieu: Fonds du Minstère du secrétariat d'État du Canada; en bas: Michel Tétrault: Il était une fois le Québec, Québec: Editions du Nouvel âge, 1979, p. 38 (extrait); p. 50: en haut à gauche: Nos racines – L'histoire vivante des Québécois, Les Éditions TLM Inc. (1979–1983), n° 129, p. 2577, à droite: Nos racines – L'histoire vivante des Québécois, Les Éditions TLM Inc. (1979–1983), n° 121, p. 2410; en bas à droite: Nos racines – L'histoire vivante des Québécois, Les Éditions TLM Inc. (1979– 1983), n° 131, p. 2609; p. 51, en haut: Michel Tétrault: Il était une fois le Québec, Québec: Editions du Nouvel âge, 1979, p. 41 (extrait); au milieu à gauche: CP Archives, à droite: Bibliothèque et Archives nationales du Québec, Fonds Conrad Poirier; p. 53: Éditions Granger frères, Montréal; p. 55: en haut: Confédération des Syndicats Nationaux, en bas: La Presse, photo: Roger St-Jean; p. 56: Gérard DuBois, 101 mots pour comprendre le Québec, Édition spéciale *L'Actualité* mars 2006, Montréal, p. 47; p. 57, en haut: Rolf Sawala, en bas: Le Parti libéral du Québec; p. 58, en haut: Helga Bories-Sawala, en bas: Archives de la Ville de Montréal; p. 59: Corbis, © Fonds Bettmann; pp. 64/65: Helga Bories-Sawala; p. 74, en haut: Helga Bories-Sawala, en bas: André-Philippe Côté, dans: *Le Soleil*, 23.4.2010; p. 76: Dupras et fils: Oui ou non, Chambly, Saint-Lambert 1980, pp. 8/9 (2), ANC (1); p. 77: *La Presse*, 15 mars 1989, photo Armand Trottier; p. 78, en haut: Office de la langue francaise, au milieu: www.micc.gouv.qc.ca, à droite: Éric Henry, tiré de *La francisation en marche*, vol. 14 n° 1, automne 1996, Les Publications de Québec; p. 79, en haut: Dupras et fils: Oui ou non, Chambly, Saint-Lambert 1980, p. 14 (extrait); en bas (2): Helga Bories-Sawala; p. 80: Helga Bories-Sawala; p. 82, à gauche: Dupras et fils: Oui ou non, Chambly, Saint-Lambert 1980, première de couverture; à droite: Dupras et fils: Oui ou non, Chambly, Saint-Lambert 1980, p. 4; p. 83: Dupras et fils: Oui ou non, Chambly, Saint-Lambert 1980, pp. 48/49 (extraits); p. 84, en haut: Dans: ... de 76 à 85 par Girerd, © Les Éditions La Presse, Ottawa 1985; en bas à gauche: Michel Rabagliati, dans: 101 mots pour comprendre le Québec, Édition spéciale *L'Actualité* mars 2006, Montréal, p. 169; à droite: © Pancho; p. 92: Aislin 1995, © Musée McCord; p. 93, en haut: Corbis, © Christopher J. Morris, en bas à gauche: Rolf Sawala, à droite: © Pancho; p. 97: *La Presse*, 24 juin 1994, photo Bernard Brault; p. 99: Helga Bories-Sawala; p. 101: en haut (3): Helga

Bories-Sawala, en bas à gauche: Ministère des Relations avec le citoyen et de l'Immigration, photo Luc Beaulieu, à droite: Immigration et Communautés culturelles Québec; pp. 103/104: Extraits d'un sondage réalisé par Bloc Québécois/Ipso en mars/avril 2010; p. 107: Helga Bories-Sawala; p. 108: Conseil de la Souveraineté du Québec; p. 109–111: Helga Bories-Sawala; p. 112, en haut: © 1996 Forest Stewardship Council (FSC), en bas et p. 113: «Montréal, fais une ville de toi!», Syndicat des fonctionnaires municipaux de Montréal/SCFP; p. 114, en haut et au milieu: Helga Bories-Sawala, en bas: Caricature de Boris, CSN, La force des mots, numéro 2; p. 115: Les insolences du Frère Untel, Les Éditions de l'homme, Ottawa 1960, première de couverture; pp. 116, 117 et 118 en haut: Helga Bories-Sawala; p. 118 en bas: Archives de la Bibliothèque juive de Montréal; p. 122: Elke Laur; p. 123: Helga Bories-Sawala; p. 124: photo: Jacques Nadeau, *Le Devoir*; pp. 126–129: Helga Bories-Sawala; p. 130: Elizabeth Ravaz; p. 131: © Gouvernement du Québec - Secrétariat aux affaires autochtones; p. 135: Presse Canadienne, © CP Archives; pp. 139 et 140: Helga Bories-Sawala; p. 141: Dupras et fils: Oui ou non, Chambly, Saint-Lambert 1980, pp. 21/22 (extraits); p. 142: Immigration et Communautés culturelles Québec; pp. 143 et 144: Helga Bories-Sawala; pp. 150, 151 en bas, 152, 153, 155, 157, 158 et 159 en haut: Helga Bories-Sawala; p. 151 en haut: New York, Public Library, Friedrick von Germann; p. 158, à gauche au milieu: Manuel Meune; p. 159 en bas: André-Philippe Côté, dans: *Le Soleil*, 11 octobre 2009; pp. 162, 163, 167: Helga Bories-Sawala; p. 162, au milieu à gauche: © Garnotte; pp. 181 et 182 en bas à gauche: Helga Bories-Sawala; p. 182 (3): Manuel Meune; p. 183: Helga Bories-Sawala; p. 184: photo au milieu à gauche: Manuel Meune; photos (3): Helga Bories-Sawala; p. 185: Rolf Sawala; p. 186, en haut: Elke Laur; Helga Bories-Sawala (3); au milieu à droite: Ville de Montréal; pp. 187 et 188: Helga Bories-Sawala; p. 192, en haut: Helga Bories-Sawala, en bas: Dupras et fils: Oui ou non, Chambly, Saint-Lambert 1980, p. 39; p. 193, en haut: Helga Bories-Sawala, en bas: Secrétariat au loisir et au sport, Québec; p. 194: Helga Bories-Sawala (3), en haut à gauche: Till Sawala; p. 198: Réalisation: Département de géographie, Université Laval; p. 201, à gauche: Helga Bories-Sawala, à droite: Elke Laur; pp. 205 et 206: Rolf Sawala; graphiques p. 184 en haut et pp. 207–211: Franz-Josef Domke, Hannover

Nous avons fait tout ce qui était en notre pouvoir pour contacter les auteurs des textes, illustrations et photos contenus dans ce livre. Au cas où un oubli aurait été commis, nous prions les auteurs concernés de nous le faire savoir pour pouvoir effectuer les corrections nécessaires.